Sybille Heidenreich

Wunschlandschaften

Bilder vom guten Leben und
die Utopie der Nachhaltigkeit

Königshausen & Neumann

Buchtitel: Der Begriff „Wunschlandschaften" geht zurück auf Ernst Blochs Publikation „Das Prinzip Hoffnung" (1954–59).

Bibliografische Information der Deutschen Nationalbibliothek
Die Deutsche Nationalbibliothek verzeichnet diese Publikation in der Deutschen Nationalbibliografie; detaillierte bibliografische Daten sind im Internet über http://dnb.d-nb. de abrufbar.

© Verlag Königshausen & Neumann GmbH, Würzburg 2019
Gedruckt auf säurefreiem, alterungsbeständigem Papier
Umschlag: skh-softics / coverart
Umschlagabbildung: Pieter Bruegel d.Ä., Das Schlaraffenland, 1567, Öl auf Eichenholz,
51,5 x 78,3 cm, Alte Pinakothek München. Artothek. Bildagentur der Museen, Weilheim,
© Joseph S. Martin.
Bindung: docupoint GmbH, Magdeburg

Printed in Germany

ISBN 978-3-8260-6872-0

www.koenigshausen-neumann.de

www.libri.de
www.buchhandel.de
www.buchkatalog.de

INHALT

GELEITWORT 7

HINWEISE ZUR METHODIK.....................................11

EINFÜHRUNG 13
Zukunftsträume und verlorene Paradiese.........................13
Wunschlandschaften – Kunst als Utopie.........................14
Die Welt, wie sie sein könnte 23

SCHLARAFFENLAND..27
Eine soziale Utopie..28
Eine realisierte Utopie? Aus der Geschichte des Konsums........35
Konsumverzicht und Nachhaltigkeit................................41
Das Schlaraffenland-Paradox...45

FERNWEH...51
Traum von der Südsee 52
Postkolonialismus..58
Fernreisende...62
Märchen aus dem Orient – Migration...............................68

DER EUROPÄISCHE TRAUM......................................77
Der erste Tag der europäischen Menschheit....................78
Acis und Galatea – Das Goldene Zeitalter.......................79
Der Traum von Europa – Ernüchterungen.......................83
Aufklärung versus politische Romantik............................92
Der europäische Traum heute...98

HEIMWEH 107
Heimat als Seelenraum. Volk und Heimat.....................108
Geister der Spätromantik. Nationalismus......................114
Neue Heimaten. Migration 123
Heimat als Utopie? 127

WALD UND WALDGÄNGER 131

Der romantische Wald 132

Der deutsche Wald 139

Klimawandel im Wald 150

Windkraft im Wald. Energielandschaften 152

PARADIES, NICHT NUR FÜR VÖGEL 161

Tierfrieden 162

Der Dodo 168

Vögel und Bienen. Artenvielfalt 175

DIE LEERE LANDSCHAFT – KLIMAWANDEL
UND APOKALYPSE 187

Ästhetik der Abstraktion 188

Klimawandel und Apokalypse 192

Anthropozän 197

DIE GROSSE VERWANDLUNG 205

Die Utopie der Nachhaltigkeit 206

Das gute Leben und Suffizienz:
Die lebensweltliche Utopie 211

Die Gerechtigkeitsutopie 215

Die Dekarbonisierung der Wirtschaft 217

Große Transformation und Green New Deal:
Die politische Utopie 220

Danksagung 231

Literatur und Quellen 233

Bildnachweis 255

Stichworte 257

GELEITWORT

Naturparadiese und Weltuntergangsszenarien, Kolonialphantasien und Südseeutopien, Heimattraum und Lockruf der Wildnis: Die Museen und Bibliotheken der westlichen Welt laden die Besucher und Leserinnen mit unzähligen Bildern und literarischen Texten zur imaginativen Reise in solche Räume ein – Reisen, die zugleich das kollektive Gedächtnis Europas abrufen. Dabei scheint heute angesichts der dramatischen Folgen des Klimawandels das Gefühl der apokalyptischen Bedrohung auf dem Vormarsch. Wie sollen wir nicht nur mit den immer häufiger auftretenden Naturkatastrophen, sondern auch mit den gesellschaftlichen Verwerfungen umgehen, die mit einer Umstellung des gesamten ökonomischen Systems verbunden sein können? Ist „Suffizienz" ein Euphemismus für die Rückkehr zu einer Wirtschaft des Mangels und der Entbehrungen – zumindest aus westlicher Sicht? In seinem Essay *Zur Problematik des Dichterischen* aus dem Jahr 1930 ruft Gottfried Benn, einer der prominentesten Vertreter des Rechtsintellektualismus in der Weimarer Republik, mit der ganzen Wucht seiner zynischen Rhetorik die „Reue der Natur" wider das fortschrittsoptimistische europäische Bürgertum auf den Plan:

> Das Leben […] wird seinen Rachen aufreißen gegen diese Zivilisationshorden, die das Meer als ein Nährklistier achten […] und das Feuer als Bierwärmer unter ihre Asbestplatten. […] Der Tag wird kommen, wo […] die Ozeane diesen Meliorisationsmodder ohne Gebrüll überfluten werden – o

schöner Tag der Reue der Natur, […] o Heimkehr der Schöpfung, wenn gelackte Doppelhorden ihre Lippenpflöcke salben und unter Hakenschnabelmasken das Opfer bringen im Schrei des Totemtiers.

Unser heutiges Zeitempfinden hat der global agierende Kulturwissenschaftler und Intellektuelle Hans-Ulrich Gumbrecht (2012) mit dem Begriff des „Chronotopos" einer stagnierenden Gegenwart zu fassen gesucht: ein Zeitempfinden unter den latent bleibenden Lasten der Vergangenheit (verdrängte Schuld des Nationalsozialismus und Kolonialismus) und, angesichts der unlösbar scheinenden Probleme der Gegenwart: ohne Zukunft.

Zu solchen Beschwörungen und Diagnosen setzt das Buch *Wunschlandschaften* einen starken Gegenakzent. Es zeigt, wie sich die Kraft der Imagination, die von sinnlich-materiellen Bedürfnissen sowohl angetrieben wird als sie diese auch transzendiert, mit einer rational projizierenden Vernunft verbinden lässt und im Bildersaal der Literatur und bildenden Kunst schon immer verbunden war. Es nimmt die Angstvisionen und Gegenentwürfe, welche die industrielle Revolution und die gesellschaftlichen Transformationen der Moderne begleitet haben (und ein Teil von ihr sind), ernst: in der Scharfsichtigkeit ihrer Diagnose, ihrer Sogkraft und in dem Zerrüttungspotential, das ihren Lösungsansätzen inhäriert. Vor allem aber ist das Buch ein großes Plädoyer für den (Wieder-)Gewinn eines utopischen Denkens und Fühlens, für welches die kulturellen Traditionen Europas prägnante Impulse bereithalten. Es zeigt, wie diese Impulse weitergedacht werden können, aber auch, wie die neuen ökologischen Erkenntnisse Umcodierungen provozieren und neue gestalterische Visionen anstoßen.

Dafür werden drei gedankliche Linien abgeschritten, die utopische Bilder generiert haben bzw. ihnen eingeschrieben sind, und an den Schnittstellen betrachtet, wo aus den Wunschbildern wiederum politische Visionen werden:

- Eine universalistische Ethik, die sich, von anti-ken, christlichen und jüdischen Wurzeln aus-gehend, über Renaissance und Aufklärung zur Idee von Freiheit, Gleichheit, Brüderlichkeit bzw. Solidarität entwickelt hat und engstens mit dem Projekt Europa verbunden ist,
- die Ausformungen einer politischen Roman-tik, die sich zum Teil als Gegenaufklärung, zum Teil als Alternative zu einem supranationalen Europa an Nation und Heimat orientiert;
- das Konzept einer nachhaltigen Entwicklung als lebensweltliche, ethische und politische Utopie.

Der Blick zurück auf den Reigen der Wunschlandschaften, die hier betrachtet werden, zeigt bei aller ideologischen Unter-schiedlichkeit eine Reihe von Grundwerten, die den Sinngehalt der Bilder ausmachen: gleiche Rechte in Freiheit und Sicherheit, Wohlstand, Geborgenheit und Weltentdeckungslust, Liebe zu ei-ner vielfältigen und resonanten Natur.

Aachen, den
Monika Fick (RWTH Aachen)

HINWEISE ZUR METHODIK

Mit Blickrichtung auf aktuelle Fragen der Gegenwart werden hier überwiegend Bilder aus der Geschichte der Landschaftsmalerei interpretiert und darüber hinaus in den Bezugsrahmen nachhaltiger Entwicklung gestellt. Damit schließt sich die Publikation an die fachübergreifende Methodik eines zur Kulturökologie entwickelten Ecocriticism an, erweitert allerdings den Betrachtungshorizont über das Ökologische hinaus. Nachhaltige Entwicklung umfasst ästhetische, ethische, wirtschaftliche und gesellschaftliche Aspekte, die auch in den Begriff der „Großen Transformation" gefasst werden. Das letzte Kapitel wird auf diese Zusammenhänge ausführlich eingehen.

Ecocriticism als fachübergreifende Methodik ist in den Literaturwissenschaften entstanden, und hier zuerst in der Amerikanistik. Die Methodik wird in dieser Publikation auf die Kunstwissenschaft übertragen.[1] Literarische Texte werden aber ebenfalls in die Betrachtung einbezogen. Die Interpretationslinien setzen bei Schlüsselbildern an und werden bis in die Gegenwart geführt. Die Bildbeispiele sollen zunächst als Kunstwerke ihre Wirkung entfalten: Sie werden jeweils in einen kunsthistorischen Kontext gestellt und mit den Mitteln der Kunstgeschichte analysiert.

Die Auswahl der Bilder und Texte ist durchaus erweiterbar; sie folgt den Wunschbildern, die als realisierte Utopien entscheidend für den Status quo der modernen Gesellschaft sind und zu-

---

[1]   Vgl. zu Ecocriticism und Kulturökologie Zapf (2015), Wilke (2015 a, b); mit Beispielen aus der bildenden Kunst: Heidenreich (2018).

gleich die Sehnsüchte nach einer vergangenen Vollkommenheit spiegeln. Ausführlich wird dies in der Einleitung erläutert. Dass die Beispiele der Kunst entstammen, ist kein Zufall. Werke der Kunst sind mehr als Dokumente, sie sind polyvalent, immer neu zu befragen und immer neu zu hinterfragen.

Damit ergibt sich ein fachübergreifender Ansatz, der einen normativen Rahmen setzt. Die Bilder spiegeln Ziele und Wünsche, die die Geschichte des Fortschritts begleiten. Der normative Rahmen nachhaltiger Entwicklung stellt diesen „Wunschlandschaften" viele Fragen, die ihre Zukunftsfähigkeit auf den Prüfstand stellen und verlorene utopische Potenziale wieder freilegen.

EINFÜHRUNG

Zukunftsträume und verlorene Paradiese

Das Perspektiv im Schwetzinger Schlossgarten, 1775.

Wunschlandschaften –
Kunst als Utopie

Wunschlandschaften – der Begriff stammt von Ernst Bloch (1885–1977), der mit seinem Werk *Das Prinzip Hoffnung* den Kanon der bekannten Staatsutopien um alles, was Menschen sich nur wünschen können, bereichert hat. Das *Prinzip Hoffnung*, heute eher redensartlich präsent, hatte vor langer Zeit, nämlich in der Aufbruchsstimmung der 68er Jahre, eine besondere Resonanz gefunden. Damals schienen die Möglichkeitsräume des Wünschbaren unendlich. Auch wenn Bloch im Goldenen Zeitalter des Marxismus immer wieder das Non plus Ultra der Utopien heraufbeschwor, entfaltete sein Werk daneben noch eine unerschöpfliche Fülle von Wunschbildern, Zukunftsräumen, Utopien und Verbesserungsideologien, die alle ein Recht auf historische Verwirklichung beanspruchen durften.

Diese Menschheitsträume tragen die Namen Paradies, Goldenes Zeitalter, Arkadien, Schlaraffenland oder Tahiti. Ihr Abglanz spiegelt sich in jeder schönen Landschaft und jede schöne Landschaft fängt etwas ein vom Glanz des Utopischen. Dass die Beispiele in dieser Publikation der Kunst und der Kulturgeschichte entstammen, ist also kein Zufall.

Das *Prinzip Hoffnung* weist der Kunst die ehrenvolle Aufgabe zu, den Vor-Schein einer vollendeten Welt ästhetisch wahrnehmbar zu machen. Dieser Vor-Schein des Utopischen verbildliche sich weniger in den Inhalten als in der Fähigkeit der Kunst zur Aktivierung eines kreativen Wollens, das sich auf die tätige Umarbeitung der Welt richte. Dabei markiere sie – die Kunst – ebenso den Abstand vom utopischen Ideal, wie sie den Blick ins Paradies als „realmögliche Wunschlandschaft" wage.[2]

Bilder sind mächtige Zeichensysteme, die, treten sie im Rahmen der Kunst auf, aufgrund ihrer Offenheit immer neue In-

---

2   Bloch (1985/2016), S. 950f.

terpretationen ermöglichen. So schafft Kunst Bedeutungsräume und öffnet immer wieder Fenster, die dem Blick neue Perspektiven bieten.

Einer der schönsten und ältesten Träume der Menschheit, der ebenso zurück wie nach vorne weist, ist der Traum von Arkadien, der den Reigen der Wunschlandschaften einleiten und das Leitprinzip der folgenden Interpretationen verdeutlichen soll.

Der Schwetzinger Schlossgarten, der schon den Zeitgenossen des Kurfürsten Karl Theodor (1724–1799) als wiedererstandenes Arkadien galt, enthält ein Bild, das die Polarität von imaginierter Vergangenheit und Utopie sehr schön veranschaulicht. In der Bevölkerung wird das Bild „Das Ende der Welt" genannt. Es handelt sich bei der ganzen Anlage um eine theaterhafte, illusionistische Gesamtkonstruktion, die über eine raffinierte Blickführung und Lichtregie das Auge auf eine urwüchsige Auenlandschaft mit dem Zusammenfluss zweier Flüsse und Hügeln im Hintergrund lenkt. Sie wurde geschaffen von dem Gartengestalter Nicolas de Pigage (1723–1796). Vor dem Gemälde gab es früher einen Wasserschleier, der durch eine unsichtbar verlegte Wasserleitung erzeugt wurde. Der Schleier rückte das Bild optisch in weite Ferne. Das Gemälde selbst, von einem Theatermaler nach einer Vorlage des Hofmalers Ferdinand Kobell gemalt, liegt auf einer halbrunden Mauer und erhält durch die wandernde Sonne eine natürliche Beleuchtung.

Der Kurator Ralf Richard Wagner konnte in einem Aufsatz über *Das Perspektiv oder das „Ende der Welt"* zeigen, dass die Blickrichtung auf die kurpfälzische Hauptstadt Mannheim weist, am Zusammenfluss von Rhein und Neckar.[3] Das Bild zeigt also einen Urzustand vor aller Zivilisation, einen Anfang. Es ist ein Blick in eine imaginierte Zeit, in der Arkadien als Urbild einer schönen Landschaft noch lebendig war, der zugleich spiegelt, was der Garten des Kurfürsten in der Gegenwart sein möchte. Dass

---

3   Wagner (2018), S. 135ff.

das Bild bis heute *Ende der Welt* genannt wird, zeigt, wie stark die Sehnsucht nach einer Wiederbelebung natürlicher Ursprünglichkeit noch wirkt. Die Benennung gibt eine Interpretation aus

Ein Blick in die Kulissen des Perspektivs: Das Gemälde im Schwetzinger Schlossgarten zeigt ursprüngliche Vegetation in einer Auenlandschaft.

dem unmittelbaren Eindruck, ohne die Entzauberung der Inszenierung, die sowohl eine räumliche wie eine zeitliche Ebene anspricht: Das Ende der Welt kann ein Ort sein, an dem es nicht mehr weitergeht, aber auch eine Endzeit, auf die sich Sehnsucht und Hoffnung richten.

Ein Traum, der heute in Gestalt einer Sehnsucht nach Langsamkeit, nach Landleben und nach erneutem Kontakt mit einer entfremdeten Natur wiederkehrt. Das folgende Zitat aus einem Text des Schweizer Landschaftsschützers Raimund Rodewald mag beispielhaft umreißen, was *Arkadien* als möglicherweise *verlorene Utopie* bedeuten kann:

> Arkadien bleibt weiterhin eine imaginäre und unberührbare Landschaft, obwohl es einen wesentlichen

realen Anteil in sich trägt. Aus Arkadien ertönt die Forderung, ‚stehen gebliebene‘ Orte zu bewahren, etwas Wildnis in unserer kontrollierten Welt zu tolerieren und das Zufällige und Andersartige wertzuschätzen. Arkadien entsteht mit dem Blick über den Gartenzaun des privaten Eigentums- und funktionalen Nutzdenkens auch durch gemeinschaftliches Handeln: Zerfallene Trockenmauern gemeinsam wieder aufzubauen, alte Bewässerungskanäle in freiwilliger Arbeit wieder zu reaktivieren, einst verrohrte Wiesenbäche wieder an die Oberfläche zu holen oder auch ein Urban Farming – das gemeinsame Gärtnern in der Stadt auf temporär oder dauerhaft ‚nutzlosen‘ Leerflächen – zu betreiben, vor allem aber: Sich aktiv zu wehren gegen die weitere Zerstörung unserer Landschaften! Dies lässt uns Arkadien erspüren.

Arkadien existiert also weiterhin und erfüllt uns mit seinem revolutionären Charakter. Es fragt uns nicht ‚was nützt es uns?‘, sondern ‚wie fühlt es sich an?‘. In solchen Momenten steht die Zeit still und wir werden von Arkadien berührt und gerührt. Unsere Ratio verstummt. Wir haben heute Arkadi-

Idylle der Gegenwart mit Schafen im Kleingarten.

en als Utopie von einst nötiger, denn je. Eine Welt
ohne Arkadien ist eine untergegangene Welt, eine
Welt ohne Poesie und Musik ebenso![4]

Der Traum von Arkadien ist durchwoben von den Wunschbildern einer erfüllenden Natur. Einer Natur, mit der die Menschen Frieden geschlossen haben, die so viel gibt, dass Wünsche und Bedürfnisse nicht spürbar werden, weil kein Mangel herrscht, so dass der Weg der Erkenntnis und Schuld gar nicht erst beschritten werden muss. Einer Natur, die freiwillig gibt, so dass die Verletzungen der Erde durch Arbeit nicht notwendig werden, in der Frieden herrscht, ohne Kampf um Besitz. Einer Natur schließlich, in der Menschen ihr eigenes Selbst frei entfalten können, ohne die Zwänge der Zivilisation, der Geschichte und des Fortschritts.

Ursprünglich eine mythenreiche Landschaft in Griechenland, wanderte Arkadien in der antiken Dichtung nach Sizilien,[5] später nach Italien und von dort ins Nirgendwo. Schon in der Hirtenwelt der Griechen feiern Schäfer, Schäferinnen, Nymphen und Hirten mit Gesang und Spiel Feste der Liebe in einträchtigem Zusammenleben von Menschen und Tieren in einer Natur ewigen Frühlings. Bei dem römischen Dichter Vergil wird Arkadien poetischer, bewusst als Gegenwelt zur Stadt und als Sehnsuchtsort kultiviert. Vergil hat auch die Abenteuer des Helden Aeneas auf dem Weg von Troia nach Italien in epische Verse gefasst. In seiner *Aeneis* geht er auf einen Gründungsmythos Roms ein, nach dem die Arkader von Griechenland aus Latium schon besiedelt hatten, lange bevor Aeneas mit seinen Trojanern dorthin gelangt war. Diese Frühgeschichte rückt die Arkader in die Zeit vor der Herrschaft Jupiters, in die selige „Saturnia regna", die

---

4 Rodewald (2014).
5 In den Idyllen des griechischen Dichters Theokrit (um 270 v. Chr.) und den Eklogen des Römers Vergil (70–19 v. Chr.); vgl. zu Arkadien Brandt (2006).

Herrschaft Saturns. Saturn ist nicht nur eine schillernde und äußerst beziehungsreiche Götterfigur, sondern auch der Herrscher des Goldenen Zeitalters gewesen.

Die *Metamorphosen* des Ovid geben Auskunft über den Mythos des Goldenen Zeitalters, der in der Antike zuerst bei Hesiod in der Dichtung *Werke und Tage* literarisch formuliert wurde. Ovid charakterisiert im ersten Buch seines Epos das Zeitalter des Saturn aus der Sicht eines zivilisierten Römers vor allem durch all das, was es noch nicht gab: keine Richter und Gesetze, keine Strafe oder Furcht, sondern freiwillig pflegte man das Richtige zu tun. Die Menschen gingen nicht mit Schiffen auf See, um den Erdkreis zu erkunden – eine frühe Form von Globalisierungsabwehr. Es gab keine Kriege, um die Völker zu sichern, und die Erde bot von selbst alles, was die Menschen brauchten. In ewigem Frühling brachten die Flüsse Milch und Nektar, von den Steineichen tropfte der Honig.

Charakteristisch für das Goldene Zeitalter ist das „sponte sua"; von allein, aus eigenem Antrieb geschah alles Wünschenswerte. Damit wird im Goldenen Zeitalter bei näherem Hinsehen eine Gerechtigkeitsvision erkennbar: Es ist das Zeitalter, das ohne Gesetze, „sine lege", ohne geschriebenes Recht, ohne Furcht und Strafe, ohne Richter und damit ohne alle Zwangsmittel Vertrauen und Recht pflegte („fidem rectumque"). Ebenso waren militärische Schutzmaßnahmen und Kriege nicht notwendig. Auch die Erde selbst ist frei von allem Zwang und gibt freiwillig. In dem „sponte sua", das über allem schwebt, steckt auch eine freie Gleichheit der Eigenart, die jedes Element der Gemeinschaft in sich trägt und frei entfalten kann.[6] Man könnte dies auch in der Formel ‚Gerechtigkeit in Freiheit, Frieden und Wohlstand' zusammenfassen. Von daher ist der Mythos vom Goldenen Zeitalter geeignet, die mit der Philosophie der Stoa verbreitete Lehre vom ewigen Weltgesetz zu unterstützen, das als ein ursprüngli-

6   Ovidius Naso (1983), S. 10f.

ches Recht der Natur gedacht wurde, an dem der Mensch kraft seiner natürlichen Vernunft Anteil habe.[7]

Danach bringt jedes folgende Zeitalter – silbern, bronzen und schließlich eisern – mit den Errungenschaften der Zivilisation und zunehmenden Zwangsmaßnahmen einen weiteren moralischen Abstieg. Das eiserne Zeitalter mündet in blutige Kämpfe und Gewalt, enttäuscht kehrt als letzte die Göttin Astraea – in anderen Versionen auch als Dike überliefert – als Verkörperung der Gerechtigkeit den Menschen den Rücken.

Unter den Gedichten des Vergil ist besonders die *vierte Ekloge* zum Ausgangspunkt zahlreicher Interpretationen und Spekulationen geworden. Denn hier wird die Geburt eines Knaben angekündigt, der die Herrschaft des Goldenen Zeitalters mit all seinen Segnungen zurückbringen werde. Die Idee dahinter ist der große Kreislauf der Weltalter, eine alte Vorstellung vom zyklischen Ablauf der Zeit, die über Persien nach Westen wanderte und in Hesiods *Werke und Tage* in der griechischen Dichtung auftauchte. Das silberne, eherne und eiserne Zeitalter sind also nur vorläufig, bis der Weltkreis sich wieder zu seiner Vollkommenheit im Goldenen Zeitalter als Anfang und Ende zusammenschließt. Auch die Bibel kennt bei Jesaja die Prophezeiung eines Knaben, mit dem Gerechtigkeit und Frieden wiederkehren werden. Der rettende Knabe wurde mit dem Kaiser Augustus oder mit Jesus Christus gleichgesetzt. Entscheidend aber ist die Wendung nach vorne, die das utopische Potenzial des Mythos freisetzt.

> Schon kehrt wieder Asträa, es kehrt die
> saturnische Herrschaft,
> Schon ein neues Geschlecht entsteigt dem
> erhabenen Himmel.
> Sei nur dem kommenden Knaben, mit dem sich

---

7   Schmidt, Schischkoff (1974), S. 453.

das eiserne Alter

Schließet, und rings aufblüht ein goldnes

Geschlecht auf dem Erdkreis (…)[8]

Die beiden mythischen Strömungen des Goldenen Zeitalters und Arkadiens fließen als „Wunschlandschaft" zusammen und zeigen ein Bild des Friedens und des Glücks als Urzustand von Menschen, Tieren und Natur, Naturgeistern und anderen Lebewesen.

Als Goethe in seiner *Italienischen Reise* stolz bekannte „Auch ich in Arkadien!" war Arkadien schon längst ein Reich

Nicolas Poussin, Hirten in Arkadien, zweite Fassung, um 1650, Öl auf Leinwand, 87 x 120 cm, Paris, Musée du Louvre.

8   Asträa ist die personifizierte Gerechtigkeit. Vergil, Ekloge 4, in: Vergil (ca. 1927).

der Kunst geworden. Eine wichtige Schlüsselposition auf diesem Weg der Poetisierung nimmt Nicolas Poussins Gemälde *Die Hirten von Arkadien* ein. Das Bild gehört zu den meistinterpretierten der Kunstgeschichte.

Es zeigt drei Hirten und eine vornehme weibliche Figur, die sich vor dem Hintergrund einer Berglandschaft um einen Sarkophag gruppieren. Die beiden vorderen Hirten weisen auf die berühmte Inschrift „ET IN ARKADIA EGO", die häufig auf den Tod bezogen wurde. Demnach wäre eine Sinnebene des Bildes in der Erkenntnis zu sehen, dass auch in dieser ewigen Traumlandschaft der Tod anwesend ist.

Der Philosoph Reinhard Brandt schlägt in seinen Ausführungen zu *Arkadien in Kunst Philosophie und Dichtung* jedoch eine andere Lesart vor: Der links kniende Hirten zeichnet mit dem Finger den Schatten seines Kopfes nach, der rechte Hirte verweist mit dem Finger darauf und stellt Blickkontakt zu der rätselhaften weiblichen Figur her. Daraus ergibt sich eine Anspielung auf eine antike Anekdote von der Entstehung der Malerei durch das Nachzeichnen eines Schattens. Die göttergleiche Frau wird aus dieser Perspektive eine Symbolfigur für den Ruhm der Malerei oder eine Personifikation der Kunst. ‚Auch ich, die Malerei, bin jetzt in Arkadien' wäre dann das Motto, mit dem die Kunst sich selbst ein Denkmal setzt.[9]

Arkadien und das Goldene Zeitalter wandern damit in die Kunst bzw. die Kunst wird der Bereich, in dem diese Ursehnsüchte sich abbilden. Anders als die klassischen Staatsutopien – von Platons *Politeia* über Thomas Morus *Utopia* bis hin zu den Dystopien der Moderne – spiegeln Bilder nicht die rationalen Konstrukte der in die Zukunft projizierten erwünschten oder gefürchteten Gesellschaftsformen. Sie motivieren vielmehr auf anderen Wegen, durch die der Kunst eigenen Mittel. Die gilt auch für literarische Texte, die ebenfalls zu Wort kommen werden.

---

9   Brandt (2006), S. 77ff.

Wir verfolgen in dieser Publikation eine Reihe solcher Wunschlandschaften und untersuchen die utopischen Potenziale, die hier noch liegen oder sich daraus ableiten lassen. Dabei werden immer wieder die Möglichkeiten einer nachhaltigen Entwicklung, aber auch politische Fragestellungen etwa nach der Zukunft Europas oder der politischen Färbung des Begriffs „Heimat" entwickelt. Einen gedanklichen Hintergrund bilden die folgenden Überlegungen zum weiten Feld der Utopien und Wunschlandschaften.

Die Welt, wie sie sein könnte

Erst wenn Menschen kollektive Wunschbilder in ihr Handeln aufnehmen, werden sie von Wunschträumen zu wirkungsmächtigen Utopien. Diese politische Konzeption von Utopie ist weitgehend aus der öffentlichen Diskussion verschwunden; sie ist aber noch spürbar bei einem Klassiker der Wissensgeschichte, dem Wissenssoziologen Karl Mannheim (1893–1947) in seiner Untersuchung zu *Ideologie und Utopie* aus dem Jahr 1929.

> Utopisch ist ein Bewußtsein, dass sich mit dem es umgebenden ‚Sein' *nicht* in Deckung befindet. [...] Nur jene ‚wirklichkeitstranszendente' Orientierung soll von uns als eine utopische angesprochen werden, die, in das Handeln übergehend, die jeweils bestehende Seinsordnung zugleich teilweise oder ganz sprengt. [...] Für uns gelten als Utopien alle jene seinstranszendenten Vorstellungen (also nicht nur Wunschprojektionen), die irgendwann transformierend auf das historisch-gesellschaftliche Sein wirkten.[10]

10 Mannheim (2015), S. 179, 169.

Mannheim nennt diese Art der Utopie eine relative, da sie nur von bestimmten historischen Phasen aus als unverwirklichbar erscheint. „Eben deshalb, weil die konkrete Bestimmung des Utopischen stets von einer bestimmten Seinsstufe her erfolgt, ist es möglich, daß *die Utopien von heute zu den Wirklichkeiten von morgen werden können.*"[11] Interessant sind die verwirklichten Utopien auch im Rückblick, wenn wir fragen können, was aus den Wunschbildern von einst geworden ist und welche utopischen Potenziale noch in die Zukunft hinein wirken.

Heute ist der Resonanzraum des utopischen Denkens klein geworden. Vielleicht leben wir ja gegenwärtig und in den westlichen Demokratien schon in akzeptablen Varianten der besten aller möglichen Welten. Wachsender Wohlstand, individuelle Freiheit, stabile Rechtssysteme und demokratische Institutionen sowie eine lange Friedensphase lassen zumindest Europa wie eine neue Insel Utopia erscheinen.

Das Bild hat jedoch dunkle Seiten: Diverse Krisen – Dotcom-Krise, Finanzkrise, Migrationskrise und Datenkrisen um die sozialen Netzwerke – haben das Sicherheitsgefühl vieler Menschen verstört. Die Globalisierung bringt Gewinner und Verlierer mit sich. Die Kriege der Welt rücken näher. Erstarkende rechte Bewegungen drohen die Errungenschaften der Demokratien in eine große Regression zu ziehen. Neue autoritäre Herrschaftsformen treten in Konkurrenz zu den aufgeklärt-liberalen Gesellschaften.

Der westliche Weg hat möglicherweise seinen Vorbildcharakter in der Welt schon verloren. Das hat auch Gründe, die im System selbst liegen: Viele Risiken und Gefährdungen wurden entlang der Produktionsketten in ferne Länder verlagert, ebenso wie der Müll; die westlichen Staaten pflegen einen Konsum, der ein Mehrfaches der Ressourcen der Erde verbraucht, Industrialisierung und Technisierung führen zu einem bedrohlichem Kli-

---

11   Ebenda, S. 177.

mawandel und zerstören die Artenvielfalt überall auf der Erde, wo das Entwicklungsmodell sich ausbreitet.

Wo bleiben die Utopien, die sowohl den Missständen wie auch den neuen Mächten einen Zukunftsentwurf vor Augen führen können?

Die großen Herausforderungen der Zukunft – Klimawandel, Biodiversität und eine gerechtere Weltwirtschaftsordnung – lassen sich offenbar nicht im Rahmen des Üblichen durch eine Anzahl von Maßnahmen und Zielen bewältigen. Vieles spricht dafür, dass ein Paradigmenwechsel in allen gesellschaftlichen Segmenten erforderlich ist. Im Denken hat er schon stattgefunden: Die 17 Nachhaltigkeitsziele der UNO, die Klimavereinbarungen von Paris, zahlreiche Klimapläne und Nachhaltigkeitskonzepte, die Arbeiten von IPCC (Weltklimarat) und IPBES (Weltbiodiversitätsrat) zeigen, dass wir es weniger mit Erkenntnis- als mit Umsetzungsproblemen zu tun haben. Dies mag auch daran liegen, dass einerseits Erkenntnis allein noch nicht zum Handeln motiviert, andererseits die Reichweite wissenschaftlicher Erkenntnisse im Konzert der öffentlichen Kommunikation permanent abnimmt.

Es scheint, dass Zivilisation- und Konsumkritik ebenso wie die Appelle an eine individuelle Ethik an Grenzen stoßen. Nachhaltige Entwicklung als Motor etwa einer ressourcenneutralen Klimapolitik ist eine gesamtgesellschaftliche Aufgabe und ein politisches Konzept, das auch technologische Innovationen mit umfasst. Etwas mehr utopische Dynamik würde möglicherweise helfen, den Enthusiasmus für einen großen Entwicklungsschritt in die Zukunft aufzubringen. Ein universalisierbares Gerechtigkeitsmodell nachhaltiger Entwicklung auf allen Gesellschaftssektoren wäre eine schöne Alternative zum Festhalten am Gegebenen und Erreichten.

Der Blick in die Geschichte der Wunschlandschaften soll daher auch dafür plädieren, die Räume des Möglichen wieder zu erweitern und die Möglichkeit des utopischen Wünschens neu zu entdecken. Denn hierher stammen die Energien und Antriebskräfte, die dann auch die Praxis beflügeln. Paradoxerweise können es auch die verwirklichten Utopien sein, Wohlstand und Freizügigkeit wie im Schlaraffenland oder ehemals progressive Träume von Heimat und Nation, die weitere Schritte in die Zukunft verhindern. Es ist an der Zeit, Resümee zu ziehen und zu betrachten, auf welchen Wegen „Wunschlandschaften" Gestalt angenommen haben, welche Potenziale sie noch bereithalten und wo die Realisierungen in neue Problemlagen entgleist sind.

Die Bilder, die hier betrachtet werden, können den Glanz wieder lebendig machen, den die Menschheitsträume von Gerechtigkeit, Frieden und Wohlstand einmal ausgestrahlt haben. Viele Elemente dieser Zukunftsträume und verlorenen Paradiese können zeigen, dass das Erreichte nicht gering zu schätzen ist. Vieles bleibt offen. Genau das mag dazu motivieren, dem utopischen Denken mehr Raum zu verschaffen und neue Handlungsräume zu gestalten.

SCHLARAFFENLAND

Pieter Bruegel d.Ä., Das Schlaraffenland, 1567, Öl auf Eichenholz, 51,5 x 78,3 cm, Alte Pinakothek München.

Eine soziale Utopie

Eine Wunschlandschaft des Überflusses, in der alles vorhanden ist und niemand arbeitet. Hier ist der Kunde König. Die Geschichte des Schlaraffenlands ist auch lesbar als Geschichte einer sozialen Utopie. Ernst Bloch schildert im *Prinzip Hoffnung* den Traum des armen Volkes von einem Leben ohne Hunger so:

> Pieter Breughel malte sein Scharaffenland, genau wie das arme Volk es allemal geträumt hat. Als ewigen Sonntag, der einer ist, weil jedes Tretrad fehlt und nichts mehr als Trinkbares, Gesottenes, Gebratenes vorkommt. Ein Bauer, ein Ritter, ein Scholar im Vordergrund, die ersten satt und schlafend, der Scholar noch mit offenem Maul und Augen, eine gebratene Taube erwartend oder das Ferkel, das rückwärts steht und bereits das Tranchiermesser bei sich trägt.[12]

Noch der Soziologe Zygmunt Baumann sah in jüngerer Zeit auf den Spuren der Sehnsucht nach *Retrotopia* im Schlaraffenland eine „maßgeschneiderte Utopie für die unter Not und Ohnmacht leidenden Menschen einer Mangelgesellschaft", die diesen den Aufbruch in die Moderne wies.[13]

Jeder Stand ist auf unserem Bild durch sein Attribut erkennbar, der Bauer liegt auf dem Dreschflegel, der Ritter mit Lanze und Eisenhandschuh liegt auf einem roten Kissen, der Gelehrte hat neben sich Buch und Papier. Er liegt auf einem mit Pelz ausgeschlagenen Mantel, was zeigt, dass derartige Kleidung ebenfalls zu den Segnungen des Schlaraffenlandes gehört. Alle drei sind wohlgenährt. Auf der schräg stehenden runden Platte am

---

12   Bloch (1985/2016), S. 952.
13   Baumann (2017), S. 177f.

Baum liegen verschiedene Leckereien, die offenbar von allein herunterfallen sollen, wie der Tropfen aus dem umgefallenen Krug. Links wartet der Knappe des Ritters darauf, dass ihm ein Fladen von Dach in den Mund rutscht. Der Kaktus rechts ist aus Broten zusammengesetzt und vorne tanzt ein possierliches Ei auf zwei Beinchen, verzehrfertig mit Löffel ausgestattet. Auf den Zaunpfählen hinten links stapeln sich Wurstkringel. Im Hintergrund ein Milchsee mit Schiffen und rechts frisst sich gerade einer durch die Mauer aus Brei, die das Scharaffenland abschirmt.

Pieter Bruegel der Ältere, geboren um 1525/30 wahrscheinlich in Breda in den Niederlanden, gestorben 1569 in Brüssel, wurde von seinem ersten Biografen Carel van Mander ein Bauern-Maler genannt. Diese frühe Zuschreibung hat ihn fortan nicht mehr ganz verlassen, er wurde als „Bauern-Bruegel" bekannt. Zusammen mit seinen Söhnen Pieter und Jan begründete er die Künstler-Dynastie der Bruegel.

Tatsächlich hat er sich dem Leben der Menschen und den Landschaften seiner Zeit in vielfältiger Weise gewidmet. Eine Reihe von Jahreszeitenbildern, in denen Menschen in jahreszeitlich geprägten Landschaften den jeweils passenden Verrichtungen nachgehen, und eine Reihe von visualisierten Sprichwörtern gehören zu seinen bekanntesten Werken. Zu seiner Darstellung des Schlaraffenlandes gibt die Alte Pinakothek in München die Auskunft, Bruegels Grundlage sei eine 1546 in Antwerpen erschienene Erzählung nach einem Schwank des Hans Sachs gewesen, die Müßiggang, Völlerei und Faulheit der Menschen geißelt.[14] Damit ist schon eine kritische Distanz deutlich markiert.

Denn sowohl die soziale Lesart Blochs wie auch die populäre Zuschreibung einer besonderen Verbindung zum Bauernstand führen in die Irre. Bruegel malte durchaus für die Oberschicht, ein gebildetes Publikum, das Vieldeutigkeit und gelehrte Verrätselung von Bildinhalten zu schätzen wusste. Der Kreis der

14   Die Pinakotheken, Das Schlaraffenland.

Kenner, Auftraggeber und Sammler, an die Bruegel sich wandte, reichte bis in hohe politische Kreise. Die humanistisch gebildeten Adressaten seiner Kunst waren es gewohnt, Bilder zu interpretieren, zu entschlüsseln, in Zusammenhänge einzuordnen und eine mehrschichtige Aussage zu genießen. Der Kunsthistoriker Nils Büttner verweist in seiner Künstlermonographie über *Pieter Bruegel d.Ä.* auf das Gemälde begleitende Kupferstiche und die dort mitgegebenen Verse und Inschriften, die nahelegen, das Schlaraffenland im Kontext der Zeit als Verurteilung von Faulheit, Völlerei und Laster zu lesen. Die Gesellschaftskritik richte sich gegen Vertreter verschiedener Schichten, die sich offenkundig von einem gottgefälligen Leben abgewandt haben. Dennoch bleibe in diesem Rahmen ein weiter Assoziationsraum, dessen Grenzen weniger durch eine Botschaft des Bildes, sondern eher durch die Bildung der Betrachter abgesteckt würden. [15]

Es lohnt sich also, die Breite des Motivs nicht aus den Augen zu verlieren. Das Märchen vom Schlaraffenland hat noch viel mehr Facetten und geht in seinen Einzelmotiven bis auf die Antike zurück. Hier mischen sich sagenhafte Erzählungen der seefahrenden Griechen von weitentfernten Wunderländern, von Atlantis, Persien oder Indien, mit dem Mythos vom Goldenen Zeitalter. In einem griechischen Komödienfragment um 430 v. Chr. tauchen als Merkmale der goldenen Urzeit schon die fetten Speisen auf, die von selbst den Menschen ins Maul spazieren. Auch die jüdischen, christlichen und islamischen Vorstellungen vom Paradies kennen das Motiv einer Natur von exorbitanter Fruchtbarkeit, die alles freiwillig gibt, in der die Menschen ohne Arbeit leben, die Frauen ohne Schmerzen gebären und in dem, in die zukünftige Endzeit projiziert, im Überfluss der Natur Gleichheit unter den Menschen herrscht. Das alttestamentarische Land, in dem Milch und Honig fließen, trägt ähnliche Züge

---

15 Büttner (2018), S. 80.

einer Natur, die den Menschen in schier unvorstellbare Wonnen der Fruchtbarkeit einbettet.

Der uralte Menschheitstraum von einem Leben ohne Not formierte sich im späten Mittelalter zum Bildkomplex von Cucania/Schlaraffenland und wird damit zu einer Utopie, die ihre Motive aus der sozialen Situation der Zeit heraus entwickelt. Der Literaturwissenschaftler Dieter Richter nennt das Märchen vom *Schlaraffenland* in seiner umfassenden Darstellung auch eine populäre oder plebejische Utopie, in der sich die Wunschbilder vom guten Leben zu einer geographischen Utopie verdichten und in Landschaftsbilder umsetzen. Imaginäre Reiseerzählungen und Landkarten schmücken die Bilder mit immer neuen Details aus. Die essbare Welt, in der niemals produziert, sondern nur konsumiert wird, tradiert dabei auch Ideen von einer gerechten Ordnung im Sinne einer allgemeinen Gleichheit; eine Vorstellung, die sich in der frühen Neuzeit in den sozialen Unterschichten verbreitet hatte und bei Thomas Münzer ebenso wie in den Bauernkriegen Resonanz fand. Richter hebt hervor, dass es im Schlaraffenland in dieser historischen Phase nicht einfach um Luxus geht, sondern um das Gemeineigentum an den Nahrungsgütern als Antwort auf die Hungerkrisen der Zeit. Auch das Motiv der sexuellen Freizügigkeit, das später in den Südseeträumen eine große Rolle spielen wird, taucht ebenfalls gelegentlich auf – es passt zum Jungbrunnen, in dem, wer hässlich oder alt ist, jung und schön wird. Dass das Schlaraffenland etwas für Narren ist, wusste man schon aus Sebastian Brants *Narrenschiff* (1494), dessen Kritik an Laster, Faulheit und Überfluss in der Überlieferung ebenfalls Schule machte.[16]

Das Gedicht von Hans Sachs, auf das sich die Darstellung von Pieter Bruegel bezieht, beinhaltet viele dieser traditionellen Motive und wird damit auch zur wertvollen Erläuterung des Bildes: Der drei Meilen breite Berg von Hirsebrei wird erwähnt,

16   Vgl. Richter (1984/1995).

durch den der Reisende sich hindurchfressen muss, die Dächer sind mit Fladen gedeckt, die Zäune aus gebratenen Würsten, die Weidenbäume aus Semmeln, der Wein rinnt von selbst in die Kehle. Es gibt Bäche von Milch, die gebratenen Hühner, Gänse und Tauben fliegen freiwillig ins Maul und die gebratenen Ferkel laufen verzehrfertig mit dem Messer im Rücken herum. Auch gibt es einen Jungbrunnen in diesem Land, man trägt Schlafrock und Adelstitel werden nach Schlaraffenlandgesichtspunkten vergeben. Der Text vermittelt gegen Ende eine deutliche moralische Botschaft: Zucht und Ehrbarkeit sind aus diesem Land ebenso vertrieben wie die Arbeit und die regierende Faulheit wird mit eher tadelnden Untertönen bedacht. Mit der Aufforderung an die Leserschaft, das Ganze als Spiegel des eigenen Verhaltens zu betrachten, schließt das Gedicht.[17]

Die moralische Dimension zeigt die Richtung auf, in der in der frühkapitalistischen Gesellschaft der Fortschritt vermutet wird: Arbeit und Fleiß müssen belohnt werden, Faulheit und Laster dürfen nicht auf der ganzen Linie gewinnen. Die Gebrüder Grimm und Ludwig Bechstein haben das Märchen dann im 19. Jahrhundert in ihre Märchensammlungen aufgenommen, zum Teil von anstößigen Inhalten befreit und damit sicher auch verharmlost.[18] Vor allem bei Bechstein, dessen Fassung vielleicht die bekannteste wurde, ist es aber wieder das ungetrübte Wunschland, das in liebevollen Details ausgeschmückt wird und zum Hinfahren einlädt. Allerdings mag man es nun nicht mehr so recht glauben. Der Kindertraum vom Schlaraffenland der unschuldigen Leckereien ist doch ein anderer als die plebejische Utopie der Gleichheit im Überfluss.

Die soziale Dimension der Ernährungsfrage blieb aber noch lange ein Treiber für Veränderungen im sozialen Gefüge. Heinrich Heine (1797–1856) assoziiert das Himmelreich auf Erden

---

17 Vgl. Sachs (1530).
18 Vgl. Richter (1984/95), S. 94ff.

mit Zuckererbsen für alle und einer politischen Vision von Europa. Sein deutsches *Wintermärchen* kann auf deutsche Eiche gern verzichten, solange in Europa Freiheit und die gerechte Verteilung der Nahrungsgüter mit der Lust am schönen Leben koalieren.

> Deutschland. Ein Wintermärchen
> [...]
> Ein neues Lied, ein besseres Lied,
> O Freunde, will ich euch dichten!
> Wir wollen hier auf Erden schon
> Das Himmelreich errichten.
> Wir wollen auf Erden glücklich sein,
> Und wollen nicht mehr darben;
> Verschlemmen soll nicht der faule Bauch,
> Was fleißige Hände erwarben.
> Es wächst hienieden Brot genug
> Für alle Menschenkinder,
> Auch Rosen und Myrten, Schönheit und Lust,
> Und Zuckererbsen nicht minder.
> Ja, Zuckererbsen für jedermann,
> Sobald die Schoten platzen!
> Den Himmel überlassen wir
> Den Engeln und den Spatzen.
> [...]
> Die Jungfer Europa ist verlobt
> Mit dem schönen Geniusse
> Der Freiheit, sie liegen einander im Arm,
> Sie schwelgen im ersten Kusse.
> [...][19]

Die sozialen Utopien des 19. Jahrhunderts und die frühsozialistischen Theorien setzen den ausufernden Phantasien des alten

---

19   Heine (1976), S. 578.

Wunschtraums die Strenge naturrechtlicher und wissenschaftlicher Argumentation entgegen. Die Utopien eines gerechten Idealstaates mit Gemeineigentum etwa von Henri Saint Simon (1760–1825), Charles Fourier (1772–1837) bis hin zu den Theorien von Karl Marx und Friedrich Engels waren rational und systematisch angelegt. In seiner Schrift *Die Entwicklung des Sozialismus von der Utopie zur Wissenschaft* grenzte Friedrich Engels 1880 den eigenen, mit Marx entwickelten wissenschaftlichen Sozialismus ausdrücklich von den utopischen Vorläufern ab. Der Tonfall ist ein anderer, die politische und revolutionäre Dynamik der Emanzipation drängt die Opulenz der frühen Wunschlandschaften ins Reich der Fabeln. Die Geschichte der Klassenkämpfe ist kein Schlaraffenland und verspricht auch kein solches. Für die Proletarier ist der Besitz von Produktionsmitteln vorgesehen, also immer noch Arbeit, nicht der uneingeschränkte Genuss einer postindustriellen Konsumgesellschaft. Eher wird Arbeit für alle gefordert, als das Gegenteil geträumt. Wir bewegen uns im Reich ökonomischer Notwendigkeiten. Der Traum vom guten Leben ohne Arbeit wirkt in der Gegenwart eher fort in den Ideen von Bürgergeld, Existenzgeld, Sozialeinkommen oder bedingungslosem Grundeinkommen, die von der Arbeit abgelöst zu denken sind, aber keinesfalls ein Leben im Überfluss in Aussicht stellen können und dürfen.[20]

Einiges spricht aber dafür, dass viele Versprechen des Schlaraffenlands sich nicht in den Gesellschaftsmodellen des Sozialismus, sondern in der Konsumkultur des Westens realisiert haben.

20   Vgl. Busch (2005).

34

Eine realisierte Utopie?
Aus der Geschichte des Konsums

Konsum gab es schon immer. In der frühen Neuzeit, der Blütezeit der Schlaraffenlandträume, konnte man aber davon ausgehen, dass die Laster- und Tugendkataloge der Kirche im Großen und Ganzen die Richtung tugendhaften Verhaltens wiesen. Faulheit, Luxus und Völlerei waren demnach zu meiden, Mäßigung anzustreben. Der Historiker Frank Trentmann zeigt in seiner Geschichte des Konsums anhand einer beeindruckenden Fülle von Belegen, wie die *Herrschaft der Dinge* allmählich in das Alltagsleben der Menschen einsickerte. Im Italien der Renaissance im 15. Jahrhundert, dann im 17. und 18. Jahrhundert in den Niederlanden und Großbritannien entwickelten sich mit dem fortschreitenden Welthandel innovative und dynamische Konsumkulturen. Vor allem die Niederlande nahmen in ihrem sogenannten „Goldenen Zeitalter" im 17. Jahrhundert hier eine Vorreiterrolle ein. Trentmann legt Wert auf die Feststellung, dass auch Bauern- und Bürgerhäuser sich in dieser Phase mit Dingen füllten, wie er überhaupt einiges zur Verteidigung des Konsums anzuführen weiß. Nicht nur die Illustration der Macht des Adels ist eine Funktion der Dinge, sondern Trentmann zeichnet eine durchgehende Linie in die Geschichte des Konsums, die auf die reichen Möglichkeiten der Verschönerung des Alltags und des kreativen Umgangs mit den Gütern verweist. Die „Herrschaft der Dinge", so seine These, entfremde die Menschen keineswegs von ihrem wahren Selbst, sondern die Dinge würden im Gegenteil zu integralen Bestandteilen eines Selbst, das sich so definiert und kreativ gestaltet.[21] Diese Botschaft ist jedenfalls zu berücksichtigen, wenn es darum geht, die gegenwärtige Konsumkultur in eine nachhaltige Entwicklung zu überführen.

21   Vgl. Trentmann (2017), S. 309, 647.

Den großen Umschwung in der Bewertung privater Laster in der öffentlichen Wahrnehmung demonstriert sehr gut Mandevilles berühmt gewordene *Bienenfabel*. Mit dieser Fabel ist ein Narrativ entstanden, dass die Moderne entscheidend geprägt hat und bis heute wirksam ist. Der gebürtige Niederländer Bernard Mandeville (1670–1733) lebte in England und veröffentlichte seine Schriften in englischer Sprache. Mandevilles Bienenfabel machte seine Zeitgenossen in spielerischer Form mit einem Grundgedanken des Wirtschaftsliberalismus vertraut, der später von Adam Smith in Form gebracht wurde: private Laster werden öffentliche Vorteile.

Die Fabel, zunächst 1705 anonym als Flugblatt erschienen, erzählt die Geschichte eines Bienenstocks, in dem zunächst ein geradezu schlaraffisches Lasterregiment herrscht. Der Staat der kleinen Tiere hat viel Ähnlichkeit mit dem zeitgenössischen England; man lebt reich und üppig, Industrie und Wissenschaft florieren und die Staatsform ist so frei wie nirgends sonst. Es gibt Reiche, die wenig tun auf Kosten von Armen, die für sie schuften. Zahlreiche Laster gedeihen ebenso üppig wie das ganze Staatswesen und geben dem Autor Gelegenheit, ein wenig gegen den Strom seiner Argumentation die Missstände seiner Zeit anzuprangern. Jedoch, auch wenn die Teile sündig sind, ist das Ganze doch ein Paradies. Gier, Verschwendung, Luxus, Eitelkeit, Genuss und Komfort werden als Schwungrad der Wirtschaft identifiziert; sie machen nicht nur die Reichen reicher, sondern geben den Armen Arbeit und ein besseres Leben, als früher den Reichen zukam.

Die Gegenprobe – ein Umbruch zum Leben in Tugend und Genügsamkeit – zeigt sehr bald, dass mit der Agonie von Handel und Gewerbe auch der Wohlstand dahingeht und letztlich alle ärmer sind als zuvor. Alles schrumpft dahin, die Preise fallen, es wird weniger gebaut, weniger Geld geliehen, weniger produziert. Man verzichtet auf die Seefahrt und den internationalen Handel, begnügt sich mit heimischen Produkten, aber mit dem verminderten Handel siechen Teile der Industrie, der Künste und Gewerbe ebenfalls dahin. Auch die Bevölkerung wandert aus und schrumpft, so dass der Stock am Ende sittsam und bescheiden in einem hohlen Baumstamm haust.

Die Moral aus der Geschichte, zeigt sehr anschaulich, warum Wachstum, befeuert durch bisher als Laster markierte Konsumfreude, fortan zum Kernkonzept wirtschaftsliberaler ökonomischer Vernunft werden konnte.

> Das Laster Geiz, die Schmach, die Pein,
> Des Bösen Quell, mußt Sklave sein
> Der noblen Sünde, der Verschwendung,
> Indes des Luxus Prachtaufwendung
> Millionen Armen Arbeit schuf,
> Desgleichen Stolz, trotz üblem Ruf.
> Die Eitelkeit selbst und der Neid
> Warn Diener der Geschäftigkeit;
> Ihr Hang zur Abwechslung indessen
> Bei Kleidern, Mobiliar und Essen
> War töricht, und doch trieb er wie
> Ein Schwungrad an die Industrie.
> [...]
> So nährte Laster den Verstand,
> Der sich mit Fleiß und Zeit verband,
> Und schuf des Lebens Überfluß,
> Komfort, Vergnügen und Genuß,
> So reich, daß heut die Armen eben
> Viel besser als einst Reiche leben.
> Nichts fehlt, wonach sich lohnt zu streben.
> [...]
> Wollt ihr die Goldnen Zeiten wieder?
> Da aß man Eicheln und war bieder.[22]

---

22   Mandeville (1705).

Eine kleine Pointe am Rande ist, dass in der Moral der Fabel das Goldene Zeitalter keine Verlockung mehr darstellt. Man hat jetzt Besseres in Aussicht.

Vermittelt über Adam Smiths berühmtes Werk *Der Wohlstand der Nationen* (1776) kann sich eine Theorie der Märkte entwickeln, die maßgeblich darauf abhebt, dass Verbrauch, Konsum, Genuss das Gemeinwohl fördern. Dies geschieht durch die Wirksamkeit der „unsichtbaren Hand", die über die Mechanismen der Konkurrenz in einem Gefüge von Angebot und Nachfrage dafür sorgt, dass Anbieter, deren Waren nicht den Wünschen der Kunden entsprechen, aus dem Markt fliegen. Solche, die den Kundenwünschen entgegenkommen, werden dagegen belohnt. Jeder geht seinem Vorteil nach und alle gewinnen. Der schottische Aufklärer hat damit ein Prinzip der Selbstregulation beschrieben, das durch alle Versuche von direktiver Steuerung bzw. Planwirtschaft bisher nicht befriedigend ersetzt werden konnte. Das bekannte Bäckerbeispiel verdeutlicht dies:

> Nicht vom Wohlwollen des Metzgers, Brauers und Bäckers erwarten wir das, was wir zum Essen brauchen, sondern davon, dass sie ihre eigenen Interessen wahrnehmen. Wir wenden uns nicht an ihre Menschen-, sondern an ihre Eigenliebe, und wir erwähnen nicht die eigenen Bedürfnisse, sondern sprechen von ihrem Vorteil.[23]

Als Hinterlassenschaft dieses Erfolgsmodells bleibt – neben immanenten Problemen – vor allem das große Manko, dass Umweltkosten damit nicht abgebildet werden. Diese werden externalisiert, nach außen verlagert, und ggf. von der Allgemeinheit bezahlt. Auch ist offenkundig eine Abhängigkeit von stetem

---

23   Smith (1974), S. 24.

Wachstum mit diesem Modell verbunden, die die Umwelt in einen Teufelskreis führt.

Doch bevor diese Einsichten ins allgemeine Bewusstsein traten, durfte das Schlaraffische der neuen Ökonomie sich erst zu voller Blüte entfalten. Die soziale Frage mündete im 20. Jahrhundert durch Unterstützung der Gewerkschaften und des sozialpolitischen Gestaltungswillens der großen Volksparteien in eine Konsumkultur, die Arbeiter nach und nach deutlich besser stellte und im Status anhob. Nimmt man die politischen Forderungen des 19. und frühen 20. Jahrhunderts nach Emanzipation der Arbeiterschaft als Norm, so haben sich viele Forderungen auf der politischen Ebene in der liberalen Demokratie jedoch nicht erfüllt. Im Inneren von Eigentum herrschen überwiegend hierarchische Strukturen, Eigentum an Produktionsmitteln im Sinne sozialistischer Forderungen wurde nicht erreicht, denn Aktienbesitz war nicht gemeint. Dafür boten die westlichen Staaten vor allem nach dem Zweiten Weltkrieg einen ungeahnten Wohlstand auf breiter Ebene, der Defizite an politischer Handlungsmacht kompensierte. Dadurch erhielt die Konsumkultur auch paternalistische Züge; sie ermöglichte aber Wachstum ohne große soziale Konflikte um die Verteilung des Wohlstands, da der Kuchen immer größer wurde.

Wirtschaftsliberales Leitbild wurde nun die Idee der Konsumentensouveränität. Der Konsument, der als Kunde König sein darf, bestimmt durch sein Kaufverhalten, was produziert wird. John Maynard Keynes hatte eine weitere Umwertung traditioneller Werte eingeleitet, als er in den 1930er Jahren während der Weltwirtschaftskrise postulierte, dass Sparen von Übel sei, Ausgeben hingegen etwas Gutes, was gleichermaßen für Privatpersonen wie für Staaten gelten sollte. Ab den 1930 Jahren wurde der Konsument mehr und mehr Bezugspunkt der Ökonomie. Der klassische Liberale William Harold Hutt, der den Begriff der Konsumentensouveränität in den 1930er Jahren prägte, vertrat die These, die Konsumenten würden durch ihre Nachfrage eine breite Verteilung der Macht und gesellschaftliche Harmonie herbeiführen, so dass weder Staat noch Wirtschaft Monopolstellungen aufbauen könnten.[24] Der Konsum trat in die Funktion einer legitimen Macht ein. Ab der Nachkriegszeit des 20. Jahrhunderts beschleunigten sich die Innovationszyklen so sehr, dass das Wegwerfen nun eigentlich auch noch zur Tugend erklärt werden müsste.

Der Zusammenhang zwischen Arbeit und Konsum ist zwar mittlerweile – anders als im Schlaraffenland – nicht aufgelöst, aber er ist gelockert: Reichtum entsteht in den entwickelten globalisierten Gesellschaften oft nicht mehr durch eigener Hände Arbeit, sondern wird zunehmend durch Vermögenstransaktionen an den Finanzmärkten erwirtschaftet, auch verwischt der Umstand, dass Konsum auf der Basis von Krediten stattfinden kann, die Zusammenhänge zur Arbeit zumindest in der Wahrnehmung. Das sind an sich keine neuen Phänomene, sie beunruhigen aber die Menschen, wie die immer wieder ergebnislos abflauenden Debatten um soziale Gerechtigkeit und die sich weiter öffnende Schere zwischen Arm und Reich zeigen.

Zu den Tischlein-Deck-Dich-Phänomen gehört, dass heute Lebensmittel, Obst und Gemüse aus aller Welt zu jeder Jahreszeit zur Verfügung stehen, und zwar in ausreichenden Mengen, ebenso wie verzehrfertige Mahlzeiten bis hin zum Fastfood auf der Straße. Wir sind von den Zusammenhängen zwischen Jahreszeit, Reifung und Ernte weit entfernt, die Kenntnisse über Herkunft und Zubereitung von Essen sind im Schwinden begriffen.

Die Freizeit nimmt zu, es entstehen Arbeitsmodelle, die um einen Ausgleich zwischen Arbeitsleben und Familie bemüht sind. Die freie Zeit bedarf aber der sinnvollen Ausgestaltung, was nicht selten ebenfalls durch Konsum geschieht. Viele Freizeitbeschäftigungen, auch wenn sie „Erlebnisse" genannt werden, kosten Geld und die Teilhabe an Arbeit und Erlebniskultur bedeutet Teilhabe an der Gesellschaft. Erschwingliche Fernreisen bedeu-

24   Trentmann (2017), S. 380ff.

ten Freiheit und erfüllen Träume, bevor bewusst wird, dass sie genau diese Träume zerstören. Kleidung, Wohnung, Einrichtung, Essen, die Art der Mobilität, Musikgeschmack definieren Identitäten und unterstützen durch häufigen Wechsel die Idee der immer neuen Selbsterfindung.

So ist der Konsum auf vielfältige Art und Weise wie mit einer Unzahl von Synapsen in das Alltagsleben hineingeknüpft.

Konsumverzicht und Nachhaltigkeit

Wie man Konsum moralisch bewertet, hängt stark davon ab, wie menschliche Identität, das „Selbst" oder die menschliche Natur definiert werden. Unabhängig davon ist aber das entscheidende

Supermarkt.

Argument heute, dass der tradierte Konsum karbonbasiert ist, das Kima anheizt und Natur verbraucht.

„Hochentwickelte Wirtschaften sind auf Gedeih und Verderb von ihrer Fähigkeit abhängig, durch Werbung, Markenbildung und Konsumentenkredite ein hohes Ausgabenniveau zu erreichen und aufrechtzuerhalten.

Die vielleicht existenziellste Auswirkung unseres materiell aufwendigen Lebensstils ist diejenige auf den Planeten. Dieser Lebensstil beruht auf fossilen Brennstoffen."[25]

Die Kombination aus Wachstumszwang und der Idee der Konsumentensouveränität hat im Verein mit wirtschaftsliberalen Deregulierungen eine Situation geschaffen, in der Steuerung in Richtung nachhaltiger Entwicklung sehr schwierig erscheint. Akteure in Politik und Wirtschaft scheinen zu hoffen, dass etwa CO_2-Ziele durch das Nachfrageverhalten der Konsumenten erreicht werden könnten. Das Nachfrageverhalten ist aber zahlreichen anderen Einflüssen ausgesetzt. Die Debatte um eine CO_2-Steuer zeigt, welche Konfliktfelder hier warten.

Kritische Stimmen haben die Entwicklung schon sehr lange begleitet. Appelle an Genügsamkeit der Lebensführung, Kontrolle der Bedürfnisse und Leidenschaften und eine entsprechende Kritik am Luxus kennt schon die Antike. Sieht man einmal von der kirchlichen Morallehre ab, so ist es vor allem Jean-Jaques Rousseau (1712–1778), der mit seiner Zivilisationskritik eine Argumentationslinie in Gang gesetzt hat, die bis heute Bestand hat. Der Diskurs der Zivilisations- und Konsumkritik leitet Ungerechtigkeit, Ungleichheit, ganz allgemein gesellschaftliche Missstände von den zivilisatorischen Rahmenbedingungen ab. Besitz, Luxus, die künstlichen Verfeinerungen der Lebensart, Mode, Komfort und schließlich der Konsum entfremden demnach die Menschen von ihrem Naturzustand, ihrem wahren Selbst.

---

25 Trentmann (2017), S. 12.

In den 1950er Jahren nährten Publikationen wie John Kenneth Galbraiths *Gesellschaft im Überfluss* (1958), David Riesmans *Die einsame Masse* (1950) oder Vance Packards *Die geheimen Verführer* (1957) den Verdacht, mit den neuen Instrumenten von Werbung und Marketing sei eine gigantische Manipulationsmaschine entstanden, die keine realen Bedürfnisse mehr befriedige. Bei einem selbstbestimmten, unentfremdeten Leben als Zielvorstellung setzte auch die Kritik der Frankfurter Schule an. Max Horkheimer und Theodor Adorno hatten in ihrer *Dialektik der Aufklärung* (1944) Thesen entwickelt, die Herbert Marcuse in den 1960er Jahren in seinem bekanntesten Werk *Der eindimensionale Mensch* (1964) in eine breite Öffentlichkeit trug. Im Lichte dieser kritischen Positionen erscheint die Konsumgesellschaft als Scheinwelt, in der Bedürfnisse durch Werbung manipuliert oder überhaupt erst geschaffen werden. Als Herrschaftsinstrument des Spätkapitalismus konstruierte die Konsumindustrie falsche Bedürfnisse, irreführende Vorbilder und trügerische Sehnsüchte zur Ausübung sozialer Kontrolle. Profitgier der Industrie und eine politische Strategie der Ruhigstellung der Massen gingen so eine unheilvolle Koalition ein. Letztlich würden die Menschen dazu verführt, sowohl sich selbst als auch dem Gemeinwohl zu schaden.[26]

Aus dieser Perspektive käme es einer Befreiung gleich, gelänge es, die Konsummaschine zu stoppen. Auch sind manche Phänomene, wie etwa der Dieselskandal oder die Bestrebungen der deutschen Autoindustrie, schärfere CO_2-Bestimmungen der EU zu verhindern, vor diesem Hintergrund sehr gut zu erklären.

Während Frankfurter Schule und neue Linke in den 1970er Jahre eher auf eine Systemänderung abzielten, gab und gibt es auch systemimmanente Korrekturansätze. Eine bewusste Steuerung des Konsums im Sinne ethischer Zielsetzungen wurde zuerst Ende des 18. Jahrhunderts mit dem Boykott

---

26   Vgl. Trentmann (2017), S. 138, 404ff.

von Sklavenzucker in Großbritannien in Angriff genommen. Frank Trentmann beschreibt zahlreiche weitere Beispiele, so etwa das Wirken von Konsumentenbewegungen und Käuferbünden im Sinne sozialer Zielsetzungen in den 1890er und 1900er Jahren.[27] Fair-Trade-Produkte, biogische und regionale Lebensmittel und zahlreiche Öko-Labels zielen heute darauf ab, Konsument*innen als mündige Bürger*innen mit ethischer Verantwortung anzusprechen. Ratgeber und Internet-Portale versuchen, ökologisches Licht in den Dschungel der Produktvielfalt zu bringen. NGOs wollen Einfluss auf das Konsumverhalten nehmen, um Unternehmen zu mehr Nachhaltigkeit zu bewegen. Vegetarismus und Veganismus finden immer mehr Anhänger*innen, auch die großen Supermärkte bieten ökologische Produkte an und entdecken für sich die Nachhaltigkeit als Marketingargument.

Seit Anfang 2019 bestätigt eine Studie, dass eine klimafreundliche Ernährung, zu der auch die Reduzierung des Fleischkonsums gehört, zugleich auch gesund ist. Umweltschäden und Klimaerwärmung sollen durch diesen Ansatz ebenso eingedämmt werden wie zahlreiche durch Über- und Fehlernährung verursachte Wohlstandserkrankungen. Die empfohlene Ernährungsweise soll im Verbund mit weiteren Maßnahmen auch das Potenzial haben, die Welternährungslage zu stabilisieren. 37 Forscher*innen aus 16 Ländern entwickelten die *planetary health diet* mit einem ganzheitlichen Ansatz, der für Ernährung, Landwirtschaft und politische Steuerung grundsätzliche nachhaltige Änderungen verlangt.[28]

Der westliche, konsumorientierte Lebensstil hinterlässt in der Welt breite Spuren. Ebenfalls Wissenschaftler*innen sind es, die Anfang 2019 die EU in einem offen Brief in der Zeitschrift Science auffordern, die Abholzung des Regenwalds in Brasili-

---

27 Derselbe, S. 210f.
28 Willet et al. (2019).

en zu stoppen und stattdessen Menschenrechte und Umwelt ins Zentrum der Handelsbeziehungen zu stellen: *Make EU trade with Brazil sustainable.* Die Wissenschaftler*innen fordern damit auch, die Verantwortung für Folgen unseres Lebensstils in anderen Regionen der Welt zu übernehmen: Die Abholzungen und die Unterdrückung der indigenen Bevölkerung sind Folge unseres Fleischkonsums, denn die Flächen werden für Produktion von Soja genutzt, das wiederum hier als Tierfutter verwendet wird.[29]

All das hat aber (noch?) nicht die entscheidende Wende zu einer nachhaltigen Entwicklung herbeigeführt, setzt man als Maßstab etwa die Pariser Klimaziele an sowie die 17 Nachhaltigkeitsziele der UNO.

Das Schlaraffenland-Paradox

Eine Problematik, auf die Konzepte stoßen, die vornehmlich bei einer individuellen Moral der Lebensführung ansetzen, ist der Vorwurf der besserwisserischen Belehrung. Hier wird offenbar ein impliziter Schlaraffenlandvertrag gebrochen. Die Abwehr, die auftritt, wenn Menschen den Eindruck haben, man wolle ihnen das Fleisch wegnehmen oder gar das Auto, reproduziert eine Empörung, die jahrhundertelang den kirchlichen und bürgerlichen Vertretern der Moral entgegenschlug. Nur dass diesmal eine Ethik der Suffizienz das gegnerische Lager abgibt. Einen Einblick in die Gefühlslage moderner Schlaraffenlandbewohner gab im heißen Sommer 2018 der als Bürgermeister von Berlin-Neukölln für seine Volksnähe bekannt und beliebt gewordene SPD-Politiker Heinz Buschkowsky in der BILD-Zeitung:

---

29 Kehoe, Laura, Reis, Tiago et al. (2019).

Ich gehöre zu den Bösen, denn mir macht Grillen Spaß. Und nun wird mir eingeredet, dass ich damit schuld am Klimawandel bin. [...] Nach Erklär-Demokratie und Belehr-Rechtsstaat kommt eine neue Facette der Volkshochschulpolitik als Moralimperialismus um die Ecke: die Veggie-Jünger! Also früher war am Klimawandel ja die Atombombe schuld. Das war einfach. Danach kamen die Autos und die alten Glühbirnen. Schon schwieriger. Dass es jetzt aber mein Kotelett sein soll – kaum noch zu verstehen. [...] Ich bin weder Forscher noch Wissenschaftler. Aber irgendwie immer schuld. Sie auch, lieber Leser, und meine grillenden Nachbarn natürlich ebenso. Wenn es doch bloß nicht so viele scheinbar oberkluge Menschen gäbe. Die Autohasser, die Flugzeug-Gegner, die Sozialgerechten, die Weltbürger und die Allesversteher.[30]

Es ist schwer zu entscheiden, ob sich da einer aus Popularitätsgründen wider besseres Wissen im Kleine-Leute-Tonfall an eine Schicht ahnungsloser Fleischesser anbiedern will oder ob Heinz Buschkowsky damals tatsächlich nicht wusste, dass Fleischkonsum den Klimawandel anheizt. Aber möglicherweise will er sich einfach nur gegen eine Belehrung wehren, die ihn und mit ihm alle Fleischesser*innen, Griller*innen, Autofahrer*innen, Flieger*innen moralisch abwertet. Das Beispiel zeigt sehr anschaulich, wie schnell eine nachhaltige Entwicklung, die allein auf Individualmoral setzt, an Grenzen stößt.

Ein besonderes Lehrstück boten ab dem Herbst 2018 die heftigen Aufstände der „Gelbwesten" in Frankreich. Entzündet hatten sich die Proteste an einer Ökosteuer auf Benzin und Diesel, die das Autofahren verteuern sollte, um die Bürger*innen

---

30   Buschkowsky (2018).

auf klimafreundlichere Mobilität umzulenken. Die Bewegung wurde, zumindest anfangs, von einem großen Teil der französischen Bevölkerung unterstützt und ausgiebig in den Medien diskutiert.

Die Gelbwesten markieren einen Schnittpunkt, an dem mehrere Perspektiven sich überkreuzen: Einerseits hatten sie das Anliegen, bisher übergangene soziale Ungerechtigkeiten sichtbar zu machen. Denn die klimafreundlichen Mobilitätsalternativen stehen einem großen Teil dieser Menschen offenbar nicht zur Verfügung oder sind für sie nicht bezahlbar. Sie leben in der Peripherie des Landes, gehören nicht zu den Globalisierungsgewinnern und haben auch kulturell wenig mit den ökologisch gestimmten Städtern zu tun. Damit wird eine soziale Ebene der nachhaltigen Entwicklung Europas angemahnt.

Aus der Perspektive der Länder jedoch, die durch den ungebremsten Klimawandel am stärksten geschädigt werden und für die ohnehin der Begriff „Entwicklungsländer" noch euphemistisch ist, sieht das anders aus. Aus dieser Perspektive schrumpft ganz Europa zum Schlaraffenland reicher Schmarotzer, die auf Kosten der globalen Peripherie Ressourcen aufzehren und schwere, krank machende Arbeit zu billigen Kosten in ebendiese globale Peripherie verlagern. Der hiesige Konsum beansprucht enorme Ressourcen aus dem Ausland, wobei Ressourcenverbräuche etwa an Wasser und Umweltverschmutzungen dorthin verlagert werden. Über die Hälfte des Wassers, das direkt oder indirekt in Importe nach Deutschland fließt, stammt aus dem Ausland, was dort Wasserknappheit verursachen kann. Zwei Drittel der Flächen, die für deutsches Wirtschaften in Anspruch genommen werden, liegen im Ausland, wovon rund die Hälfte für die Herstellung tierischer Produkte verwendet wird.[31]

---

31 Vgl. Umweltbundesamt (2019).

Hier stellt sich die soziale Frage im globalen Maßstab neu. Der Wunsch, weiterhin kostengünstig Auto zu fahren, viel Fleisch zu essen, zu fliegen und dabei den CO_2-Ausstoss zu vermehren, ist aus dieser Sicht nachrangig. Droht damit die Vertreibung aus dem Schlaraffenland?

Sicher ist es nicht sinnvoll, die sozial Benachteiligten in nationalen Maßstab gegen die noch Ärmeren im globalen Maßstab auszuspielen, aber es stellen sich schwer zu beantwortende Fragen nach einer Klimagerechtigkeit: Wer soll bezahlen und wie kann ein sozialer Ausgleich aussehen?

Auf jeden Fall stoßen die Funktionsmechanismen der Bienenfabel hier an ihre Grenzen: In Bezug auf Klima, Biodiversität und Natur führt der Egoismus einzelner eben nicht mehr zu allgemeinem Wohlstand. Stand die Bienenfabel am Übergang von einer feudalen Gesellschaft zu einer neuzeitlichen Marktgesellschaft, so steht jetzt ein ähnlich tiefgreifender Paradigmenwechsel vor der Tür: der Übergang zu einer Gesellschaft, in der die Grenzen zwischen berechtigten Interessen einzelner oder Gruppen und den Allgemeingütern der Weltgesellschaft neu zu definieren sind.

Denn das Klima stellt – ebenso wie der Naturverbrauch generell – ein Allmendeproblem dar. Geht hier jeder seinen persönlichen Vorteilen nach, droht die Tragödie der Allmende. Diese *Tragedy of the Commons*, eingeführt von dem amerikanischen Biologen Garrett Hardin in einem bahnbrechenden Aufsatz von 1968, galt lange als Dogma. Jedes Gemeingut, so die These, muss notwendig zugrunde gehen, da jeder einzelne unweigerlich seinen Nutzen auf Kosten der anderen maximieren werde. Die Privatisierung der Allmenden schien allein geeignet, diese unter Schutz zu stellen. Elinor Ostrom, die 2009 als erste Frau den Wirtschaftsnobelpreis erhielt, hat gezeigt, dass es auch anders geht. Sie konnte anhand zahlreicher Beispiele nachweisen, dass Menschen durchaus in der Lage sind, Regelsystem zu entwickeln, mit denen sie Allmenden bewirtschaften, ohne sie aufzubrauchen. [32] Dies sollte auch für das Klima gelten. Wenn sich alle an Spielregeln halten, ist eine Tragödie abwendbar.

Darüber hinaus braucht die Wende zu einer nachhaltigen Entwicklung, die auf vielen politischen Handlungsfeldern stattfinden muss, eine Kommunikation, die mindestens der Wirkung der kommerziellen Werbung gleichkommt. Dazu bedarf es neuer Narrative, die den Traum vom Schlaraffenland durch bessere Erzählungen vom guten Leben ablösen.

---

32   Vgl. Hardin (1968), Stollorz (2011), Radkau (2011).

FERNWEH

Max Pechstein, Palau-Triptychon, 1917, Öl auf Leinwand,
119 x 176 cm (Mittelteil), je 119 x 91 cm (Seitenteile),
Wilhelm-Hack-Museum Ludwigshafen.

Traum von der Südsee

Arkadien in der Südsee. Menschen im Einklang mit der Natur. Grüne Palmen, blaues Meer und sonnenfarbiges Land bilden die Umgebung der Eingeborenen, die hier kaum bekleidet ihren Tätigkeiten nachgehen. Die braune Haut der Menschen fügt sich in die Symphonie der Farben aus Blau, Grün und Gelb. Eine Familie mit kleinem Kind präsentiert sich im linken Bildteil. Rechts im Mittelteil werden Fischer winkend verabschiedet. Im Hintergrund Gemeinschaftshäuser der Insulaner, die der Künstler fast mit der gelben Erde verschmelzen lässt. Die Boote rechts und links unterfangen das Geschehen von unten halbkreisförmig wie mit einer Schale und schaffen eine Form, die Geschlossenheit und Einheit vermittelt.

Nicht ohne Grund liegen die Staatsutopien der frühen Neuzeit alle auf der Südhalbkugel der Erde: Thomas Morus' *Utopia*, der *Sonnenstaat* von Tommaso Campanella wie auch Francis Bacons *Neu-Atlantis*. Als die Südsee von den ersten Reisenden entdeckt wurde, glaubten sie ein irdisches Paradies gefunden zu haben. Der französische Weltumsegler Louis Antoine de Bougainville sah in Tahiti den Garten Eden und berichtet in seinen Reisebeschreibungen 1766–1769 vom wahren Utopia, in dem die Freiheit des Goldenen Zeitalters herrsche. Sein Begleiter Philibert de Commercon führt das so aus:

> Ich gab dieser Insel den Namen, welchen Thomas Morus seinem aus dem Griechischen hergeleiteten Idealstaat gegeben hat, nämlich Utopia. Ich wußte noch nicht, daß Herr von Bougainville ihr den Namen ‚Nouvelle-Cythère' gegeben hatte [...] Ich kann euch sagen, daß es sich um den einzigen Winkel dieser Erde handelt, in dem die Menschen ohne Laster, ohne Vorurteile, ohne Bedürfnisse und ohne Uneinigkeit wohnen. Unter dem schönsten Himmel geboren, sich nährend von den Früchten einer ohne menschliches Zutun fruchtbaren Erde,

regiert eher von Familienvätern als von Königen, kennen die Bewohner Tahitis keinen anderen Gott als die Liebe.[33]

Aus der Südsee-Begeisterung des 18. Jahrhunderts entwickelte sich eine gesellschaftskritische Spiegelung der eigenen politischen Verhältnisse, die sich aus dem Ideal einer naturrechtlich organisierten Gesellschaft speiste. Die Südsee wurde zum Gegenbild einer Zivilisation, die als übermüdet, unfrei und verderblich empfunden wurde. Damit tritt, wie Dieter Richter in seiner *Geschichte einer Himmelsrichtung* betont, der Süden in ein neues Verhältnis zu Europa und wird zur politischen Utopie.[34] Vom Standpunkt des Naturzustandes aus konnten die herrschenden Verhältnisse und die beherrschenden Mächte in Angriff genommen werden. Dazu gehörte auch die Erfahrung der freien Liebe, die Bougainville veranlasste, von einem neuen „Cythère" zu sprechen. Auf der griechischen Insel Kythera hatte sich im Altertum ein berühmtes Aphrodite-Heiligtum befunden und die Liebesinsel, besetzt durch zauberhaft verführerische Frauen, hatte von der Odyssee bis in die Renaissance-Literatur immer wieder Reisende in ihren Bann gezogen. Die Menschen der Südsee erschienen nun den Besuchern als greifbare Beispiele eines idealen Naturzustands, in dem freie Liebe und friedliche Eintracht herrschten und in dem die Bürden und Laster der Zivilisation keinen Ort hatten.

Die Berichte der Reisenden lieferten den Daheimgebliebenen immer neue Beweise für die reale Möglichkeit eines anderen Lebens. Vor allem Kirche und König sahen ungünstig aus im Lichte einer hierarchiefreien Glückseligkeit des Volkes, die etwa der Revolutionär Georg Forster in Tahiti fand. Die in zahl-

---

33 Zit. nach Richter (1984/1995), S. 69.

34 Vgl. Richter (2009), S. 123. Die Darstellung orientiert sich im Folgenden an Richter.

reichen Publikationen verbreitete neue Welterfahrung lieferte so den Aufklärern Argumente, die die europäische Idee einer freiheitlichen Staatsform bekräftigen konnten.

Darüber hinaus blieb die Südsee ein imaginärer Ort, der immer wieder neu erfunden und gefunden wurde. Die frühen Reisenden blickten hier in eine arkadische Bilderwelt, die durch die Sehnsüchte vieler Jahrhunderte wie durch einen Energiestrom aufgeladen wurde und umgekehrt immer neue Berichte und Bilder hervorbrachte, die ihrerseits eine magnetische Anziehungskraft ausüben. Der Zauber der Südsee gewann seine Kraft aus überlieferten mythischen Bildern, die die Reisenden mitbrachten, und bereicherte diese Bilder um ungeahnte neue Erlebniswelten. Dieser hochenergetisch aufgeladene Bilderstrom entfaltete seine stärkste Wirkung, wenn die Imaginationen auf ein fernes Ziel gerichtet werden konnten.

War man tatsächlich angekommen, verband sich sehr bald mit dem Angekommensein die Erfahrung der Ernüchterung. Wobei das Angekommensein eng mit der trüben Geschichte des europäischen Kolonialismus verknüpft ist.

Auch Max Pechstein, der zusammen mit seiner Ehefrau Lotte im Jahr 1914 etwa vier Monate auf den Palau-Inseln in der Südsee verbrachte, hat die Zäsur zwischen Traum und Wirklichkeit deutlich zu spüren bekommen. Pechstein (1881–1955), einst Mitglied der Dresdner Künstlergruppe *Die Brücke*, war zum Zeitpunkt seiner Reise ein bekannter und erfolgreicher Künstler. Er galt als treibende Kraft einer Erneuerung der Kunst und genoss eine hohe publizistische Aufmerksamkeit. Sein Galerist Wolfgang Gurlitt finanzierte die Reise durch einen großzügigen Vorschuss und sicherte sich im Gegenzug die Rechte der Südsee-Bilder. Pechsteins Faszination durch die Südsee, die er nicht nur mit Paul Gauguin, sondern auch mit den anderen Brücke-Malern teilte, war schon in seiner Dresdner Zeit entstanden. Das Dresdner Völkerkundemuseum bot eine vielfältige Sammlung von Objekten aus Palau, deren Grundstock der Zoologe Karl Gottfried Semper zusammengetragen hatte. Darunter befand sich auch der beidseitig mit einem Figurenfries verzierte Deckenbalken eines Versammlungshauses. Dieser *Palau-Balken* hatte es Pechstein besonders angetan. Auch Photographien und Masken sowie Emil Noldes Reise nach Neuguinea 1913 mögen zu seinem Entschluss beigetragen haben.[35] Die Reise war ein Herzenswunsch des Künstlers auf der Suche nach Ursprünglichkeit, nach der Einheit von Natur und Mensch. Palau und die Südsee wurden für Pechstein vor und nach seinem Besuch zur Inspirationsquelle zahlreicher Werke und boten ihm die Möglichkeit, aus seinen Ateliers und Wohnungen durch die Bemalung mit Südseemotiven alternative Lebenswelten zu schaffen.

Geplant war ursprünglich ein Aufenthalt von zwei Jahren, das Ehepaar wollte Land kaufen, um sich einen Wohnsitz zu schaffen. Palau war seit 1899 eine deutsche Kolonie. Es gab eine deutsche Verwaltung, die bereits regulierend in das Leben der Menschen eingriff, und einen Stationsleiter, der dem Ehepaar unauffällig den Weg ebnete.

Der Künstler macht Wanderungen und Fahrten mit dem Kanu; er begegnet Eingeborenen und lernt deren Leben und Kunst kennen. Max und Lotte Pechstein geben in ihren Aufzeichnungen von der Reise Eindrücke ungetrübter Ursprünglichkeit und einer gut integrierten Lebensgemeinschaft mit den Insulanern wieder. Aber das Paradies ist überschattet. Max und Lotte Pechstein werden durch den Einbruch des Ersten Weltkriegs überrascht. Palau wird von japanischen Truppen besetzt. Fortan ist die Versorgung mit Lebensmitteln und Post nicht mehr gesichert. Als die Eingeborenen sich auf die Seite der Japaner schlagen, wird er bestohlen und verliert seine gesamte Ausrüstung. Er und Lotte werden schließlich zusammen mit anderen deutschen Siedlern vor die Küste Nagasakis geschifft und eine Woche lang in Japan interniert.

---

35   Vgl. Soika (2005), dies. (2016). Die Darstellung orientiert sich im Folgenden an Soika.

Im Rückblick wird das Zauberland zum verlorenen Paradies. Pechstein vermerkt Risse, durch die eine andere Wirklichkeit sichtbar wird. Die Pechmann-Expertin Aya Soika hat die Tagebücher des Paares gesichtet und hier, anders als in den Bildern, Hinweise auf die Einflüsse der Zivilisation und der Kolonialisierung gefunden. Die Pechsteins berichten vom Phosphatabbau auf den Inseln, von der Missionsschule und Begegnungen mit dem für sein strenges Regiment bekannten Stationsleiter August Winkler. Viele Traditionen waren diesem Regiment bereits zum Opfer gefallen, so auch die Männerhäuser, denen Dresden den bewunderten Deckenbalken verdankte. „Wie schon vor ihm Gauguin, so musste auch Pechstein erfahren, dass die Suche nach dem Paradies in der Südsee eng mit jahrhundertealten europäischen Idealvorstellungen verbunden war, die zu Beginn des zwanzigsten Jahrhunderts nur noch bedingt der Realität entsprachen."[36] Es sind Idealbilder, denen wir auf der Reise durch die Wunschlandschaften der europäischen Einbildungskraft schon begegnet sind.

Pechstein hat in der künstlerischen Verarbeitung der Südsee-Erlebnisse diese Wunschlandschaft immer wieder beschworen. Zahlreiche Gemälde und Lithographien entstehen ab 1917 und die Wandbemalung in seinen Ateliers lassen das verlorene Paradies in der Kunst wieder lebendig werden.

Nach 1933 wurden die Palau-Bilder Pechsteins in den Kontext der Rassenideologie gestellt. Der rassistisch konditionierte Blick sah bei ihm – wie auch bei anderen Expressionisten – keinen Zauber der Südsee, keine Sehnsucht nach der Ursprünglichkeit, keine Liebe zum naturhaften Menschsein, sondern Dokumente einer undeutschen Neigung zu fremden „Rassen". Und so wurde Pechsteins Bild *Palau-Familie* in der Wanderausstellung *Entartetete Kunst* gezeigt.[37]

---

36   Soika (2005), S. 71–83; Zitat S. 75. Vgl. auch dies. (2016).
37   Vgl. dies. (2005), S. 79.

Wie diese Ideologie sich zu Internationalismus, Europa und europäischen Werten verhält, zeigt das Manifest des „Kampfbundes für deutsche Kultur" – *Die Geisteswende. Kulturverfall und seelische Wiedergeburt* von 1929 – mit beklemmenden Argumenten, die nicht nur die eigene Position als unterdrückte Opfermeinung markieren, sondern bereits einen stets virulenten Hass auf das Fremde schüren:

> Heute haben alle Gegenkräfte gesiegt, die ohne jedes Volksbewußtsein politisch für eine Weltrepublik (bzw. Paneuropa) eintreten, gesittungsmäßig eine in keinem Boden urverwurzelte ‚Menschheitskultur' schaffen wollen. [...] Heute ist aus den Tiefen der uns alle verseuchenden Weltstädte der Untermensch heraufgestiegen. Millionen unselig Entwurzelter sind auf den Asphalt geworfen, arm an Raum, entnationalisiert, richtungslos, preisgeben jeglichen schillernden Volksverführern, die heute in der sog. Weltpresse Mulatten- und Negerkultur als die höchsten Errungenschaften der Jetztzeit aufzutischen wagen.

Die intellektuellen Vertreter dieses Internationalismus gelten als „Asphalt-Feuilletonisten" oder „internationalistische, an ihrem Volkstum Verrat übende Gelehrte.[38]

Nach 1945, begleitet von der Aufarbeitung des Nationalsozialismus und dem Aufbau demokratischer Werte, suchte Deutschland den Wiederanschluss an die internationale Kunstentwicklung. Mit anderen Expressionisten gehörte Max Pechstein fortan zum Kanon der Klassischen Moderne.

Wie viele andere Künstler und Literaten hat Max Pechstein an der fortwährenden Erneuerung eines alten Traumes von un-

---

38   Kampfbund für deutsche Kultur (1929).

berührter Natur und ursprünglichen Menschen in einem verlorenen Paradies mitgewirkt, der bis in die heutige Tourismusindustrie nachwirkt. Wie andere auch hat er die Erfahrung machen müssen, dass der Zustand, den er suchte, schon untergegangen, bedroht oder im Verfall begriffen war. Auch das Tahiti Gauguins, der vielleicht den Prototyp des zivilisationsmüden Malers auf der Suche nach Erneuerung an den Ursprüngen der Menschheit erschaffen hat, war schon durch koloniale Einflüsse gezeichnet und bot nicht mehr die reine Projektionsfläche, die die ersten Besucher noch mit ihren Imaginationen vom Goldenen Zeitalter füllen konnten.

Im Rückblick hat sich quasi durch den Südsee-Traum hindurch die Wahrnehmung für die dahinter liegende Wirklichkeit der kolonialen Machtausübung geschärft. Die deutsche Kolonialgeschichte ist bei weitem nicht aufgearbeitet, nicht was den Völkermord an den Herero und Nama in der damaligen Kolonie Deutsch-Südwestafrika betrifft, nicht, was die Repatriierung menschlicher Überreste, und nicht, was die Restitution von Raubkunst aus der Kolonialzeit angeht.

Postkolonialismus

Entscheidend zu dieser Änderung des Blickwinkels beigetragen hat die Studie von Edward Said zum *Orientalismus*, die 1978 in New York erschienen war und als Auftakt zur Entwicklung der Postcolonial Studies gelten kann. Said zeigt anhand der Darstellung des Orients in Forschung und Literatur, wie ein Bild vom Orient konstruiert wird, in das überwiegend diejenigen Vorstellungen des Westens einfließen, die der Machtausübung günstig sind. Er konzentriert sich auf Quellen in Frankreich und Großbritannien, seine Arbeit stieß aber weitere Projekte an, die den Untersuchungsraum ausdehnten. Hinter der Romantisierung ortet er verborgene Diskurse westlicher Dominanz, die es zu entschlüsseln gilt. Im Lichte dieser Lesart erscheinen die Idealisierungen, die der Westen in ferne Welten hineinträgt, als verdeckte

Abwertungen. Sie fungieren als Gegenbilder zu Europa, das sich so in seinem Selbstverständnis festigt. Die Repräsentationen eines nichtwestlichen Fremden werden zu Machtinstrumenten, indem sie dem Gegenüber Identitäten überstülpen, die es entweder in nur scheinbar harmlosen Phantasiewelten festhalten oder im Namen westlicher Werte disziplinieren wollen. Der Westen behauptet damit eine kulturelle Hegemonie, die an der Eigenart des Anderen – seiner Identität – nicht interessiert ist.[39]

Eine spezielle Form der Machtausübung entwickelte sich dabei im Umgang mit Nacktheit und Sexualität. Das betrifft nicht nur die bekannten orientalischen Haremsphantasien, sondern schon den ersten Besuchern präsentierte sich auch die Südsee in Schlaraffenlandmanier als Wunschland freier Sexualität.

Die Liebesinsel hatte schon eine lange Vorgeschichte in Literatur und Kunst, als Louis-Antoine de Bougainville nach Tahiti kam. Nach der inselbewohnenden Zauberin Kirke, die in Homers *Odyssee* Männer in Schweine verwandelte, waren es die Zauberin Alcina in Ariosts *Orlando furioso* (1516) und die verführerische Armida in ihrem Zaubergarten in Torquato Tassos *Befreitem Jerusalem* (1581), die die Phantasie der Entdecker nach Süden wandten.

Bougainville benennt die Insel zunächst „Nouvelle Cythère" nach der griechischen Insel der Aphrodite Kythera. Er berichtet in seinem Tagebuch (1768), wie die indigenen Männer die Ankömmlinge auffordern, sich eine Frau auszusuchen, und bewundert den göttlichen nackten Körper eines jungen Mädchens, das sich an Bord vor den Augen der Matrosen entkleidet. Sein Begleiter, der Arzt und Biologe Philibert Commerson, verbindet in einem Bericht nach der Rückkehr die freie Liebe mit den naturrechtlichen Ideen der Aufklärung und apostrophiert sie als Zustand des natürlichen Menschen, der noch nicht durch Gewissensbisse und Vernunft degeneriert sei.[40] Es braucht aber keinen

---

39   Vgl. Said (2017).
40   Vgl. Richter (2009), S. 119f.

feministischen Blick, um zu bemerken, dass das Geschlechter-verhältnis stark asymmetrisch und von der Macht des weißen Mannes geprägt gewesen sein dürfte. Wenn Gauguin in der Süd-see mit einem dreizehnjährigen Mädchen zusammenlebte, ist das aus heutiger Sicht höchst problematisch und bzgl. der Wertung keineswegs ausdiskutiert. Die Sehnsucht nach freier Natur, Ur-sprünglichkeit und Sexualität führte die Dresdner Brücke-Maler auf den Spuren der „Primitiven" in die Umgebung Dresdens, wo sie mit zum Teil ebenfalls minderjährigen Modellen zusammen-kamen. Die Moritzburger Teiche gaben eine Naturkulisse ab, die den Freiraum der Ferne in den Nahraum der städtischen Erho-lungsgebiete holte. Die Wahl sehr junger Mädchen als Modelle mag ästhetische Gründe gehabt haben. Sie wirft aber auch Fragen nach moralischen Wertungen auf, die heute im Zeichen der Me-too-Debatte näher liegen, als die Kunstgeschichtsschreibung sich noch vor einigen Jahren vorstellen konnte. Wo hier die Grenzen zu ziehen sind zwischen Freiheit der Kunst und sexueller Über-griffigkeit ist daher einer erneuten Prüfung zu unterziehen.

Jedenfalls hat der Postkolonialismus im Zuge seiner herr-schaftskritischen Lesarten auch feministische Aspekte deutlich hervorgehoben. Beide Lesarten warfen und werfen mächtige Schatten auf den europäischen Traum. Die Ideale der westlichen Zivilisation und Politik nur Herrschaftsinstrumente zur Ausbeu-tung rohstoffliefernder Kolonien? Die Ideale der Aufklärung nur gültig für weiße europäische Männer einer bürgerlichen Schicht, aber nicht für Frauen, schon gar nicht solche fremder Kulturkrei-se? Die Idealisierung fremder Kulturen nichts als ein Versuch, Kulissen für die eigenen Projektionen zu konstruieren?

Der Wechsel der Perspektive bringt eine Relativierung west-licher Werte mit sich, die deren Anspruch auf universale Gel-tung entgegensteht. In durchaus freundlicher Absicht kann da-raus eine Gesellschaft des Multikulturalismus entstehen, in der alle Kulturen als gleichwertig gelten und sich in ihrer jeweiligen Eigenart entfalten können. Diese „linke", emanzipatorisch aus-gerichtete Identitätspolitik hat nicht nur Kulturen, sondern generell alle Minderheiten im Blick, denen sie zu gesellschaftlicher Gleichberechtigung verhelfen will. Unter dem Stichwort „Diversity" hat dies Integrationsbemühungen nach sich gezogen, die auch in der Sprache Ausdruck fanden. Die neue Art der Höflichkeit gilt nun nicht mehr, wie in der guten alten Zeit, der Schonung des Feingefühls höherer Stände, sondern soll als „political correctness" die Kränkung und Ausgrenzung besagter Minderheiten vermeiden bzw. umgekehrt alle gesellschaftlichen Gruppierungen als gleichberechtigte in der Sprache abbilden.

Die Blütephase des Multikulturalismus scheint jedoch seit der durch den Syrienkrieg verursachten Migrationsbewegung nach Europa vorbei zu sein. Auch gut funktionierende multikulturelle Gemeinschaften sind mit der Frage konfrontiert, wie mit Gruppierungen umzugehen ist, die die Rahmenbedingungen der Demokratie nicht akzeptieren oder Dominanzansprüche vertreten, die sich mit dem Multikulturalismuskonzept nicht vertragen.

Auf der anderen Seite kann aus postkolonialer Perspektive durchaus behauptet werden, dass die Menschenrechte als Resultat einer spezifischen historischen Entwicklung allenfalls für Europa gelten mögen, aber als Zielvision einer universellen Entwicklung der Menschheit nicht taugen, sondern mit diesem Anspruch im Grunde nur den Herrschaftsgestus der Kolonialmacht restituieren wollen. Das ist eine fatale Schlussfolgerung aus einer richtigen Diagnose, die durch die Realität zum Teil noch überholt zu werden scheint, wenn man die diversen „illiberalen" populistischen Demokratien bzw. Volksherrschaften betrachtet, die sich zunehmend als zeitgemäße Alternative zur liberalen Demokratie westlicher Prägung präsentieren.

Immer lauter macht sich auch eine rechte Version der Identitätspolitik in der Öffentlichkeit bemerkbar. Diese, zum Teil auf älteren Ansätzen etwa bei Johann Gottfried Herder fußend, legt ebenfalls auf kulturelle Identitäten großen Wert, möchte diese nun aber in einer Art Apartheitspolitik in der jeweils angestammten Region festhalten. Migration oder gar Vermischung sind generell unerwünscht. Der von der Identitären Bewegung der neuen Rechten vertretene Ethnopluralismus unterzieht den abstrakten Universalismus der europäischen Menschenrechts- idee einer ähnlich rigorosen Grundsatzkritik wie die Linke den kolonialen Herrschaftsanspruch der westlichen Welt.[41]

Eine brisante Konstellation tut sich hier auf, deren dunklen Konsequenzen schwer argumentativ zu begegnen ist, wenn die europäische Idee sich nicht neu erfindet. Der Anspruch, die Welt zu einem besseren Ort für alle Menschen zu machen, muss im- mer wieder neu erworben und verdient werden, um der Relati- vismusfalle zu entkommen.

Fernreisende

Eine der am wenigsten nachhaltigen Realisierungen des Traums von der Ferne ist sicherlich die Fernreise als Urlaub. Die folgende, bereits etwas ältere Beschreibung des Südsee-Archipels Palau entstammt den Reiseseiten einer großen Tageszeitung und zeigt das ganze Ar- senal des Südseeglücks in Urlaubsperspektive. Bemerkenswert die Brautsymbolik, die noch recht unbefangen die Erwartung sexuel- ler Erlebnisse mit der Eroberungslust des Bräutigams patriarchali- scher Prägung verbindet. Dann folgt die obligatorische Landschafts- beschreibung, um schließlich diese Inkarnation des Traumurlaubs in greifbare Nähe selbst des kleinen Geldbeutels zu rücken.

> Die Braut ziert sich zunächst. Als wir bei ihr landen wollen, versteckt sie ihre Anmut hinter einem wei- ßen Wolken-Schleier. 24 Stunden Anflug beeindru- cken auch eine Insel-Schönheit nicht. Sie will nach und nach erobert werden, entfaltet ihre ober- und unterirdischen Reize nur Stück für Stück.

41 Vgl. Bundeszentrale für politische Bildung (2015), Dossier „Rechtsextre- mismus".

[…] Die Intensität der Farben bezaubert, wohlige Wärme umschmiegt den müden Körper beim Aussteigen, der Kopf wird mit einem Blumenkranz aus Frangipani geschmückt. Alii! Willkommen in der Südsee! Willkommen auf Palau! Der Archipel mit seinen 343 Inseln ist noch ein wenig bekannter Flecken auf der Landkarte. Jungfräulich sozusagen, wie eine Braut, die touristisch erst wachgeküsst werden muss. […] Palau und seine ehemalige Hauptstadt Koror […] geben einem somit die im wahrsten Sinne des Wortes nahestliegende Erfahrung fernen Südseeglücks, Sinnbild jeglicher Form des Traumurlaubs, die die selbst aus kleinsten Geldbeuteln wachsende Sehnsucht nach Urlaubslust in Vollendung darstellt, Postkartenträume lebendig macht.[42]

Hier liegt das Dilemma der populären Fernreise offen zutage, denn dass die unentdeckte Schönheit sich in einen anderen Ort verwandeln wird, als ersehnt war, liegt auf der Hand. Der Eroberungswille, der hier noch unverstellt formuliert wird, markiert außerdem eine Asymmetrie der Beziehung, die den Ferntourismus in die Nähe neokolonialer Verhältnisse rückt.

Aber selbst ein schonender und im Land umweltbedachter Ferntourismus ist immer noch eine ökologische Katastrophe. Fernreisen mit dem Flugzeug sind so ungefähr das Klimaschädlichste, was einzelne Personen tun können – ökologisch ein Desaster, so der Leiter der Forschungsstelle Nachhaltigkeit und Klimapolitik Felix Eckardt. Das Gleiche gilt für Kurzstrecken- und Inlandsflüge, deren Verbot bzw. Ersatz durch gute Bahnverbindungen mittlerweile diskutiert wird. Gründe sind die beträchtlichen Klimagasemissionen samt allen Folgeschäden für Biodiver-

---

42   Elterlein (2009).

sität und Ökosysteme. Die Billigflugangebote verschärfen diese Entwicklung enorm.

Der Anteil des globalen Tourismus an den Treibhausgasemissionen beträgt weltweit etwa acht Prozent, wie ein internationales Forscherteam berechnet hat, ein unbehagliches Ergebnis, auch wenn die Berechnung mit einigen Unschärfen behaftet ist. Die USA, China und Deutschland weisen übrigens in dieser Untersuchung die weltweit größten Klimafußabdrücke auf. Bis dato gibt es bei vielen Fluglinien die Möglichkeit, für einige Euro mehr die Option „klimaneutral" zu wählen bzw. eine entsprechende Summe über ein Kompensations-Portal einzuzahlen, was allerdings immer noch (zu) wenige tun. Das Geld geht an Anbieter, die, wenn sie seriös sind, das Geld in nachhaltigen Projekten einsetzen.[43] Auf lange Sicht werden aber andere Möglichkeiten gesucht werden müssen, denn die Kompensationen haben Grenzen.

Einige Hoffnung ruht auf den sogenannten E-Fuels der zweiten Generation, das sind CO_2-neutrale Brennstoffe aus regenerativen Rohstoffen und Algen, die nicht in Konkurrenz zur Nahrungsmittelproduktion stehen. Forscher arbeiten daran, durch diese Stoffe eines Tages die fossilen Brennstoffe zu ersetzen, auch das Kerosin. Es ist aber unwahrscheinlich, dass diese Brennstoffe in einer Menge erzeugt werden können, die einen Flugverkehr wie in den bisherigen Dimensionen ermöglicht. Aus ökologischer Sicht ist daher ein Abschied von der Vielfliegerei, wie Eckardt sowie Umwelt- und Klimaverbände ihn fordern, unumgänglich. Dabei verweist der Wissenschaftler sehr deutlich auf den Kompensationscharakter, den die Fernreise in einer ansonsten sinnentleerten Lebenswelt annehmen kann.

Wir alle schweben auf einer kleinen Kugel durchs riesige Weltall, und man kann sich durchaus fragen: Wozu stehe ich eigentlich morgens auf? Und

---

43   Vgl. Stiftung Warentest (2018).

warum tue ich mir den Stress auf Arbeit an, wenn all die spannenden Projekte, denen wir uns so hingebungsvoll widmen, bei Licht betrachtet doch gar keinem größeren Sinn dienen?
Die alten Antworten – für Gott, fürs Vaterland, für den Führer – sind erkennbar verbraucht. Was könnte da das ganze Schuften und generell unser seltsames Tun besser legitimieren als eine aufregende Fernreise, die uns die Welt scheinbar völlig neu zeigt und allem einen großen Rahmen gibt?[44]

Ähnlich wie beim Schlaraffenlandkonsum scheint auch hier ein geheimer Gesellschaftsvertrag zu wirken. Den Menschen wird in der Arbeitswelt und auf vielen stark formalisierten Ebenen der Gesellschaft ein hohes Maß an Anpassung abverlangt. Indem immer mehr Lebensbereiche ökonomisiert werden, weitet sich auch die Leistungsgesellschaft mit ihren Forderungen kontinuierlich aus. Im Gegenzug stehen den Menschen immer mehr Traumwelten als Konsumgüter offen. Konsum wiederum stärkt das Wachstum. In diesem Hamsterrad ist nur durch höchste Anstrengung ein labiles Gleichgewicht zu halten. Dass diese Konstellation weder zukunftsfähig ist noch als Weltmodell im Zuge der Globalisierung auf andere Länder übertragbar, gehört mittlerweile zu den Standards des Nachhaltigkeitsdiskurses.

Die Faszination der Ferne aber vermag sich dennoch als Gefühlswahrheit zu behaupten. Betrachtet man die Geschichte des Traums von der Ferne mit seinen Dimensionen, die bis in die paradiesischen Gefilde der Seligen, in die goldenen Zeiten der Alten und die Verheißungen des Schlaraffenlandes reichen, so scheint es schwer, dieser Wunschlandschaft ihre Attraktion durch ethische Gebote zu entziehen.

---

44 Eckardt (2018), S. 2, Lenzen, Sun u.a. (2018) sowie zu den E-Fuels: Köllner (2018).

Auf der anderen Seite wird mit dem modernen Massentourismus der Traumcharakter in immer weitere Ferne gerückt. Viele Urlaubsdestinationen ähneln einander und den Herkunftsländern der Besucher*innen. Die ersehnte Authentizität ist immer schwerer zu finden. Das Abenteuer beschränkt sich auf Qualitätsmängel der Flugindustrie und der Hotellerie. Einheimische Menschen haben den Tourismus als Verdienstquelle erschlossen, was sich in professioneller Folkloristik ausdrückt, die oftmals geeignet ist, Illusionen eher zu zerstören, als Träume zu erfüllen. Die Frage, ob denn die angestrebte Fernreise tatsächlich all das erfüllen kann, was gesucht wird, mag zu einem Bewusstseinswandel beitragen, der Nahziele und kleine Fluchten ebenso gefühlsecht erscheinen lässt.

Die Chancen für eine wirksame Verhaltensänderung der Menschen steigen aber vermutlich erst, wenn und in dem Maße, wie der Druck nachlässt. Das bedeutet, dass eine „nachhaltige" Neuausrichtung in vielen Lebensbereichen notwendig wäre, verbunden mit einer sicheren Work-Live-Balance.

Dann könnte der Traum von der Ferne auf ein klimafreundliches Maß reduziert werden, das den Wert seiner Realisierung im Sinne eines seltenen Höhenflugs erhält und seine Ziele nicht durch Übernutzung zerstört. Dass dies zugleich die Rettung der Wunschlandschaften sein kann, ist vielleicht ebenso einleuchtend wie der Gedanke, dass Wunschlandschaften ihren utopischen Charakter nur dann entfalten können, wenn ihre Realisierungen das Alltägliche auch tatsächlich transzendieren.

Und wieder ist es das Südsee-Archipel Palau, das hier eine Vorreiterrolle einnimmt. Palau verlangt als erstes Land seit 2017 einen Öko-Schwur gegenüber den Kindern Palaus von seinen Besucher*innen, der unterzeichnet und in die Reisepässe gestempelt wird. Damit versprechen sie, während ihres Aufenthaltes die Natur zu achten, damit ihr Wert und ihre Schönheit an die nachfolgenden Generationen weitergegeben werden können. Die Besucher*innen orientieren sich an einer Liste von Dingen, die zu tun oder zu unterlassen sind. Der Staat setzt darüber hinaus auf verschiedene andere Maßnahmen und Kontrollen. Der Inselstaat, der

2015 einem großen Teil seines Meeresterritoriums einen Schutzstatus mit Verbot kommerziellen Fischfangs und Ölbohrverbot verliehen hat, bemüht sich auch im eigenen Land um eine nachhaltige Lebensweise. Insgesamt möchte die kleine Republik damit ein neues Modell eines bewussten Tourismus für die Welt schaffen.

So wird auf ganz unerwartete Weise Max Pechstein doch noch zum künstlerischen Seismographen künftiger Entwicklungen und Palau zur Wunschlandschaft mit Zukunft. Der *Palau-Pledge* kann übrigens auch online unterzeichnet werden:

> Children of Palau,
> I take this pledge,
> as your guest
> to preserve and protect
> your beautiful and unique
> island home.
>
> I vow to tread lightly
> act kindly and
> explore mindfully.
>
> I shall not take
> what is not given.
>
> I shall not harm
> what does not harm me.
>
> The only footprints
> I shall leave are those
> that will wash away.[45]

---

45   Palau Pledge, unter https://palaupledge.com/.

Märchen aus dem Orient – Migration

Das Bild ändert sich schlagartig, wenn die globale Mobilität sich dergestalt bemerkbar macht, dass die Bewohner*innen ferner Länder auf den Spuren ihrer Wunschlandschaften nach Europa migrieren. Ganz zu schweigen von der unfreiwilligen Migration, die durch die Kriege im Nahen Osten in Gang gesetzt wurde. Vor

Moschee im Schwetzinger Schlossgarten.

allem die Geflüchteten, die ab 2015 in der Folge des Syrienkrieges nach Europa kamen, haben heftige Reaktionen ausgelöst.

Lange bevor Patriotische Europäer gegen die Islamisierung des Abendlandes auf die Straße zogen stand der „Orient" für „Orientierung"; der Osten war im Mittelalter für die Europäer eine Himmelrichtung, aus der Luxuswaren, paradiesische Gärten und technologische Wunder zu erwarten waren. Seide, Gewürze, Drogen, Kosmetika und Parfums, Edelsteine, Zucker und exotische Früchte fanden auf den großen Handelsstraßen ihren Weg in den Westen. Der Kompass, das Papier, die Keramik oder als bahnbrechende Innovation der Gebrauch der Zahl Null stammen aus dem Orient. Dabei ist „Orient" nicht als Bezeichnung einer realen geographischen Einheit zu verstehen, sondern als imaginäre Welt, in der Ägypten ebenso vorkommen kann wie Karthago oder Persien.

Auf der anderen Seite war schon für die antiken Griechen der Orient die Heimat der „Barbaroi", Krächzer, die nicht einmal klar sprechen konnten. Wollten die Griechen zunächst mit diesem Begriff ihre kulturelle Überlegenheit gegenüber den Persern ausdrücken, so stand die Barbarei bald und bis heute für die Bedrohung des Eigenen durch das Fremde, für Zivilisation gegen Chaos, für Freiheit gegen Unfreiheit.[46]

Eine reiche Quelle für Vorbehalte gegenüber dem Orient bietet Montesquieus 1748 veröffentlichte Schrift *Vom Geist der Gesetze*, mit der er den für eine moderne Demokratie grundlegenden Gedanken der Gewaltenteilung bekannt machte. Montesquieu hatte aber auch als abschreckendes Gegenbild die Despotie im Orient verortet, und zwar im Rahmen einer Klimatheorie. Demnach könne, so die Argumentation Montesquieus, im heißen Klima des Orients nur die grausame Despotie gedeihen, geleitet durch das Prinzip der Furcht. Es gebe keine grundlegenden Gesetze, sondern das Leben der Menschen werde von der Religion dominiert. Über-

---

46   Vgl. Richter (2009), S. 12ff.

dies mache das Klima die Menschen sinnlich und schwach, Frauen gelten als Luxusgut.[47] Montesquieu hat sicherlich die Warnung seiner Zeitgenossen vor der Entartung der Regierung in eine Willkürherrschaft im Auge gehabt, die den absolutistischen Regenten der Epoche nicht ganz fern gelegen haben wird. Er appelliert an demokratiefreundliche Eigenschaften der Europäer, um eine aufgeklärte Herrschaftsform zu stärken. Dass der Orient als Ort von Unterdrückung, Gewalt und Wollust so plastisch hervortrat, ist also eher einer didaktischen Absicht geschuldet. Er festigte jedoch einen Orientmythos, der ebenso abschreckt wie fasziniert.

Dieses ambivalente Bild erfährt im sogenannten Orientalismus als künstlerischer Stilrichtung des 19. Jahrhunderts einen vor allem die Kunst beflügelnden Zuwachs an schwüler Phantastik, aber keine Entschärfung der Konfliktlinien.

Einen Eindruck mag eine Schilderung der Salammbô als der orientalischen Frau schlechthin aus Gustave Flauberts gleichnamigem, 1862 erschienenem Roman geben. Flaubert umgibt die karthagische Prinzessin mit einer Atmosphäre mystischer Lüsternheit und gedankenloser Grausamkeit. Die Frau als lebende Statue, mit allen Attributen luxuriöser Sinnlichkeit umgeben, präsentiert eine heidnische Religiosität, die schließlich in einem Menschenopfer ihren Höhepunkt findet. Die fatale Liebesgeschichte zwischen Salammbô und dem Söldnerführer Mathô spielt im 3. vorchristlichen Jahrhundert, nach dem ersten punischen Krieg zwischen Karthago und Rom. Die Karthager, aus der Sicht der Römer die Barbaren schlechthin, bieten in der Optik des Romans Faszination und Schrecken, eine Gefühlsmischung, die Flaubert in immer neuen Varianten provoziert.

> Von den Knöcheln bis zu den Hüften war sie in
> ein engmaschiges Netz gehüllt, das Fischschup-
> pen nachahmte und wie Perlmutter glänzte. Ein

---

47   Montesquieu (1965), S. 115, 125ff., 134f., 157ff., 179.

tiefblauer Gürtel umschloß ihre Hüften und ließ durch zwei halbmondförmige Ausschnitte ihre Brüste hervortreten, deren Spitzen Karfunkelgehänge verdeckten. Ihr Kopfputz bestand aus edelsteinbesetzten Pfauenfedern, ihr weiter, schneeweißer Mantel fiel hinter ihr herab; so saß sie, die Ellbogen angelegt, die Knie geschlossen, die Oberarme mit Diamantreifen geschmückt, starr aufgerichtet wie ein Götzenbild.[48]

So wohnt sie dem grausamen Sterben ihres Geliebten bei, dem sie selbst in den Tod folgt. Flaubert verteidigte seine Konstruktionen des Orients gegenüber Kritikern als historisch korrekt, gab allerdings Zweifel bezüglich seiner weiblichen Hauptfigur zu: „Ich bin ihrer Echtheit nicht ganz sicher, denn weder ich, noch Sie, noch sonst jemand, kein Mensch des Altertums noch der Moderne, kann die orientalische Frau kennen, aus dem einfachen Grund, weil es unmöglich ist, mit ihr zu verkehren."[49]

Auch das entspricht nicht ganz der Wahrheit, denn Flaubert hatte durchaus Gelegenheit, auf seiner Orientreise 1849–51 mit einer orientalischen Frau zu verkehren. Sie hieß, seinem Tagebuch zufolge, Ruschiuk Hanem (oder Kuchuk Hanem) und war eine berühmte ägyptische Tänzerin und Kurtisane. Die orientalische Frau, changierend zwischen dem Vorstellungsbild einer Maschine, die keinen Unterschied zwischen den Männern macht, und exotischer Göttin, war Quelle sexueller Phantasien und Projektionen, die Flaubert dann in seinen Romanen wieder lebendig werden ließ. Der Orientalismus dieser Prägung war eine Neuschöpfung, die im Tatsächlichen nur Anknüpfungspunkte brauchte.[50]

---

48   Flaubert (1979), S. 345f.
49   Derselbe, S. 369.
50   Vgl. Said (2017), S. 216f.

Der Herrschaftsgestus, der sich gegenüber der Frau in erotischen Projektionen ausdrückt, weitet sich in der Summe aller Stereotype, Urteile und Vorurteile über den Orient zu einem Diskurs der Unterdrückung. Das Bild vom Märchenland der sinnlichen Genüsse und lasziven Herrscher verbündet sich im kollektiven Gedächtnis des Westens mit der Zuschreibung von Grausamkeit, Unfreiheit und Despotie und wird so zur Legitimierung kultureller Hegemonie. Diese wiederum begründet eine politische Dominanz, die den Kolonialismus als natürliche Konsequenz aus all dem erscheinen lässt.[51]

Für die gegenwärtige Auseinandersetzung mit dem Islam und den Menschen, die nach Europa kommen, sind diese Spuren im kollektiven Gedächtnis aufschlussreich, aber sicher nicht hilfreich. Wenn heute in Teilen der öffentlichen Wahrnehmung der orientalische Mann in erster Linie als Terrorist, Vergewaltiger oder Patriarch, die orientalische Frau als durch Verhüllung, Zwangsheirat und Ehrenmord Unterdrückte typisiert werden, scheinen neue Varianten des repressiven Orientalismus nicht fern. Aber auch umgekehrt lässt eine Reihe von sexuellen Straftaten von Männern mit Migrationshintergrund daran zweifeln, ob hier nur Wahrnehmungsverzerrungen durch mediale Aufmerksamkeit vorliegen. Hier jedenfalls endet der Orientalismus-Diskurs und es beginnt der Feminismus-Diskurs. Die Vermutung liegt nahe, dass verhängnisvolle Verstrickungen gegenseitiger Projektionen und Stereotypen gerade dabei sind, die Konflikte zu vertiefen.

Es lohnt sich aber angesichts dieser komplexen Fragestellungen, in der Geschichte ein wenig genauer hinzuschauen, denn in der wechselhaften Beziehung des Islam mit dem Westen heben sich tatsächlich auch Beispiele echter Toleranz hervor. Denn schon vor der repressiven Phase des Orientalismus, nämlich im

51   Vgl. derselbe (2017).

aufgeklärten 18. Jahrhundert, gab es eine rege Beschäftigung mit dem Orient.

Die Germanistin Monika Fick spürt im Kontext der Untersuchung des Islambildes in Lessings bekanntem Drama *Nathan der Weise* eine große Zahl von deutschen Orientdramen auf. Diese zwischen etwa 1760 bis 1780 entstandenen Stücke erlauben Einblicke in eine Auseinandersetzung mit dem Islam, die von Respekt und sogar Bewunderung geprägt ist. Bereits in Lessings *Nathan* fällt auf, dass die herkömmliche Polarität von Barbarei und Zivilisation hier umgekehrt ist. In Übereinstimmung mit seinen historischen Quellen charakterisiert Lessing die europäischen Kreuzfahrer als die eigentlichen Barbaren, während die überfallenen Muslime sich um Ausgleich und Toleranz bemühten. Eine Identifikationsfigur für diese aufgeklärte Haltung in Lessings Drama ist der Sultan Saladin. Allerdings schreibt Lessing, ebenfalls in Übereinstimmung mit seinen Quellen, diese aufklärerischen Werte seinem Protagonisten eher trotz als wegen des islamischen Glaubens zu. Saladin verkörpert eine Herrscherfigur, deren Haltung und Gottesbild vornehmlich auf Vernunftübung beruhen und sich nicht unmittelbar aus der Religion herleiten.

Die mit aus der Sicht des aufgeklärten Bürgertums wünschenswerten Attributen versehene Herrscherfigur im Gewand des Orientalen ist nicht nur bei Lessing vertreten. Unter den Orientdramen im Umfeld Lessings hebt sich eine Gruppe hervor, die in die Geschichte der Verbürgerlichung des Theaters gehören; es sind Stücke, in denen der Herrscher als aufgeklärter Landesvater und empfindsamer Mensch auftritt. Monika Fick betont, dass in diesen Dramen die Gipfelleistungen der Tugendhaftigkeit vollbringenden Herrscher durchaus nicht im Allgemeinmenschlichen verschwimmen, sondern im Gegenteil mit deutlichen Signalen der Differenz versehen sind. Die Protagonisten werden dem Publikum, etwa durch religiöse Terminologie, Anrufung Allahs u.Ä., deutlich als Angehörige einer fremden, außereuropäischen Kultur kenntlich gemacht. Damit werben diese Stücke in aufklärerischer Absicht für die Toleranzidee, „verstanden als

Respekt vor dem ‚Anderen‘ auf der Grundlage einer allen Menschen gemeinsamen, eben ‚allgemein-menschlichen‘, Befähigung zur Tugend und Gotteserkenntnis.“[52]

Etwas von dieser aufklärerischen Toleranzidee spiegelt sich auch in dem imposanten Bauwerk, das Kurfürst Karl Theodor von der Pfalz im Schwetzinger Schlossgarten errichten ließ. Sein Baumeister und Gartengestalter Nicolas de Pigage schuf hier zwischen 1779 und 1795 eine Moschee von beträchtlicher Monumentalität, mit Zentralbau, Minaretten und Gebetsgängen, die heute noch die Besucher*innen faszinieren. Der Hofgärtner Friedrich Ludwig Sckell hatte zuvor den ersten Plan des sogenannten Türkischen Gartens entwickelt, der nach orientalischen Vorbildern angelegt gewesen war. Der Bau vereint gotische und barocke Elemente mit solchen aus der orientalischen Kultur. Zwei Vorbilder waren für die bauliche Verschränkung von Orient und Okzident vermutlich leitend: In den Royal Botanic Gardens in Kew bei London („Kew Gardens“) gab es neben Alhambra und Pagode bereits eine als Gartenschmuck fungierende Moschee, von Sir William Chambers 1762 erbaut und europaweit bekannt geworden. Dieses Bauwerk versammelt seinerseits zahlreiche Elemente osmanischen bzw. islamischen Baustils. Als ein weiteres Vorbild gilt die 1716–1737 erbaute barocke Karlskirche in Wien von Johann Bernhard Fischer von Erlach.

Die Schwetzinger Moschee trägt auf dem Säulenportikus eine arabische Inschrift, die übersetzt lautet: „Es gibt keinen Gott außer Gott.“ Der Spruch verweist auf die gemeinsamen Wurzeln von Judentum, Christentum und Islam. Weitere Inschriften in arabischen, von den Steinmetzen zum Teil fehlerhaft umgesetzten, Schriftzeichen und auf Deutsch preisen Versöhnung, Aufklärung, Weisheit und Tugend.[53] Die Moschee war nie als religiös zu nutzendes Bauwerk geplant und von Anfang an für das Publi-

---

52   Fick (2016), S. 43.
53   Vgl. Staatliche Schlösser und Gärten Baden-Württemberg (Hrsg,)/Wagner (2011).

kum zugänglich. Daher liegt die Vermutung nahe, dass ein aufgeklärter Fürst hier ein öffentliches Sinnbild der Toleranz ganz im
Geiste der Aufklärungsphilosophie hinterlassen wollte.

Auf einen bestimmten Wirkungswillen bzw. eine sinnhal-
tige Architekturrhetorik verweist auch die Umgebung im Park.
Das gebildete Bürgertum konnte im paradiesischen Garten lust-
wandeln, im kreuzgangähnlichen Wandelgang meditieren und
sich in der Moschee an den Sinnsprüchen erbauen. Gegenüber,
über den künstlichen See hinweg, erblickt man bis heute einen
als Ruine angelegten Merkur-Tempel.

Die Fassade der Moschee ist nach Westen ausgerichtet, nicht
gen Mekka, so dass eine Sichtachse die beiden Gebäude in Beziehung setzt. Der Anblick des in künstlerischer Schönheit verfal-
lenen Bauwerks mag Anlass geben, über die versunkene antike
Welt nachzudenken. Der römische Gott Merkur, griechisch Hermes, fand im sagenhaften Hermes Trismegistos der Spätantike
eine Entsprechung. Hermes, der Führer auf allen Wegen, gelei-
tete auch die Seelen in das Todesreich. Ein anderer Seelenfüh-
rer, Hermes Trismegistos, mit dem auch die ägyptische Gottheit
Thot verschmolzen war, steht seinerseits für eine weitere Spiel-
art orientalischer Weisheit. Er galt noch im 18. Jahrhundert als
Schöpfer des sagenhaften *Corpus Hermeticum*, einer Sammlung
von philosophischen, astrologischen und magischen Schriften
aus den Jahren etwa 100 bis 300, in die Einflüsse aus ägyptischen
und orphischen Mysterien sowie neuplatonisches Gedankengut
eingegangen sind. Diese Weisheitslehren galten lange als Zeug-
nisse uralten ägyptischen Wissens und wurden zur wichtigsten
Quelle von Geheimlehren, von der spätantiken Gnosis bis hin
zur mächtigen Strömung der Alchemie.[54] Im 18. Jahrhundert
versanken diese Geheimlehren allmählich im Dämmerlicht des
Aberglaubens.

54   Vgl. Haage (1996), S. 74ff.

Dem gegenüber erhebt sich die Moschee in harmonischer Vollendung als Signatur einer neuen Welt der Aufklärung und Toleranz.

Merkurtempel im Schwetzinger Schlossgarten.

DER EUROPÄISCHE TRAUM

Claude Lorrain, Küstenlandschaft mit Acis und Galatea
(Das goldene Zeitalter), 1657, Öl auf Leinwand, 102,3 x 136 cm,
Galerie alter Meister Dresden.

Der erste Tag der europäischen Menschheit

Claude Lorrains golddurchstrahlte Küstenlandschaft verdankt ihr utopisches Potenzial einem kreativen Missverständnis:

> In Dresden, in der Galerie, befindet sich ein Gemälde von Claude Lorrain, im Katalog als ‚Acis und Galatea' aufgeführt; ich habe es stets ‚Das Goldene Zeitalter' genannt, ich weiß selbst nicht, warum. [...] Ich weiß nicht, was ich im Einzelnen träumte: Genau wie auf dem Gemälde – einen Winkel des griechischen Archipels, wobei auch die Zeit dreitausend Jahre zurückzuliegen schien; lichtblaue, liebkosende Wellen, Inseln und Klippen, ein blühendes Gestade, ein zauberhaftes Panorama in der Ferne, die dorthin lockende Sonne – mit Worten nicht wiederzugeben. Hier hat – wie die europäische Menschheit sich erinnert, ihre Wiege gestanden, und dieser Gedanke erfüllte auch meine Seele mit inniger Liebe. Hier war das irdische Paradies der Menschheit: Götter stiegen vom Himmel herab und vereinten sich mit den Menschen ... Oh, hier lebten herrliche Menschen! [...] Ein wunderbarer Traum, ein erhabener Irrtum der Menschheit! Das Goldene Zeitalter – der unwahrscheinlichste aller Träume, die es je gegeben hat, für den aber die Menschen ihr ganzes Leben und all ihre Kräfte opferten, für den die Propheten starben und ermordet wurden und ohne den die Völker nicht leben wollen und nicht einmal sterben können. [...] Ich erinnere mich, ich war froh. Die Empfindung eines mir noch unbekannten Glücks durchzog mein Herz fast schmerzhaft; es war die allmenschliche Liebe. [...] Und da, mein Freund, und da – diese untergehende

Sonne des ersten Tages der europäischen Menschheit, die ich in meinem Traum gesehen hatte, verwandelte sich für mich sofort, kaum, daß ich erwachte, in die real untergehende Sonne des letzten Tages der europäischen Menschheit. Gerade damals war über Europa so etwas wie der Klang einer Totenglocke zu hören.[55]

Die Szene entstammt einem Roman von Dostojewskij, in neuer Übersetzung von Swetlana Geier *Ein grüner Junge*, aus dem Jahr 1875. Der Erzähler beschreibt einen Traum der Menschheit und zugleich das Erlöschen dieses Traums. Der durch die europäische Aufklärung und ihren Menschenrechts- und Freiheitsgedanken geprägte Werssilow, leiblicher Vater jenes unehelich geborenen „grünen Jungen", spricht von nichts anderen als dem Untergang der europäischen Idee, die, geboren aus der Aufklärung, den Anspruch hatte, auf Freiheit, Gleichheit und Brüderlichkeit eine bessere Welt zu bauen. Denn der Traum endet mit dem „Klang einer Totenglocke". Werssilow, der sich lange in Europa aufgehalten hatte, berichtet in den folgenden Sätzen von seiner Desillusionierung durch die erbitterten Straßenkämpfe vom Mai 1871 in Paris, aber es scheint auch, dass die europäische Vision in ihrer eigenen Krise erstickt ist.

Acis und Galatea – Das Goldene Zeitalter

Claude Lorrains goldene Küste des Lichts, die das Bild leuchten lässt, überstrahlt förmlich die erzählerische Ebene des Gemäldes. Es ist nicht zuerst die Geschichte des Goldenen Zeitalters, sondern die tragische Liebesgeschichte der Nymphe Galatea und

---

55 Dostojewskij (2009), S. 663f.

ihres Geliebten Acis aus Ovids *Metamorphosen*, die das Bild erzählt. Galatea war in der Vorgeschichte der Szene dem Zyklopen Polyphem verbunden gewesen, der später aus Eifersucht den Hirtenknaben Acis erschlagen wird. Der sterbende Acis verwandelt sich im strömenden Blut in einen Fluss. Das Bild fängt einen schwebenden Moment des ungetrübten Glücks der Liebenden ein. Wie in ewiger Zeitlosigkeit zwischen Vergangenheit und Zukunft ist ein Moment seliger Harmonie festgehalten.

Das Paar umarmt sich im Vordergrund in einer aus einem Überwurf improvisierten Hütte und entspricht so ganz dem Traum vom Leben in der unberührten Natur. Der Hirte Acis trägt einen Blütenkranz, der seinem jugendlich-weichen Erscheinungsbild entspricht. Die Nymphe Galatea wird begleitet von Gefährtinnen im Muschelwagen links im Bild. Die Szene ist am Ätna zu lokalisieren, der rechts im Hintergrund sichtbar ist. Arkadien ist damit als Wunschlandschaft anwesend.

Die beiden Hauptfiguren sowie vor allem der Putto mit den Tauben seien im späten 17. Jahrhundert übermalt worden, so berichtet der Katalog. Polyphem, der wilde einäugige Riese, der das Idyll verdunkeln wird, ist schon da: ganz klein, oben rechts auf dem Berg liegt er. In einer anderen Geschichte wird Odysseus ihn überlisten und blenden. Den Felsbrocken, mit dem er Acis erschlagen wird, hat er noch nicht ergriffen. Und so ist hier der Keim des Zerstörerischen dem Bild latent schon mitgegeben. Das Wilde, das Barbarische ist anwesend. Der Katalog bezeichnet Lorrains Gemälde „als Erinnerung an die Harmonie eines verlorenen ‚Goldenen Zeitalters‘“, eine Reminiszenz an die Deutungsgeschichte des Bildes.[56]

Claude Lorrain (1600–1682, eigentlich Claude Gelée), einer der bedeutendsten Maler des Barock, war beliebt für seine zartleuchtenden Himmelsdarstellungen, die fernen Horizonte des Lichts, die seine Bilder zu Mustern der Schönheit machten.

---

56   Staatliche Kunstsammlung Dresden (1992, Hrsg.), S. 253.

Landschaftsgärten wurden nach seinem Vorbild gestaltet und noch William Turner zeigte sich von seiner Lichtregie beeindruckt. Vermutlich war es dieser Blick in den goldenen Horizont hinein, der das Bild später für Dostojewskij zum Traumauslöser werden ließ. Der Träumer deutet den Himmel als Abendhimmel des Sonnenuntergangs, nicht als Morgenlicht der Aufklärung. Das Zeitalter der Schönheit und Harmonie geht zu Ende.

Dostojewskijs Apostrophierung des „Goldenen Zeitalters" ist mehr als eine Metapher für eine Blütezeit. Sie verweist auf einen europäischen Mythos, der sich in der Geschichte vor allem als Gerechtigkeitsutopie entfaltete. Es handelt sich um einen der wirkmächtigsten Mythen der europäischen Kulturgeschichte, der Entsprechungen in vielen anderen Kulturkreisen findet. Hier werden Bilder und Gedanken gefunden, die das utopische Denken der folgenden Jahrhunderte in zahlreichen Varianten beeinflusst haben.[57]

Letztlich ist es diese Vision der Wiederkehr, die Utopie eines Weltreiches des Friedens und der Gerechtigkeit, für die „die Menschen ihr ganzes Leben und all ihre Kräfte opferten, für den die Propheten starben und ermordet wurden und ohne den die Völker nicht leben wollen und nicht einmal sterben können"[58], um noch einmal Werssilows Traum zu zitieren.

Ein wichtiges Bindeglied in der Geschichte der großen Idee ist die europäische Aufklärung. Zum Teil vermischen sich hier die Idee des Goldenen Zeitalters mit einem angenommenen Naturzustand der Menschen, man identifizierte die Lebensweise der seit Kolumbus entdeckten indigenen Völker mit den überlieferten Mustern, zum Teil verschmolz die Thematik mit dem erträumten Hirtenleben Arkadiens.

Auch eine politische Dimension des Mythos lebte in der Aufklärung weiter: Der evangelische Theologie Friedrich Chris-

57 Vgl. Mähl (1994).
58 Dostojewskij (2009), S. 663.

toph Oetinger verlegt 1749 ein kommendes Goldenes Zeitalter ins 19. Jahrhundert und postuliert dafür eine demokratische Verfassung sowie die Abschaffung des Privateigentums und des Geldes.[59] Voltaire nennt in seinen *Lettres philosophiques* (1734) den Staatengründer Pennsylvanias William Penn einen Mann, der das vielbesungene Goldene Zeitalter auf die Erde geholt habe, die Ära der aufgeklärten Freiheit und Toleranz. Ein Gemälde zum Ruhme des Vertrages mit den Indianern von Edward Hicks (1780–1849) umgibt unter dem Titel *The Peacable Kingdom* den Staatengründer mit Versen, die die Botschaft des Propheten Jesaja vom kommenden Friedensreich wiedergeben. Hier ist vom Wolf und wilden Tieren die Rede, die friedlich neben Lamm und Kitz liegen, in Liebe geführt von dem wunderbaren Knaben, der als Herrscher dieses Friedensreiches verkündet wurde. Hicks hat dieses Motiv übrigens in über sechzig Versionen gemalt, auf vielen ist im Hintergrund William Penn mit den Indianern zu sehen.

Penn hatte unter anderem in seiner Schrift *An Essay towards the present and future Peace of Europe by the establishment of an European Dyet, Parliament or Estates* (ab 1693) den europäischen Staaten zur Sicherung von Frieden und Gerechtigkeit empfohlen, sich zu vereinen und gemeinsame Institutionen wie ein Europaparlament bzw. eine Art Europarat zu gründen.[60]

Karl Mannheim, bei dem die ursprüngliche Strahlkraft der liberalen europäischen Idee noch wirkt, macht wieder bewusst, dass auch die liberale Demokratie einmal eine Utopie war: „Auch die *liberal-humanitäre Utopie* kam im Kampf gegen das Bestehende auf. In ihrer adäquaten Form stellt auch sie der ‚schlechten' Wirklichkeit ein ‚richtiges' rationales Gegenbild gegenüber. [...] Die Utopie des liberal-humanitäre Bewußtseins ist die ‚*Idee*'".[61]

59   Vgl. Mähl (1994), S. 236ff.
60   Overhoff (2018), S. 13ff., Penn (1693/94); zum Bild von Edward Hicks vgl. Richter (2009), S. 25f.
61   Mannheim (2015), S. 191.

Edward Hicks, The Peacable Kingdom, um 1834, Öl auf Leinwand,
67,2 x 90,2 cm, National Gallery of Art, Washington, D. C.

Der Traum von Europa – Ernüchterungen

Den Traum gibt es in Dostojewskijs Werk noch zweimal: Er hatte
ihn zuerst vorgesehen für das 9. Kapitel des Romans *Böse Geister*, im Umfeld der Beichte des dämonischen Stawrogin. Auf
Wunsch der Redaktion der Zeitschrift, in der der Roman in Fort-
setzungen erschien, dort herausgestrichen, erscheint er variiert
als *Traum eines lächerlichen Menschen* im *Tagebuch eines Schriftstellers* 1876. Stawrogins Traum wurde erst Anfang der 1920er
Jahre veröffentlicht.

Offenbar hatte der europäische Traum vom Goldenen Zeitalter für Dostojewski eine zentrale Bedeutung.

Für Stawrogin kippt das Bild des Goldenen Zeitalters nach dem Ende des Traums ins Unheimliche, es gibt ein böses Erwachen: Die Lichtstrahlen, die den Träumer aufwecken, bündeln sich auf dem Bild einer roten Spinne. Diesem Bild schließt sich Stawrogins Erinnerung an das kleine Mädchen an, das er missbraucht und dessen Selbstmord er genussvoll in Kauf genommen hatte. Dostojewskij markiert mit Stawrogins Beichte ein Äußerstes an den Grenzen des Sagbaren. Der schöne Traum von der europäischen Idee wird so unmittelbar mit dem Bösartigen kontrastiert, dass die Dunkelheit seine Strahlkraft geradezu aufsaugt.

Der lächerliche Mensch dagegen träumt zunächst noch ganz ungestört durch böse Geister vom Meer, von Bäumen und Vögeln, einer fülligen Natur mit erkenntnisgereiften Menschen wie in einem Paradies.[62] Dann wird er selbst zum Sündenfall für diese Welt, die er mit Lüge, Wollust, Gewalt und Besitzgier infiziert. Nun werden Brüderlichkeit, Menschlichkeit und Gerechtigkeit, die vorher unbewusst gelebt wurden, reflexiv und irreal. Die Menschen verlieren ihre Unschuld, beginnen zuvor unbewusst Gelebtes als Ideale anzubeten, die in weite Ferne gerückt werden.

Der große marxistische Philosoph Georg Lukács (1885–1971) apostrophiert den Traum vom Goldenen Zeitalter mehrfach als wahren und progressiven Kern der Utopien Dostojewskijs, der in die Zukunft der Menschheit weise und in dessen Namen die chaotische Revolte des Dostojewskijschen Personals einen Sinn finde.[63] Die Texte Dostojewskijs und ihr historischer Kontext verweisen jedoch eher auf eine Situation, in der es um Enttäuschung und um die Verdunkelung dieses Traumes geht.

---

62 Dostojewskij (2009), S. 816f. Dort sind Publikationsgeschichte und die drei Versionen des Traums wiedergegeben.

63 Lukács (2018), S. 136ff., ders. (1952), S. 147; zit. nach Bloch (1985/2016), S. 957.

Zahlreiche russische Romane des 19. Jahrhunderts spiegeln eine Situation, in der die Gesellschaft gespalten war: Einer Oberschicht, die seit den Reformen Peters des Großen den Idealen des Westens folgte, Aufklärung und Liberalismus bewunderte und im westlichen Europa ein Vorbild sah, stand eine überwiegend bäuerlich und traditionell geprägte Schicht gegenüber, die von den Vertretern der „Slawophilen" als „Volk" verklärt wurde. Dostojewskijs verarmter Adeliger Werssilow, der sich viele Jahre lang im Ausland aufgehalten hatte, ist solch ein Vertreter der liberalen Schicht, die Europa aber auch in den Verdacht setzte, ein Eliteprojekt zu sein.

Die Idee, von der hier die Rede ist, bezieht sich in ihrer zunächst europäischen Besonderheit auf die allen Menschen gemeinsamen, unveräußerlichen gleichen Rechte, mit der die Natur jeden ohne Unterschied ausgestattet hat. Insofern ist die natürliche Gleichheit, Freiheit, Brüderlichkeit aller Menschen nicht nur die Parole der französischen Revolution, sondern Grundlage einer universal gemeinten Ethik, die allen Menschen zukommt. Diesen Zustand zu erreichen, markierte das Ziel eines Fortschritts, der die Richtung einer gesellschaftlichen Vorwärtsentwicklung angab. Die sozialistischen Bewegungen des 19. Jahrhunderts konnten sich immer noch auf diese Idee berufen, die sie nun für die vom siegreichen Bürgertum Vergessenen und Unterdrückten einforderten. Die amerikanische Unabhängigkeitserklärung, die großen Emanzipations- und Befreiungsbewegungen des 18. und 19. Jahrhunderts, Sklavenbefreiung, Aufhebung der Leibeigenschaft, Emanzipation der Frauen, bis hin zu den Emanzipationsbewegungen des 20. und 21. Jahrhunderts – Frauenbewegung, Bürgerrechtsbewegung, Gleichstellung aller Geschlechter und Diversity-Bewegung – stützen sich auf dieses naturrechtliche Verständnis der Menschenrechte. Der Westen leitete hieraus lange eine weltweite Führungs- und Vorbildrolle ab. Das ist der Traum, den Dostojewskijs Werssilow meint, „für den aber die Menschen ihr ganzes Leben und all ihre Kräfte opferten, für den die Propheten starben und ermordet wurden und ohne den die Völker nicht leben wollen und nicht einmal sterben können".

Eng damit verknüpft ist der Gedanke eines vereinigten Europa, der seit dem 18. und 19. Jahrhundert für diese Idee steht. Die 1848er Revolution war in überraschender Weise durch die Europa-Idee geprägt. Niemand hat das Pathos der europäischen Idee so eindrucksvoll vorgetragen wie der Dichter Victor Hugo, der mit seiner berühmten Eröffnungsrede zum Friedenskongress 1849 in Paris sieben Mal mit der Formel „Ein Tag wird kommen ..." den erhofften Segnungen eines vereinigten Europas geradezu religiöse Qualitäten verleiht. Die Rede gipfelt in dem Wunsch, dass in einem friedlichen, in Brüderlichkeit vereinten Europa die Gewalt durch Gerechtigkeit abgelöst werden möge.

> Der Tag wird kommen, an dem Kanonenkugeln und Bomben durch Abstimmungen, durch das allgemeine Wahlrecht, durch die ehrwürdige Schiedsgerichtsbarkeit eines grossen souveränen Senats ersetzt werden, der für Europa das sein wird, was das Parlament für England, was der Bundestag für Deutschland und das legislative Parlament für Frankreich ist! [...]
> Verschwinden der internationalen Feindschaften, Löschen der Grenzen auf der Landkarte und der Vorurteile in den Herzen, Tendenz zur Einigkeit, Milderung der Sitten, Erhöhung des Unterrichtsniveaus und Senkung der Strafniveaus, Vorherrschaft der literarischsten d.h. der menschlichsten Sprachen; alles bewegt sich zugleich, politische Wirtschaft, Wissenschaft, Industrie, Philosophie, Gesetzgebung, und strebt einem gleichen Ziel zu, der Schaffung von Wohlbefinden und Wohlwollen, d.h. – und dies ist das Ziel, das ich für mein Teil immer anstreben werde – der Auslöschung des Elends innen und der Auslöschung des Krieges aussen.

[…] und dies fasst alles zusammen, das letzte Wort, das in der alten Welt die Gewalt aussprach, durch die Gerechtigkeit verkünden lassen.[64]

Selbstverständlich beinhaltet auch der *Vertrag über die Verfassung für Europa* von 2004 – nicht in Kraft getreten, da nicht von allen Mitgliedsstaaten ratifiziert – ein Bekenntnis zu den Menschenrechten: „In dem Bewusstsein ihres geistig-religiösen und sittlichen Erbes gründet sich die Union auf die unteilbaren und universellen Werte der Würde des Menschen, der Freiheit, der Gleichheit und der Solidarität."[65]

Dass die Idee in vielfacher Hinsicht durch Inkonsequenzen und grobe Verstöße diskreditiert wurde, ist fast ebenso selbstverständlich geworden. Dostojewskijs Argumentationsmuster spielt hier eine wichtige Rolle. Denn es ist nicht die Vision einer liberalen Demokratie westlicher Prägung, die das utopische Herz der Romane Dostojewskijs ausmacht, sondern die Trauer um eine Idee und der Abschied von einem goldenen Traum bahnen einer ganz anderen Mission den Weg. Der Neuanfang liegt nicht mehr an den Küsten des Lichts, der Klang der Totenglocke vermittelt eine Stimmung des Abschieds von einer ganzen Epoche und Geisteswelt. Es ist der Abschied vom politischen Liberalismus des Westens, der sich hier spiegelt, aus dem Geist eines Konservatismus, der in der Geschichte Schule machte. Nicht ohne Grund konnte der Schweizer Publizist und Übersetzer Felix Philipp Ingold Dostojewskij, der im heutigen Russland eine neue Wertschätzung erlebt, 2014 einen *Avantgardist der Reaktion* nennen.[66]

Die Metamorphosen des Traums sind eingespannt in ein weit verzweigtes Beziehungsgefüge in Leben und Werk des Schriftstellers, die Andreas Guski in seiner aktuellen Biografie des Dichters

---

64 Hugo (2014).
65 Europäische Union (2004).
66 Ingold (2014).

nachvollziehbar macht. Dostojewskij (1821–1881) war selbst als junger Mann, in den 40er Jahren des 19. Jahrhunderts, ein aufgeklärter Liberaler westlicher Prägung gewesen. Im Kontakt mit seinem frühen Förderer, dem linken, atheistischen Kritiker Wissarion Belinski, und später im Kreis um den Intellektuellen Michail Petraschewski hatte er u.a. Ludwig Feuerbachs religionskritische Thesen und die Schriften der frühen französischen Sozialisten kennengelernt. Die Petraschewzen, die sich für die Demokratisierung Russlands und die Aufhebung der Leibeigenschaft einsetzten, gerieten ins Visier der Obrigkeit. Beunruhigt durch die revolutionären Bewegungen von 1848 in Westeuropa reagierte der Staat nervös. 1849 wurden die Mitglieder des Kreises verhaftet, 14 von ihnen, darunter Dostojewskij, zum Tode verurteilt, nach einer Scheinhinrichtung vom Zar Nikolaus I. begnadigt und ins Straflager zur Zwangsarbeit nach Sibirien geschickt. Für Dostojewskij schlossen sich noch viele Jahre in der sibirischen Verbannung an, bevor er 1859 in die Nähe Moskaus zurückkehren durfte. Dostojewskij überhöht die Todes- und Lagererfahrung in ein Erweckungserlebnis, das ihn zu einem anderen macht. Er wendet sich von der liberalen Idee des Westens ab und nähert sich der Idee einer russischen Mission, die in der all-einigen Versöhnung liegt. Auch diese Idee durchläuft Metamorphosen. Dostojewskij positioniert sich in der zeitgenössischen Auseinandersetzung zwischen europafreundlichen Westlern und Slawophilen, zunächst mit einer Versöhnungsmission, später aber immer mehr in Richtung der Slawophilen orientiert. Denn er hatte nicht nur den bürgerlichen Liberalismus, sondern als neuen Feind auch schon den Sozialismus im Auge. Für Dostojewskij führt ein gerader Weg vom westlichen Liberalismus aufklärerischer Prägung zum Sozialismus und Anarchismus seiner Zeit.

Dostojewskijs Idee von der Mission Russlands verstärkt sich ex negativo durch die Erfahrungen einer ersten großen Europareise, die ihn im Jahr 1862 durch die europäischen Großstädte führte. Die Erfahrungen mit Frühkapitalismus und Industrialisierung in einer damals bereits globalisierten Welt bereiten seine konservative Wende vor. Seine Schilderung Londons liest sich wie die Dystopie zum Traum von Europas Goldenem Zeitalter:

> Diese Tag und Nacht ruhelose und wie ein Meer unermesslich große Stadt, dieses Pfeifen und Heulen der Maschinen, diese über die Häuser (bald auch unter ihnen) hinwegjagenden Züge, dieser kühne Unternehmergeist, diese scheinbare Unordnung, die letztlich eine bürgerliche Ordnung auf höchster Stufe ist, diese vergiftete Themse, diese von Steinkohlebrand verpestete Luft, diese üppigen Squares und Parks, diese schrecklichen Ecken der Stadt wie Whitechapel mit seiner halbnackten, wilden und hungernden Bevölkerung, und die City mit ihren Millionen und dem Welthandel, der Kristallpalast, die Weltausstellung […] Ja, die Weltausstellung hat etwas Frappierendes. Man spürt die furchtbare Kraft, die diese zahllosen Menschen aus aller Herren Länder zu einer einzigen Herde zusammengetrieben hat; man erkennt darin einen titanischen Gedanken; man spürt, dass hier etwas schon an sein Ziel gekommen ist, ein Sieg errungen wurde, ein Triumph […] ‚Sollte dies tatsächlich das erreichte Ideal sein?‘ denkt man sich. ‚Ist das nicht das Ende und tatsächlich die *eine Herde*?‘ […] Das erinnert an ein Bild aus der Bibel, etwas von Babylon, eine Prophezeiung aus der Apokalypse, die sich offensichtlich erfüllt hat. Und man spürt, dass es viel geistiger Gegenwehr und Verneinung bedarf, um standzuhalten und dem Augenschein nicht zu erliegen, sich nicht vor der Tatsache zu beugen und Baal zu vergöttern, also das Wirkliche für das Ideal zu halten […][67]

---

67   Zit. nach Guski (2018), S. 190.

Dostojewskij entwickelt hier eine Ursachenanalyse, die konservative Reaktionsmuster typisiert. Die europäische Zivilisation hat keinen Leitbildcharakter mehr, was als das erreichte Ideal ausgegeben wird, überzeugt nicht, sondern erschreckt. Umweltverschmutzung und soziales Elend auf der einen Seite stehen in unvermitteltem Kontrast zu den Palästen des kapitalistischen Welthandels auf der anderen. In der Bilderwelt der Apokalypse wird eingefangen, was einst im Traum vom Goldenen Zeitalter ersehnt wurde. Der Traum ist ins Dunkle gekippt. Nicht die gleiche und freie Menschheit der „Idee" wird hier sichtbar, sondern eine gesichtslose Herde. Das Allgemeine, Abstrakte als realisierte Idee einer generellen Gleichheit wird abgewehrt in der Formulierung vom „universalen Allgemeinmenschen" und weckt die Forderung nach neuer Bindung an alte Mächte:

> ((Es)) fehlt der Boden, es fehlt das Volk. Nationalität ist nur noch ein bestimmtes Steuersystem, die Seele eine Tabula rasa, ein Stück Wachs, aus dem man im Handumdrehen einen richtigen Menschen formen kann, den universalen Allgemeinmenschen, einen Homunkulus; man braucht dazu nur die Früchte der europäischen Zivilisation anzuwenden und zwei, drei Bücher zu lesen.[68]

Volk und Nation sollen die Rettung bringen. Dies wird als slawischer Weg gegen den westlichen Liberalismus ein wichtiger Schritt in der politischen Genealogie des Konservatismus. Im Roman vom grünen Jungen, in dem Werssilows seinen Traum erzählt, weist die Handlungskonstellation in diese Richtung: Werssilow heiratet schließlich die Mutter des Jungen, Sofja, ein ehemaliges Dienstmädchen und damit eine Vertreterin des Volkes, die durch ihren Namen als „Weisheit" mit einer besonderen

---

68   Zit. nach Guski (2018), S. 191.

Aura versehen wird. Sie war verheiratet gewesen mit Makar, der durch eine lange Pilgerschaft und sein gelebtes Christentum als Vertreter einer spezifischen Volksfrömmigkeit markiert ist.

Literatur geht jedoch nicht auf in politischen Stellungnahmen. Es bleibt festzuhalten, dass Dostojewskij mit seinen Leitfiguren wie Fürst Myschkin, Aljoscha Karamasow oder Rodion Raskolnikow eine dermaßen tiefgründige Menschenfrömmigkeit entworfen hat, dass alle politischen Positionen dahinter ins Unwesentliche verschwimmen. Dennoch bleibt die Frage nach der politischen Genese der konservativen Reaktion auf den europäischen Traum, zu der er wesentlich beigetragen hat, weiterhin virulent.

Der moralisierende Antiliberalismus ist auch gegenwärtig in Russland und Teilen Osteuropas zu beobachten. Nicht mehr unter dem Begriff der „Slawophilen", aber in Gestalt einer „Neo-Eurasierbewegung", die in regem Austausch mit der neuen Rechten in Deutschland und in Europa steht und in der auch Ideen einer „konservativen Revolution" einen Platz finden.[69]

Der amerikanische Historiker Timothy Snyder warnt vor diesem *Weg in die Unfreiheit*. Er hat 2018 eindringlich dargelegt, wie das Narrativ der geschichtlichen Mission des heiligen russischen Volkes heute in der Neo-Eurasien-Idee als Gegenmodell zur EU wieder auflebt; ein Konstrukt vor allem der Putin-Ära, in das auch reichlich fragwürdiges Gedankengut einfloss. Die Bewegung verfügt über ein „Manifest" ihres Vordenkers Alexander Dulgin, in welchem das Projekt des Liberalismus mit zahlreichen negativen Konnotationen belegt wird: Es sei gegen die Menschheit in ihrer Vielfalt gerichtet, totalitär vereinheitlichend, gottlos, egoistisch und banal. Dem gegenüber beschwört das Manifest als Verbündete die Bindungskraft der traditionellen Konfessionen, alle antiglobalistischen Tendenzen in der Welt sowie die Ideale und Traditionen des Volkes. In dieser Rolle möchte die eurasi-

---

69   Himmelreich (2017).

sche Bewegung als Befreier Europas von der kulturellen wie wirtschaftlichen Okkupation durch die USA auftreten. Das Manifest
und die damit verbundene *Fourth Political Theory* werden auf eigener deutscher Homepage kommentiert vom bekannten politischen Personal der neuen Rechten. Das deutsche Eurasien-Netz-
werk gelangte in den Blick einer erstaunten Öffentlichkeit, als
Anfang 2019 Berliner Ermittlungen wegen eines Brandanschlags
in der Ukraine zum Chefredakteur des rechten Magazins „Zuerst!" Manuel Ochsenreiter führten, der 2016 mit dem AfD-Poli-
tiker Markus Frohnmaier das (inzwischen aufgelöste) „Deutsche
Zentrum für eurasische Studien" gegründet hatte. Letzterer ge-
riet anschließend wegen seiner Beziehungen zu Moskau ins Visier der Medien.[70]

Aufklärung versus politische Romantik

Zu den großen Enttäuschungen der nachaufklärerischen Generation gehören nicht nur die Ausbrüche von Gewalt, die die europäischen Revolutionen durchziehen, und die Verwüstungen
durch die Napoleonischen Kriege. Auch die zahlreichen Ungerechtigkeiten und Inkonsequenzen des bürgerlich-kapitalisti-
schen 19. Jahrhunderts desillusionierten. Aber die Ernüchterung
ging tiefer: Die zukunftsoffene Idee einer Rechts- und Friedensge-
meinschaft wurde im Zuge von Rationalisierung und Industrialisierung mehr und mehr verdrängt durch eine Fortschrittsideolo-
gie, die sich bereits angekommen sah. Die Ideen der Aufklärung
schienen dem wirtschaftlich emporsteigenden Bürgertum durch
Industrie und Technik, Finanzwirtschaft und rationelle Verwaltung ausreichend realisiert. Die instrumentelle Vernunft ernüch-

---

70 Snyder (2018), Dulgin (2001) im Portal der Neo-Eurasierbewegung: „The
Fourth Political Theory"; zu Ochsenreiter siehe Fuchs, Müller (2019); zu
Frohnmeier vgl. etwa Spiegel online (2019).

terte den europäischen Traum. Das Goldene Zeitalter wanderte ab in die Romantik. Der geschichtsphilosophische Optimismus des 18. Jahrhunderts wich der Vision einer wiederverzauberten Welt, bei der die vergangene Urzeit nach einer Phase der Entfremdung und Gewalt in verwandelter Form wiederkehrt. Die neue Zeit steht im Zeichen der Einheit mit der Natur, versöhnt in Liebe und Poesie. So etwa im *Heinrich von Ofterdingen* (1802) des Novalis, wo eine Geschichte in der Geschichte erzählt wird, die wiederum den Gesang eines wunderbaren Jünglings enthält, der von der Urzeit der Welt berichtet:

> Er handelte von dem Ursprunge der Welt, von der Entstehung der Gestirne, der Pflanzen, Tiere und Menschen, von der allmächtigen Sympathie der Natur, von der uralten goldenen Zeit und ihren Beherrscherinnen, der Liebe und Poesie, von der Erscheinung des Hasses und der Barbarei und ihren Kämpfen mit jenen wohltätigen Göttinnen, und endlich von dem zukünftigen Triumph der letztern, dem Ende der Trübsale, der Verjüngung der Natur und der Wiederkehr eines ewigen goldenen Zeitalters.[71]

In der späten deutschen Romantik und mehr noch in Nationalismus und Irrationalismus der Jahrhundertwende entfaltet sich auch die politische Wende zum Konservativen. Die Kräfte des Irrationalen werden in Anspruch genommen, um dem bürgerlich-liberalen Universalismus entgegenzutreten. Natürliche Ungleichheit der Menschen, Familie und Volk, Brauchtum und Sitte treten an die Stelle der abstrakten Ratio. Allgemeine Geltungsansprüche werden durch Historismus gekontert. Staaten gelten nicht als durch Verfassungen definiert, sondern Völker wachsen

---

71 Novalis (1972), S. 253.

zu organischen Gebilden heran, in denen das Gewordene Vorrang genießt gegenüber dem von Menschen Gemachten. Gefühlte Praxis besiegt Theorie. Menschenrechte gelten als Irrtum einer rationalistischen Philosophie und werden als Gleichmacherei einer natürlichen Lebensvielfalt gegenübergestellt. Internationale Vereinbarungen werden irrelevant, da ein abstraktes Recht für alle nicht organisch mit dem jeweiligen Volkscharakter verbunden ist. Auch eine kräftige antikapitalistische Tendenz gehört zum Spektrum, denn das Finanzwesen ist abstrakt, dynamisch, international und der Kapitalismus zerstört fortwährend die Grundlagen traditioneller Lebensweisen. Die Übergänge zum Antisemitismus sind fließend. Eine ständische Ordnung, das Mittelalter, die Religion und die Rolle des Adels als politischer Elite werden diskutiert. Um die Wende zum 19. Jahrhundert kumulieren die regressiven Tendenzen und formieren sich zu einer Bewegung des „Völkischen". Ein Kompendium des rechten Denkstils entfaltet sich, das heute noch zu denken geben mag.[72] Die Frage, wie weit die politische Geschichte des Irrationalismus in die Gegenwart hineinwirkt, ist nicht leicht zu beantworten.

Betrachten wir zunächst den Traum von menschheitsübergreifenden Dimensionen in einer weiteren Metamorphose, die Dostojewskijs Traum vom Goldenen Zeitalter viel verdankt, in Thomas Manns *Zauberberg* (1924). Der berühmte Schneetraum des Hans Castorp zeigt die Polarität von humaner Idealität und Barbarei, die Thomas Mann in Friedrich Nietzsches Polarität des Apollinischen und Dionysischen als bewegenden Grundkräften der Kultur wie auch der Psyche vorgeprägt findet.[73] Die antike

---

72 Karl Mannheim hat in seinem 1925 erschienenen Klassiker zum „Konservatismus" Schnittstellen zwischen spätromantischer Theoriebildung und politischem Konservatismus herausgearbeitet (Justus Möser, Adam Müller, Friedrich Carl von Savigny). Vgl. Mannheim (1984). Zum Begriff des „Völkischen" vgl. Puschner (2016).

73 Nietzsche hat diese Polarität in der Antike aufgespürt und mit den Göttern Apoll und Dionysos verbunden, wie er in seiner Schrift „Von der Geburt der Tragödie aus dem Geiste der Musik" (1872) darlegt.

Geschichte von Galatea, Acis und dem Wilden Polyphem hatte diese dunkle Melodie schon angestimmt. Dostojewskijs Stawrogin berichtet in seiner Beichte ebenfalls vom Sog des Abgrunds.

Der Träumer Hans Castorp, verirrt im Schnee des Hochgebirges, sieht auf der einen Seite ein glückliches Volk in einer sonnigen Bucht bei Spiel und Sport, in harmonischer Übereinstimmung mit sich selbst und von quasi eingefleischter Idealität:

> Das ist ja überaus erfreulich und gewinnend! Wie hübsch, gesund und klug und glücklich sie sind! Ja, nicht nur wohlgestalt – auch klug und liebenswürdig von innen heraus. Das ist es, was mich so rührt und ganz verliebt macht: der Geist und Sinn, so möchte ich sagen, der ihrem Wesen zugrunde liegt, in dem sie miteinander sind und leben!' Er meinte damit die große Freundlichkeit und gleichmäßig verteilte höfliche Rücksicht, mit der die Sonnenleute verkehrten: eine leichte und unter Lächeln verborgene Ehrerbietung, die sie einander, unmerklich fast und doch kraft einer deutlich durch alle waltenden Sinnesbindung und eingefleischten Idee, auf Schritt und Tritt erwiesen;[74]

Im Rücken regiert das Entsetzen: Der Träumer sieht im Tempel einer Todesgöttin zwei hexenhafte Frauen ein kleines Kind zerreißen und verschlingen. Es ist an diesem Ort des Schreckens aber nicht der Gott des Ostens Dionysos beheimatet, sondern die Hexen sind Geschöpfe des Nordens; sie sprechen Plattdeutsch, wie Castorp mit Schrecken bemerkt, denn es geht hier um Deutschland. Im Verständnishorizont des Romans resultiert daraus die Einsicht, dass der Mensch als Herr der Gegensätze sich den Kopf freizuhalten habe von den Verlockungen des Todes, aber die To-

---

74   Mann (2002), S. 670ff.

desfrömmigkeit des zerstörerischen Rauschs durchaus im Herzen einen Platz finden möge.

Es bleibt aber die Frage, ob dieser Versuch eines Ausgleichs die Dynamik der irrationalen Verführung zähmen kann. Wie weit reichen die Impulse aus der Gegenaufklärung über eine konservative Reaktion in eine deutlich rechte bis faschistoide Entwicklung hinein? Der ungarische Philosoph und marxistische Denker Georg Lukács hat eine Generation von Studierenden mit seiner These von der *Zerstörung der Vernunft* geprägt. Auf dem Weg „von Schelling zu Hitler", so der Untertitel des 1954 erschienenen Werks, geht es direkt von der Romantik in den Nationalsozialismus. Lukács verankert u.a. Schelling, Schopenhauer, Nietzsche, Kierkegaard und die Vertreter der Lebensphilosophie – Dilthey, Klages, Simmel, Heidegger – in der Vorgeschichte des Faschismus, weil sie Ratio und Universalismus gegenüber Intuition und Mythos abwerten; er unterstellt Nietzsche eine Ethik der Barbarei, deren Versatzstücke wie der „Wille zur Macht", die Verherrlichung der „blonden Bestie" oder des „Übermenschen" sich später nahtlos in die Ideologie des Nationalsozialismus einfädeln ließen.[75] Thomas Mann, dessen Weg zur Demokratie ein schwerer war, ringt erkennbar mit dieser Fragestellung, die noch einmal im *Doktor Faustus* (1947) durchgespielt wird. Der Umschlag von höchster Kultiviertheit in Barbarei wird in der persönlichen Geschichte des Tonsetzers Adrian Leverkühn gleichgesetzt mit der Tragödie des deutschen Volkes. Damit handelt der Roman auch die Frage nach den kulturgeschichtlichen Wurzeln des deutschen Nationalsozialismus ab.

Sigmund Freud hat gezeigt, wie nah das Barbarische unter der Decke der Zivilisation schlummert, wenn die Anstrengung, das Gebäude der Kultur aufrechtzuerhalten, nachlässt und der Lust der Regression weicht. Es ist lustvoll, endlich einmal sagen und dann auch tun zu dürfen, was das gesellschaftliche Über-Ich

75 Lukács (1974), Band 2, Kap. 3.

untersagt. Die Anstrengung, Kontrolle, Status und Leistung permanent auf hohem Niveau zu halten, wird in hochentwickelten Gesellschaften offenbar zeitweise zu groß. Das *Unbehagen in der Kultur* (1930) gebiert immer noch Ungeheuer.[76]

Denn die *Zerstörung der Vernunft* ist immer noch ein Thema, das Faszination auszuüben vermag. Dostojewskijs Verabschiedung des europäischen Traums findet einen dumpfen Nachhall bei einem prominenten Vertreter der neuen Rechten, dem Identitären Martin Sellner, der die Genealogie „irrationaler" Denker mit Verweis auf seine persönliche Lukács-Lektüre reflektiert. Er tut dies als historische Referenz der eigenen politischen Linie, nun in positiver Umwertung, der Sellner eine besondere Note rebellischen Wagemuts anheftet.

Mit ‚Gestrigkeit' und ‚Begrenztheit' wirft man ihnen, wirft man uns eigentlich den ‚Verrat' am ‚Projekts der Aufklärung' vor. Wir hätten die große, breite Straße des Humanismus, die vom ‚emanzipatorischen Gehalt' der Bergpredigt bis zur Deklaration der Menschenrechte führt, verlassen und streunten als ‚Parias' im faschistoiden Unterholz am Rande des dunklen Waldes.
Dieses Bild, das Lukács' Buch evozierte, und daneben die ‚Gestalt' eines patriotischen Lagers, die in seiner Feindaufklärung hervortrat, war für mich eine Zeitlang sehr inspirierend. ‚Jenseits von Gut und Böse', außerhalb aller Normen und Schablonen und der kristallinen Sphäre des ‚politisch Korrekten' zu sein, um aus der Tiefe des Raumes dem großen schwerfälligen Troß der westlichen Ideengeschichte in die Flanke zu fallen. Auch die ‚barbarische', ja dämonische Rolle, die man als solcher

---

76 Freud (1974, zuerst 1930).

97

Außenseiter und Waldgänger für die braven Trotter
auf der hellen Straße einnimmt, hatte etwas durchaus Anziehendes.[77]

Man wird sowohl Lukács wie auch die zitierten Dichter und
Denker gegen dieserart Inanspruchnahme in Schutz nehmen
müssen.

Der europäische Traum heute

*Park der zwei Ufer in Kehl, der Deutschland und Frankreich verbindet:
links Grenzrose von Thomas Rother, rechts Wegweiser zum Garten der
Menschenrechte.[78]*

77   Sellner (2015).

78   „Die Arbeiten ‚Grenzrosen' des Essener Künstlers Thomas Rother sind Teil
      seines europäischen Grenzprojektes. Dabei werden Stahlskulpturen als Zei-
      chen der versöhnenden Erinnerung an Orten aufgestellt, die an tragische Er-
      eignisse im Zusammenhang mit dem 2. Weltkrieg erinnern. In Kehl wurden
      zwischen Juni 2013 und November 2014 insgesamt acht Rosen installiert,
      eine neunte erhielt die Nachbarstadt Straßburg in Frankreich. Verbunden
      damit ist die Erinnerung an die Ermordung von neun französischen Wider-

Was ist aus dem Projekt der europäischen Aufklärung und der universalisierbaren Ideen geworden, was kann daraus werden? Europa heute erscheint vor allem als Halbfertigprodukt in der Krise, bedroht durch einen wiedererstarkten Nationalismus und neue rechte Kräfte auf der einen Seite, ausgehöhlt durch technokratische und bürokratische Machtkonstrukte in der regierenden Zentrale auf der anderen Seite. Ein wirtschaftliches Gefälle zwischen Nord und Süd droht sich strukturell zu verfestigen. Zwischen Ost und West gibt es deutliche Differenzen um demokratische Strukturen, ebenso wie um dem Umgang mit Geflüchteten. Die Strahlkraft der Idee ist soweit verblasst, dass sie im politischen Tagesgeschäft kaum eine Rolle spielt, noch weniger im Alltag der Menschen.

Konservative Werte, ein starker Staat und neue Autoritätsfiguren in der Politik verzeichnen Zuwachs. Populistische Strömungen scheinen eine Art Mehrheitsdiktatur als neue Konkurrenz zur liberalen Demokratie positionieren zu wollen. Die klassische Verhandlungsdiplomatie der Kompromisse wird von neuen politischen Akteuren verdrängt durch Auftritte nach der Dramaturgie des Showgeschäfts. Streit und Dominanzgebaren verdrängen die Diskussionskultur des stärkeren Arguments. Politische Romantik hat erneut die Mission entdeckt, das christliche Abendland zu retten. Im Rückblick auf den Traum Werssilows und Dostojewskijs konservative Wende schärft sich auch der Blick für eine Kluft, die Europas Westen von Europas Osten trennt. Auch hier sind offenbar Enttäuschungen wirksam. Das Gefühl getäuschter Erwartungen kann im Zusammenwirken mit Ressentiments gegenüber dem Fremden und den Zumutungen der globalisierten Welt eine Rückwendung zu den einfachen Lösungen der alten Mächte begünstigen. Europa bleibt

standskämpfern des Réseau Alliance durch die Gestapo am 23. November 1944. Weitere Rosen wurden im Juni 2013 In der Grenzstadt Forst an der Lausitz errichtet, während in Bad Muskau/ Neisse an der Grenze zu Polen und im deutsch-belgisch-luxemburgischen Dreiländereck in Welchenhausen Rothers Zeichen bereits seit längerem stehen (Kulturbüro Kehl).

ein abstraktes Elitenprojekt, während „das Volk" seine Anliegen persönlich und emotional agierenden Führungsfiguren anvertraut.

Aber der europäische Traum findet immer noch prominente Vertreter*innen. Einen engagierten Europa-Roman lieferte der österreichische Schriftsteller Robert Menasse. Menasse beschreibt in seinem 2017 erschienenen Werk *Die Hauptstadt*, wie die Brüsseler Bürokratie die ambitionierten Ideen für ein Jubiläumsprojekt zur Feier des 50. Jahrestags der europäischen Kommission zersägt. Die Idee besteht darin, die Überlebenden von Ausschwitz in die Feier einzubinden und damit an die Wurzeln des europäischen Gedankens zu erinnern. Ein paralleler Handlungsstrang verfolgt den Plan, eine europäische Hauptstadt auf der Gedenkstätte Ausschwitz zu errichten. Im Motivgeflecht des Romans, der immer wieder Seitenblicke auf die „Parallelaktion" in Robert Musils *Mann ohne Eigenschaften* (1930–1943) wirft, entwickelt sich über verschiedene Erzählebenen und Handlungsstränge allmählich das Bild eines neuen Europas: eines Europas, in dem Rassismus und jeglicher Nationalismus durch eine supranationale Organisation überwunden werden und dessen Idee die für alle Zukunft geltende Garantie der Menschenrechte ist.[79]

Menasses politischer Aktionsradius ist beträchtlich: Er hatte 2013 zusammen mit der Politikwissenschaftlerin Ulrike Guérot ein Manifest veröffentlicht, das fordert, Europa zu einer Republik zu machen. In seinen essayistischen und fiktionalen Schriften arbeitet Menasse konsequent und nicht unumstritten am europäischen Mythos. [80]

---

79   Menasse (2017).

80   Guerot, Menasse, (2013); vgl. außerdem Menasse, Robert (2012). Menasse war im Frühjahr 2019 heftig in die Kritik geraten, weil er Zitate und Sachverhalte falsch wiedergegeben hatte. Vgl. etwa die Zusammenfassung im Spiegel online (2019 a). Das Thema war auch deshalb brisant, weil kurz vorher der „Fall Claas Relotius" durch die Medien gegangen war. Der Journalist hatte Reportagen gefälscht.

Guérot wiederum ist eine Schlüsselfigur in den Bewegungen und Netzwerken für ein neues Europa; sie ist Gründerin des European Democracy Lab in Berlin, einer Denkwerkstatt, die sich zur Aufgabe gemacht hat, Europa wieder eine Vision zu geben. Ihre Arbeit und ihre Publikationen sind der politischen Utopie Europa gewidmet.[81] Auf ihrer Homepage zur Europäischen Republik ist die Idee republikanischer Gleichheit ein zentrales Element:

> Die Europäische Republik ist eine EUtopie (Griechisch εὖ *"gut"* und τόπος *"Ort"*) für eine demokratische Zukunft in Europa: Eine Republik, die den politischen Gleichheitsgrundsatz für alle Bürger*innen Wirklichkeit werden lässt. Das Gemeinwohl, *res publica*, dient hierbei als Leitprinzip einer zukünftigen europäischen Ordnung.[82]

Nachhaltigkeit, Teilhabe und Solidarität stellt Claus Leggewie als Leitbegriffe für eine Zukunftsvision Europas vor. Leggewie, renommierter Politik- und Sozialwissenschaftler, ist durch seine Aktivitäten als Senior Fellow am IASS Potsdam in der Lage, den Bogen zum Thema nachhaltige Entwicklung zu schlagen. Das Institut für transformative Nachhaltigkeitsforschung will vor dem Hintergrund der Agenda 2030 der UNO und der Pariser Klimabeschlüsse durch eigene Forschungsprojekte gesellschaftliche Transformationsprozesse in Richtung nachhaltiger Entwicklung unterstützen. Auch dies ein Projekt für Europa, denn die großen Probleme wie Klimawandel und Zerstörung der Artenvielfalt können keinesfalls auf nationaler Basis gelöst werden. Leggewie legt in seiner Publikation *Europa zuerst* dar, wie eine „Große Transformation" im Zeichen von Nachhaltigkeit, Teilhabe und

---

81   Vgl. Guérot (2016).
82   The European Republic, Homepage.

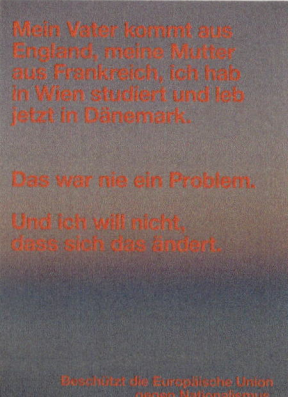

Serie von Postern aus der Kampagne „Protect the European Union" um den Künstler Wolfgang Tillmans. Wie kaum ein anderer bildender Künstler bezieht Tillmanns Stellung. Er bietet auf seiner Homepage eine Reihe von Plakaten von Jop van Bennekom und Gert Jonkers zum freien Download an, die liberale Werte Europas vor Augen führen.[83]

Solidarität trotz Gegenwind autoritärer Mächte auf den Weg gebracht werden kann und welche neuen Bewegungen dies von un-

---

83 Vgl. Forum on European Culture und Tillmans/Protect the European Union.

ten her befördern. Die kreativen Kräfte der Ökologiebewegung, die Experimentierlust im Erfinden nachhaltiger Lebensstile und eine konstruktive Hinwendung zur Gestaltung einer lebenswerten Zukunft finden hier einen Anwalt. [84] Leggewie hatte schon während seiner Mitgliedschaft im Wissenschaftlichen Beirat der Bundesregierung Globale Umweltveränderungen (seit 2008) an den Überlegungen zu einer „Großen Transformation" der Gesellschaft zu nachhaltiger Entwicklung in ökologischer, sozialer und ökonomischer Hinsicht mitgewirkt.

Den großen Bogen zum europäischen Traum spannt Aleida Assmann, im Jahr 2018 zusammen mit ihrem Mann Jan Assmann Preisträgerin des Friedenspreises des deutschen Buchhandels. Sie nutzt die Formulierung *Der europäische Traum* in ihrem Buchtitel bewusst in Anlehnung an die Utopie des „amerikanischen Traums", um aus der komplexen und von Gewalt geprägten Geschichte Europas heraus ein Leitbild für eine friedliche gemeinsame Zukunft zu entwickeln.[85] Sie bezieht dieses Leitbild aus vier Lehren, die aus der Geschichte Europas zu ziehen seien: Friedenssicherung, (Wieder-)Herstellung des Rechtsstaats, Aufbau einer wahrhaftigen Erinnerungskultur und Wiederentdeckung der Menschenrechte. Assmanns Ausführungen stimmen auch deshalb hoffnungsvoll, weil sie plausibel zeigen kann, dass die Idee der Menschenrechte zwar alt, das Projekt ihrer ernsthaften Realisierung aber recht jung ist: Erst nach dem Kalten Krieg konnte es gelingen, die Menschenrechte von den Nationalstaaten abzulösen und auf eine neue Ebene transnationaler Vereinbarungen und Nichtregierungsorganisationen zu stellen. Demnach hätte der europäische Traum einen Teil seiner Geschichte noch vor sich.

Dem Konzept einer transnationalen Demokratie für Europa im Kontext von Solidarität und Menschenwürde widmet sich

---

84 Vgl. Leggewie (2017).

85 Assmann (2018). 2004 hatte Jeremy Rifkin die Formulierung in die Debatte gebracht.

in besonderem Maße der Soziologe und Philosoph Jürgen Habermas. Er geht in seinem Essay *Zur Verfassung Europas* von der Erkenntnis aus, dass die Funktionssysteme der Weltgesellschaft schon längst nicht mehr durch einzelne Staaten beherrschbar seien. Dabei ist ihm vor allem die konkrete Utopie der Menschenwürde als normativer Kern der Menschrechte wichtig. Habermas verknüpft hiermit die zentrale Idee eines transnationalen Europas, die sich auch in einer europäischen Verfassung ausdrücken soll und weit über die ökonomische Ebene hinausweist. Europa als demokratisch verfasste Gemeinschaft von gleichberechtigten Bürger*innen, die Anspruch darauf haben, in ihrer Würde respektiert zu werden, ist die konkrete Utopie, deren politische Sprengkraft Habermas ins Feld führt.[86]

Der Philosoph hat sich 2017 sehr weit in die Realpolitik vorgewagt, als er in einem denkwürdigen Gespräch mit dem französischen Staatspräsidenten Emmanuel Macron und dem SPD-Politiker Sigmar Gabriel den Versuch unternahm, *Europa neu ((zu)) denken*. Macron offenbarte hier seinen Plan, zunächst das eigene Land durch Reformen wirtschaftlich vertrauenswürdig zu machen, während ihn Deutschland simultan bei seinen Plänen für ein neues Europa unterstützen sollte. Habermas führt in seiner Einleitung des Gesprächs aus, dass es vor allem der Gedanke einer politisch verstandenen Solidarität sein müsse, die jetzt in erster Linie dem strukturschwachen Südeuropa zu Gute kommen solle. Statt weiterer Staatsschulden schlagen die drei Visionäre ein gemeinsames EU-Budget vor, aus dem strukturschwache Gebiete mit Investitionen unterstützt werden. Macron sieht hierin ein wichtiges Element seiner Europa-Idee.[87] Diese länderübergreifende europäische Idee sozialer Gerechtigkeit ist auf zwei Ebenen der Realpolitik gescheitert: Die simultane Unterstützung Deutschlands für Macrons europäische Konzepte ist nicht oder

---

86   Habermas (2011).
87   Macron, Habermas, Gabriel, Sigmar (2017).

kaum erfolgt und der Präsident hat im eigenen Land mit heftigen Protesten gegen seine Wirtschaftspolitik zu kämpfen, etwa in Gestalt der „gelben Westen" ab dem Herbst 2018.

Letztlich ist aber damit das ambitionierteste deutsch-französische europäische Projekt der letzten Jahre wieder in den unendlichen Raum der Träume und Wunschlandschaften entrückt. Immerhin ist es der EU gelungen, mit den Konferenzen von Paris 2015 und Kattowitz 2018 eine gemeinsame Klimapolitik auf den Weg zu bringen. Es darf aber nicht vergessen werden, dass nachhaltige Entwicklung auch eine soziale Dimension hat.

Es bleibt zu hoffen, dass die Transformationsideen, verankert in einer ehrlichen Erinnerungskultur, auf lange Sicht genügend Strahlkraft entwickeln, um die ideologischen Gräben in Europa zu überbrücken und Europa neue, zukunftsoffene Narrative zu geben.

Vieles muss allerdings zur Zeit der freischwebenden utopischen Phantasie überlassen bleiben. Eine sehr schöne Vision dieser Art formuliert der amerikanische Soziologe Jeremy Rifkin, für den *Der europäische Traum* sogar eine Schlüsselposition an der Schwelle der Postmoderne zu einer neuen Meta-Erzählung der Zukunft einnimmt:

> Der Europäische Traum übernimmt an dem Punkt, wo die Postmoderne sich im Sand verläuft. Auf seinen nackten Kern reduziert, ist der Europäische Traum der Versuch, einen neuen historischen Bezugsrahmen zu schaffen, der das Individuum von dem alten Unfug abendländischer Ideologien befreit und gleichzeitig das Menschengeschlecht mit einer neuen, gemeinsamen Geschichte ausstattet, die im Gewand der universellen Menschenrechte und der intrinsischen Rechte der Natur daherkommt – was wir als ‚globales Bewusstsein' bezeichnen. Es ist ein Traum, der uns über Moderne und Postmoderne hinaus ins globale Zeitalter führen kann. Kurz: Mit dem Europäischen Traum beginnt eine neue Geschichte.

[…] Der Europäische Traum ist so attraktiv, weil er
es wagt, eine neue Geschichte vorzuschlagen, die sich
auf Lebensqualität, Nachhaltigkeit, Frieden und Harmonie konzentriert.[88]

88   Rifkin (2004), S. 13f.

HEIMWEH

Hans Thoma, Mein Heimattal, 1918, Öl auf Leinwand, 91 x 105 cm, Städtische Galerie Karlsruhe.

Heimat als Seelenraum.
Volk und Heimat

Das ist schon fast wieder Arkadien: sanfte Hügel unter zartem Wolkenhimmel, ein geschwungener Weg, ein gewundener Bachlauf. Im Hintergrund einige Häuser in die Landschaft geschmiegt, ländlich gekleidete Menschen – all das in wohltemperiert harmonischer Farb- und Formgebung. Hans Thoma hat sein Bernauer Tal im Jahr 1918 gemalt, noch während des Krieges. Die Rolle des dunklen Ganges, den wir aus dem Perspektiv im Schwetzinger Schlossgarten kennen und der das Bild umso heller erstrahlen lässt, übernehmen hier quasi die Zeitumstände.

Der zeitlose Friedenscharakter dieses Himmels auf Erden, der sich im Bildtitel mit dem Begriff „Heimat" verbindet, charakterisiert nicht nur des Malers Werk, sondern auch die nostalgische Sehnsuchtsstimmung, die Heimat in einer lieblichen Natur zum Wunschort machen.

Hans Thoma hatte damals sein Heimattal schon mehr als einmal gemalt, etwa 1860, 1898, 1904 oder 1911 – es hat sich nicht verändert. Wir sehen dem Bild geradezu an, was eigentlich nicht zu sehen ist: alles ist rundlich, keine gerade Linie, die Farben blass gebrochen, keine Primärfarben oder starken Kontraste. Es fehlen Eisenbahn, Straße, Fabrik, moderne Kleidung; Hast und Eile, Arbeit und Mühe – alle Zeichen von Industrialisierung und Moderne, in einer Zeit, in der andere Maler zu den neuen Ufern von Expressionismus und Abstraktion aufgebrochen waren. Das Bild ist also Programm.

In seinen Lebenserinnerungen schildert der Maler dieses Tal von Bernau im Schwarzwald als Paradiestraum seiner Kindheit:

> Bernau, wo ich am 2. Oktober 1839 zur Welt gekommen bin, ist um den Johannestag herum ein von Blumen- und Honigduft erfülltes hochgelegenes Wiesental, von braunen Forellenbächlein durchzogen, [...] ein Kranz von Bergen, so gelagert, daß sie das Tal nicht einengen, umgibt es

mit dunkeln Tannen. [...] Durch das stundenlange breite Tal reihen sich die mit Schindeln gedeckten braunen Holzhäuser, bilden in dem grünen Tal einzelne Dorfgruppen, in deren mittleren sich die Kirche befindet. [...] Das ungefähr ist die Örtlichkeit, in der sich mein Kindheitsparadies abgespielt hat.[89]

Er blieb dieser Gegend sein Leben lang verbunden, hat sie oft gemalt und fand hier immer wieder seelische Kraft und Ruhe. Das Bernauer Tal wurde für ihn zu einem Ort der „Ewigkeitseindrücke".[90]

Hans Thoma (1839–1924) war zu seiner Zeit ein bekannter, beliebter und hoch geehrter Künstler. Als Krönung seiner Karriere war er 1899 als Direktor an die Großherzogliche Gemäldegalerie Karlsruhe (heute Staatliche Kunsthalle) berufen worden, in einer Doppelfunktion als Professor an der Großherzoglich-Badischen Akademie der Künste. Ein Amt, das er bis 1920 ausübte. Von 1905 bis 1918 war er vom Großherzog ernanntes Mitglied des Badischen Landtags.

Aus einfachen Verhältnissen im Schwarzwald stammend, hatte er sich nach oben gearbeitet. Nach dem Studium an der Akademie in Karlsruhe war er nach Paris und Italien gereist und hatte in der damaligen Kunsthauptstadt München gelebt. Er kannte die Werke der französischen Malerschule von Barbizon, schätzte Gustave Courbet, den er auch persönlich kennen gelernt hatte, und war mit Arnold Böcklin und den Malern des Leibl-Kreises befreundet. Der Katalog zur Thoma-Ausstellung im Frankfurter Städel-Museum nennt ihn einen der „Lieblingsmaler des deutschen Volkes" – so wurde er schon in Meyers Großem Konversationslexikon 1905 bezeichnet.[91]

89 Thoma (1909), S. 5.
90 Ebenda, S. 113,
91 Meyers Großes Konversationslexikon (1905), S. 493.

Aber die Heimatlichkeit der Bilder Thomas hat auch eine Kehrseite. Die ihm vielfach zugesprochene volkstümliche Note changierte zumindest bei seinen Interpreten auch ins Völkische. Die große Hans-Thoma-Ausstellung, die das Städel-Museum in Frankfurt 2013 dem Künstler widmete, hatte mit dieser völkischen Note, die auch die Thoma-Rezeption im Nationalsozialismus bestimmte, schwer zu kämpfen. Man umgab den Meister mit grell getönten Wänden und giftgrünem Kunstrasen, um durch die Inszenierung der Bilder dem Nationalton die Resonanz zu entziehen.[92]

Das Städel ist eng mit der Geschichte Thomas verknüpft, denn dessen zeitweiliger Direktor Henry Thode hatte die künstlerische Position des Malers zu einer Position in einer politischen Auseinandersetzung gemacht. Thode, ein früher Prophet der Werke Richard Wagners, war Schwiegersohn Cosima Wagners, mit der auch Hans Thoma befreundet war. Von 1893 bis 1911 lehrte er Kunstgeschichte an der Universität Heidelberg. Henry Thode (1857–1920) war als Sohn eines Bankiers finanziell unabhängig und führte das Leben eines Ästheten auf großem Fuße zwischen Bayreuth, elterlichem Rittergut und dem Sommer am Gardasee. Seine enge Verbindung mit dem Wagner-Kreis inspirierte ihn zur Propagierung germanisch-christlichen Kulturgutes als Sendungsauftrag, in den der Maler Hans Thoma wunderbar hineinpasste. Thode wurde zu seinem größten Förderer. Den Auftakt bildete eine 1906 in der *Frankfurter Zeitung* ausgetragene Auseinandersetzung mit dem Berliner Maler Max Liebermann. Es ging um die Wertung des Impressionismus, um internationale oder nationale Kunstausrichtung, um Moderne oder Tradition. Thode hatte in einer Vorlesung über Thoma und Böcklin den Impressionismus als geschäftspolitische Masche einer Berliner Klicke und Nachahmung der Franzosen aus Mangel an nationalem Emp-

---

92   Vgl. Katalog Krämer, Hollein, (2013, Hrsg.).

finden diskreditiert. Hans Thoma hatte ihn hierin unterstützt. Dagegen stand Liebermann mit einer weltoffenen und rationalen Position.[93]

Die Kontroverse weitete sich zu einer Grundsatzdebatte um nationale oder internationale Kunst, in der Liebermann und der Kunsttheoretiker Julius Meier-Graefe die Moderne, internationale Offenheit, die Einflüsse aus Frankreich und den Impressionismus vertraten, während Thode gegen beide eine deutsche Kunst postulierte. Während Meyer-Graefe und Liebermann eine kosmopolitische Position einnahmen, formulierte Thode die Theorie einer nationalen Kunst, in deren Zentrum neben Böcklin eben Hans Thoma stand.

Wir folgen den Argumentationslinien ein Stück weit, weil sich daraus einige Aufschlüsse für die gegenwärtige Debatte um den Begriff Heimat ergeben. Wie man sich diese nationale Kunst aus den Tiefen der Volksseele vorzustellen hat und was das speziell Deutsche an ihr ist, mag ein Blick in Thodes 1905 erschiene Vorträge zu Böcklin und Thoma zeigen: „Alle ächte Kunst ist Volkskunst […]. Aus einem tiefen Müssen der Volksseele stammt sie und nur wo sie aus der Volksseele stammt, hat sie ein nothwendiges Leben."[94]

Mit einer Opferanmaßung, die auch dem heutigen rechtsnationalen Denken nicht fremd ist, verteidigt er zunächst seine Schützlinge gegen angebliche Herabsetzungen durch Liebermann und Meier-Graefe sowie andere meinungsbildende Mächte, unter ihnen Medien und Kunsthandel. Dem Treiben der städtischen Internationalisten stellt er ein verwirrtes und ratloses Publikum gegenüber, das dringend der Rückbesinnung auf einen sicheren Standpunkt bedürfe. Dieser lautet als Ergebnis einer historischen Betrachtung deutscher Eigenart:

93 Vgl. Thode/LEO-BW (2019), Szylin (1993).
94 Thode (1905), S. 21.

Das künstlerische Bekenntniß der Deutschen lautet: Alle Erscheinung ist Wesensoffenbarung, alle Form hat Sinn und Werth nur als Wesensausdruck, und nur in der Verdeutlichung der allumfassenden Einheit von Mensch und Natur findet das Bedürfniß der Seele, ihr inneres Leben äußerlich zu schauen, sein volles Genüge.[95]

In seiner differenzierten Auseinandersetzung mit der Landschaftsmalerei Thomas vertritt Thode Interpretationsansätze, die deutlich durch Romantik und Spätromantik geprägt sind, aber nun mit dem Geiste germanischer Malerei und alter germanischer Anschauung in Verbindung treten.

Als das Element, welches dem gesamten Schaffen Thomas seine grundlegende Einheit gibt, ist, entsprechend dem Geiste der germanischen Malerei überhaupt und dem der neueren im besonderen, die Landschaft zu bezeichnen: Mag sie selbständig erscheinen, mag menschliches Dasein in sie einbezogen sein, immer ist sie der Ausdruck der großen, von der menschlichen Seele mystisch erfaßten, allumfassenden Harmonie der Welt und ihrer geheimnisvollen Gesetzmäßigkeit, der Spiegelung innerer Gefühlsvorgänge in äußeren Erscheinungen. [...]
Das Menschenwesen nur ein Teil der Natur, nach seinem physischen und seelischen Leben einbezogen in deren Erscheinungen und durch die Stimmungen mit ihr in Einklang gebracht, die Natur der Ausdruck der Menschenseele und der Mensch die höchste Verdeutlichung des Naturgeheimnisses – vielleicht nie ist diese alte germanische An-

95   Ebenda, S. 40.

schauung zu einem so unbedingten Gesetz künstlerischen Schaffens und zu einer so vielseitigen
Gestaltung geworden wie hier." Folgerichtig malt
Thoma, so führt Thode weiter aus, naturnahe Bau-
ern, „die gesamte bürgerliche und vornehme Gesellschaft, aber auch der Fabrikarbeiter", weil „der
Natur entfremdet" sind aus dem Werk des Künstlers ausgeschieden.[96]

Eine Anschauung, die geschult ist an Werken und Aussagen eines Caspar David Friedrich oder eines Carl Gustav Carus, wird
zum nationalen Wesenszug verklärt und damit historisch still gestellt. Das Resultat ist eine Normierung, die nicht nur aktuell den
Impressionismus und die Moderne ausschließt, sondern auch
eine zukünftige nationale Kunstentwicklung schwer vorstellbar
macht. Alles soll so bleiben, wie das unbedingte Gesetz künstlerischen Schaffens aus dem Geiste germanischer Naturmystik es
bestimmt.

Diese Verfestigung des Bildgedächtnisses lässt sich aber
schon längst nicht mehr aus der romantischen Kunsttheorie herleiten. Der Philosoph Friedrich Wilhelm Schelling (1775–1854)
hatte in seiner *Philosophie der Kunst* (1859) deutlich gemacht,
wie wichtig die Rolle des Betrachters für die Bildwerdung der
Landschaft ist: „In der Landschaftsmalerei ist überall nur sub-
jektive Darstellung möglich, denn die Landschaft hat nur im
Auge des Betrachters Realität."[97] Weitergedacht legt die These
Schellings den Gedanken nahe, dass erst durch die Betrachtung
aus formlosem Stoff bzw. neutraler Umgebung das entsteht, was
wir eine „schöne" Landschaft oder überhaupt eine „Landschaft"
nennen. Damit ist der Begriff der Landschaft in Natur und Bild
aus der Objektivität entlassen und als Ergebnis einer Wahrneh-

---

96   Ders. (1909), S. XLII und XLVII.
97   Schelling (1859), S. 544.

mung definiert. Vor diesem Hintergrund ist es einleuchtend, dass vor allem die romantische Malerei und Dichtung das Bild von Landschaft in den Köpfen der Menschen entscheidend mit geprägt haben. Der Versuch, diese Ästhetik zur maßgeblichen Schönheitsnorm zu erheben und im nationalen Bildungsbestand zu fixieren, hat sich jedoch als historische Sackgasse erwiesen.

Geister der Spätromantik. Nationalismus

Es gibt eine Vorgeschichte dieser Haltung: Künstler der Romantik hatten in der Auseinandersetzung mit den napoleonischen Kriegen durchaus nationale Positionen vertreten. Man denke etwa an Caspar David Friedrichs französischen *Chasseur im Walde*, entstanden 1814, ein Jahr nach Napoleons Niederlage in der Völkerschlacht bei Leipzig, oder das Gemälde *Auf Vorposten* (1829) von Georg Friedrich Kersting, das Angehörige des Lützowschen Freikorps zeigt. Ein expliziter Nationalismus allerdings, der sich auch kulturell wirksam verwerten ließ, hatte sich erst mit der Spätromantik herausgebildet. In der Phase der Restauration ging es um die Rückkehr alter Mächte und darum, eventuelle Spuren von „Freiheit, Gleichheit, Brüderlichkeit" aus dem öffentlichen Leben zu tilgen.

Nicht nur der Affekt gegen die Französische Revolution spiegelt sich im romantische Bild von der Heimat, sondern auch gesellschaftliche Umbrüche gewaltigen Ausmaßes. War der Heimatbegriff jahrhundertelang eher auf Besitz- und Versorgungsansprüche bezogen, so entstand mit der Industrialisierung auch eine Mobilisierung der Bevölkerung, die Heimat, Natur und Landschaft zum Kompensationsraum werden ließ. Die Sehnsucht nach der Heimat, die aus der Beschleunigung und Mobilisierung der Lebensverhältnisse entstand, mündete im Verlauf der zweiten Hälfte des 19. Jahrhunderts in den generellen Vorwurf, die Verstädterung, Verbürgerlichung und Liberalisierung der Lebensverhältnisse seien schuld am Verlust der Heimatlichkeit der Welt.[98]

In dieser Phase entsteht ein konservativer Denkstil, wie Karl Mannheim es in seinem Standardwerk zum *Konservatismus* nennt, der grundsätzlich dem europäischen Rationalismus mit seiner Menschenrechtsidee die Geschichte, das Leben und das Volk entgegenstellt.[99] Gegen das rationale Konstrukt etwa einer Verfassung wird das organisch Gewachsene und Gewordene positioniert. Gegen naturrechtliche Gleichheit aller die individuelle Besonderheit des einzelnen, der Gruppe und des Volkes. Praxis, das Konkrete und die Geschichte lösen Abstraktion und Ratio ab. Gegenüber der Idee eines von einer gesetzgeberischen Institution formulierten Vernunftrechts, das unterschiedslos für alle gilt, entwickelt sich der Gedanke eines Rechts, das in organischem Zusammenhang mit dem Wesen und Charakter eines Volkes herangewachsen ist und sich im Einklang mit der Entwicklung des Volkes weiterbewegt. Mannheim zitiert den Rechtsgelehrten Friedrich Carl von Savigny (1779–1861), der in einer seinerzeit einflussreichen Streitschrift *Vom Beruf unserer Zeit* (1814) diese Rechtsauffassung aus dem Geiste des Volkes propagierte. Gewohnheitsrecht, Sitte und Volksglaube erhalten hier Vorrang vor den rationalen Konstrukten einer gesetzgeberischen Institution.[100]

Das Recht wird damit, so würde man heute sagen, an kulturelle Faktoren gebunden. Vom Recht her rollt sich aber die gesamte politische Ordnung neu auf. Die konservative Idee einer „Leitkultur", die für praktikabler gilt als ein Verfassungspatriotismus, hat hier eine ihrer Wurzeln.

---

98 Vgl. Piechocki (2010), S. 152ff.

99 Mannheim (1984), S. 133. Eine alternative Theorie des Konservatismus entwickelt Panajotis Kondylis (1986). Bei ihm ist der Konservatismus an den Adel als Trägerschicht gebunden. Das macht es schwierig, das Wiederaufleben konservativer Strömungen in der Gegenwart zu erklären.

100 Ebenda S. 189f.

Hören wir Savigny selbst:

Aber dieser organische Zusammenhang des Rechts mit dem Wesen und Charakter des Volkes bewährt sich auch im Fortgang der Zeiten, und auch hierin ist es der Sprache zu vergleichen. So wie für diese, giebt es auch für das Recht keinen Augenblick eines absoluten Stillstandes, es ist derselben Bewegung und Entwicklung unterworfen, wie jede andere Richtung des Volkes, und auch diese Entwicklung steht unter demselben Gesetz innerer Nothwendigkeit, wie jene früheste Erscheinung. Das Recht wächst also mit dem Volke fort, bildet sich aus mit diesem, und stirbt endlich ab, so wie das Volk seine Eigenthümlichkeit verliert.[101]

Diese Konzeption ließ sich mit dem Aufkommen völkischen Gedankenguts Ende des 19. Jahrhunderts gut auf Kunst und Kultur übertragen, wie wir es bei Henry Thode gesehen haben.

Ein weiterer Gewährsmann Karl Mannheims in seiner Genealogie des konservativen Denkstils ist der Publizist und Staatstheoretiker Adam Müller (1779–1829). Adam Müller entwickelt in seinem Hauptwerk *Die Elemente der Staatskunst* (1809) den interessanten und für die Heimatbewegung höchst folgenreichen Gedanken eines großen Krieges des Menschen gegen die Erde. Mittel des Kampfes sind die Ökonomie und die Entwicklung der bürgerlichen Gesellschaft.[102]

Mit diesem Planeten ist das menschliche Geschlecht in Kampf: es sucht ihm abzugewinnen, was

---

101 Savigny (1814), S. 11.
102 Diesen Hinweis verdanke ich Monika Fick, Neuere Deutsche Literaturgeschichte RWTH Aachen.

es nur vermag; es sucht ihn zu zähmen, und alle seine Erzeugnisse, alle seine Kräfte in das Interesse der
bürgerlichen Gesellschaft hinein zu ziehen.
In diesem Streit entwickelt sich die Kraft der Gesellschaft; sie verbreitet und concentrirt sich. Mit einem
Briefe, einem Wechsel, einer Stange Silber reicht der
Kaufmann in London seinem Correspondenten in
Madras seine Hand über die Oceane hin, und hilft
ihm den großen Krieg mit der Erde führen, hilft ihm
sie bethören, sie bezwingen, ihr Nahrung und neue
Mittel zu einer stets innigern Allianz gegen den gemeinschaftlichen Feind rauben.[103]

Dass im Zuge dieses großen Krieges des Menschen gegen die
Erde irreparable Kriegsschäden eintreten, gravierende Zerstö-
rungen der Natur, hat Adam Müller nicht ausgeführt, zumal seine Auffassung vom Krieg im Kontext des Gesamtwerks eine eher
positive ist. Aber die Metaphorik des Krieges der bürgerlichen
Gesellschaft gegen die Natur präludiert einer sehr viel grundsätz-
licheren Modernekritik, die sich später im Namen der Heimat ar-
tikulieren wird. Der „Krieg gegen die Erde" begründet eine wichtige Traditionslinie der konservativen Modernekritik, die sich mit
der Heimatschutzbewegung verbindet und um die Jahrhundertwende des 19. Jahrhunderts mit der völkischen Bewegung.

Die Zusammenhänge zwischen einer romantischen Idee, ihrer gegenaufklärerischen Intention und der Geschichte der Heimatbewegung werden deutlich in einem Aufsatz von Rolf Peter
Sieferle, den dieser unter dem aufschlussreichen Titel *Heimatschutz und das Ende der romantischen Utopie* 1985 in der Zeitschrift Arch+ veröffentlichte. Sieferle (1949–2016) ist ein inter-
essanter Grenzgänger zwischen konservativer Melancholie und
neurechter Radikalisierung. Er hatte sich zunächst als Historiker

---

103   Müller (1809), S. 76f.

und Umwelthistoriker einen Namen gemacht. Nach seinem Tod durch Suizid im Jahr 2016 erschienen im neurechten Antaios Verlag des Götz Kubitschek verschiedene Texte aus dem Nachlass unter dem Titel *Finis Germania*, die heftige Diskussionen auslösten.

Sieferle verleiht der „Heimat" in seinem Aufsatz die Aura einer konservativen Utopie oder eines „Wunschorts", der die organische Symbiose von Volk, Natur und Individuum beschwor. Seine Darstellung gewinnt eine besondere Intensität aus dem Umstand, dass Sieferle die Kritik der Moderne aus dem Blickwinkel des Wunschortes Heimat im Wesentlichen teilt, so dass historische Interpretation und eigene Stellungnahme sich immer wieder überschneiden.

> ‚Heimat' war ursprünglich ein romantischer, d.h. ein gegenrevolutionärer Entwurf. Gegen das aufklärerische Programm der Verwirklichung einer universellen, allgemeingültigen Vernunft setzte die Romantik einen organischen Gegenentwurf, der von der Unwiederholbarkeit des Individuellen her argumentierte. Jede konkrete Kultur trägt ihren eigenen Wert in sich, d.h. sie darf nicht nur als Abweichung von einer universellen Norm verstanden werden. Natur, Staat und Gesellschaft bilden einen gewachsenen Körper, der nicht in seine Bestandteile zerlegt werden kann, ohne daß das Leben aus ihm entwiche (sic!). Das Ganze ist mehr als die Summe seiner Teile; Gewachsenes, Gewordenes, Historisches steht höher als Gemachtes, Konstruiertes, also Mechanisches. Im Heimatbegriff drängt sich diese Konzeption bildhaft zusammen; Heimat ist der Wuschort (sic!), der für die Wirklichkeit des romantischen Programms steht.[104]

---

104 Sieferle (1985).

Eine Landschaft ist in diesem Sinne ein eigentümlicher Lebensraum eines Volkes, das sich diese Kulturlandschaft als Ausdruck seiner Wesensart geschaffen hat und mit der Landschaft harmonisiert. Die nationale Seele des Volkes ist in dieser Landschaft beheimatet. Die gewachsene Verbindung zwischen Volk, Natur und Landschaft, die sich im Begriff „Heimat" ausdrückt, korrespondiert mit einer traditionellen Gesellschaftsordnung, in der jeder seinen Platz hat.

Das Gefühl einer Bedrohung dieses romantischen Bildes von Schönheit und Harmonie, das eine allseitige Versöhnung verspricht, werde im Verlaufe der Rationalisierung- und Modernisierungsprozesse des 19. Jahrhunderts immer häufiger artikuliert, und zwar in dem Maße, so Sieferle, wie die Physiognomie der Landschaft sich änderte. Aus dem Blickwinkel der Heimat heraus verzerren sich die Erscheinungsformen der Industrialisierung, Ökonomisierung und Verstädterung in der Landschaft zum entsetzlichen Zerstörungswerk.

Als Exponenten dieser Klage um die heimatliche Landschaft nennt Sieferle den Pionier der Heimat- und Naturschutzbewegung Ernst Rudorff (1840–1916), der als Musiker ästhetisch auf Harmonie gestimmt war. Es ist bezeichnend, wo Sieferle die ästhetisierende Zivilisationskritik zunächst soziologisch verortet, nämlich in einem Bildungsbürgertum, dem durch die Industrialisierung die vertrauten Fluchträume genommen wurden. Sieferles Analyse weitet sich im Fortgang zur Betrachtung einer grundsätzlichen politischen Konstellation, die sich ihm als Komplementarität linker und rechter Kapitalismuskritik um die Jahrhundertwende darbietet. Er spricht von einer spiegelbildlich verkehrten Utopie, die einmal auf die Zukunft gerichtet, das andere Mal in die Vergangenheit projiziert werde. Als Gegner dieser historischen „Querfront" benennt er mehrfach den Kapitalismus, in dem Marxismus/Sozialismus wie auch die konservative Zivilisationskritik ihren gemeinsamen Gegner gefunden hätten.[105] Wäh-

---

105   Ebenda, S. 40.

rend Umwelt- und Landschaftszerstörung „links" kein Thema gewesen sei, habe sich die Rechte schon früh in dieser Hinsicht sensibilisiert.

Als Vertreter der rechten Variante dieser Konstellation führt er die Rede des Lebensphilosophen Ludwig Klages (1872–1956) an, die dieser 1913 auf dem Hohen Meißner an die Teilnehmer des *Ersten Freideutschen Jugendtags* gerichtet hatte. Hier trafen sich Wandervögel, Lebensreformer und Studentenvertreter, die sich aber nicht einem politisch rechten Spektrum zuordnen lassen. Sieferle zitiert Klages' Rede ausführlich, die in der Tat vehement ist, aber seine Querfrontthese nicht direkt belegt.

Ein direktes Bindeglied zwischen der Heimatbewegung und dem Nationalsozialismus bildet dagegen der Architekt und Publizist Paul Schultze-Naumburg, der 1904 mit Ernst Rudorff den Bund Heimatschutz gründete und bis 1913 dessen erster Vorsitzender war. Sieferle erklärt sehr schön die innere Logik dieser Verbindung: Wenn die Harmonie von Volk, Natur und Heimat immer mehr der düsteren Zerstörungsgewalt der Moderne anheimfalle, so müsse das wohl Gründe im Volk selbst haben. Und so wird die Umweltverschlechterung von Schultze-Naumburg einer zunehmenden Verschlechterung der deutschen Rasse in Rechnung gestellt. Die Fortschritte in Medizin, Hygiene und Armenfürsorge hätten, so die Argumentation, die natürliche Auslese außer Kraft gesetzt und so rassisch minderwertigen Menschen zu Leben und Einfluss verholfen.[106] Das ist in der Tat eine beträchtliche historische Hypothek, die sich wie ein Schatten auf dem Heimatgedanken niederlässt. Sieferle vergisst nicht zu erwähnen, dass die Hoffnungen, die die Heimatschützer auf den Nationalsozialismus richteten, nicht erfüllt wurden, wie er überhaupt der gesamten Bewegung eine nur sehr geringe Wirkung attestiert. Er lässt seine Ausführungen in ein äußerst pessimistisches Fazit münden:

106 Ebenda, S. 41.

Heute ist die Landschaft verschwunden, sind nur noch museale Reste von ihr überliefert. Sie existiert nicht mehr als ästhetische Totalität, als das unbefragte Naturschöne, als selbstverständliches Anschauungsstück einer gewachsenen Kultur, dessen naive Harmonie gestattet, sich spontan in sie zu versenken. Sie wurde industriell mobilisiert, ist in rasanter Veränderung begriffen; sie gibt nicht mehr das unwandelbare Maß, an dem der Wandel abgelesen wer-

Das Bernauer Tal heute von Bernau-Oberlehen aus, dem Geburtsort Hans Thomas. Tatsächlich hat das „Heimattal" sich kaum verändert.

den kann. [...] An dieser Musealisierung der ‚Heimat' wird am deutlichsten sichtbar, daß sie an ihrem Ende angelangt, daß sie ‚modern' geworden ist.[107]

Der Begriff der Heimat zeigt bis heute eine Färbung, die sich aus dieser Entwicklung speist und den konservativen bis völkischen Charakter mit sich trägt. Diese Heimat ist eine „Retrotopie", wie Zygmunt Baumann die Phänomene einer globalen Epidemie nostalgischer Rückwendungen benennt, die seit Ende des 20. Jahrhunderts um sich greift.[108]

Wir finden hier auch eine Unterströmung, für die der Theologe und Philosoph Paul Tillich (1886–1965) 1933 in seiner Schrift *Die sozialistische Entscheidung* den Begriff der „politischen Romantik" geprägt hat. Gemeint ist eine Bindung an Ursprungsmythen, alte Mächte, an übermenschliche, naturhafte Gestalten aller Art. Wo der Ursprungsmythos herrscht, „heiligt er den bestimmten Raum, diesen Boden, dieses Geschlecht, diese soziale Gruppe, dieses Volk."[109] Die politische Romantik wendet sich gegen den Rationalismus der Aufklärung ebenso wie gegen den politischen Liberalismus und kann sowohl konservative wie auch retrotopisch-revolutionäre Züge annehmen.

Noch heute zieht sich ein mehr oder weniger verdeckter Riss durch die Ökologie- und Naturschutzbewegung. Während sich mit ökologischem Systemdenken technische Innovativität und eine Methodik auf beträchtlichem Abstraktionsniveau verbinden lassen, ist Naturschutz nicht selten an den Ewigkeitsbildern der Heimatlichkeit orientiert und technikskeptisch gesinnt. Naturschützer neigen eher einem konservativen Weltbild zu, während die Ökologiebewegung in Koalition mit neuen und weithin sichtbaren technischen Entwicklungen tritt, um die Ziele der

---

107 Ebenda, S. 42.
108 Baumann (2017).
109 Tillich (1933/1980), S. 27. Den Hinweis auf Paul Tillich verdanke ich Rüdiger Safranski.

Energiewende und der Pariser Beschlüsse von 2015 umzusetzen. Der Begriff „Heimat" ist aus dem Naturschutzrecht der Zeit nach dem Zweiten Weltkrieg verschwunden.[110] Sprache und Begrifflichkeit der Umwelt- und Ökologiebewegung orientieren sich an Naturwissenschaft und Management, sind um Sachlichkeit und wissenschaftliche Fundierung bemüht. Demgegenüber sind viele Naturschützer*innen eher emotional engagiert und pflegen ein konservatives Werteverständnis. Ihre Vorstellungen von Landschaft orientieren sich durchaus auch an verinnerlichten Bildern aus der Malerei des 19. Jahrhunderts, die in vereinfachter Form einen Fundus nostalgischer Verklärung bilden.

Der Widerstand gegen Globalisierung und Moderne speist sich auch aus der Sehnsucht nach einer verlorenen Heimatlichkeit in der Weltbeziehung. Heimat ist nicht das Goldene Zeitalter einer ursprünglichen Gleichheit und Freiheit, sondern eher das Gegenbild einer individuell bestimmten und gebundenen Lebensform, in der alles seinen Platz hat. Die Heimat bleibt sich selbst gleich, bietet den Wurzelgrund des individuellen Lebens und bewegt sich höchstens im Tempo organischen Wachstums.

Heimat ist nicht Objekt technischer Entwicklung und ihrer Geschwindigkeit, Fremde müssen in ihr erst „heimisch" werden. Die größte Herausforderung, der sich dieses traditionelle Heimatverständnis heute gegenübersieht, ist denn auch die seit 2015 äußerst kontrovers diskutierte Migration.

Neue Heimaten. Migration

Als der deutsche CSU-Politiker Horst Seehofer nach dem erneuten Amtsantritt der großen Koalition im Jahre 2018 das Innen-

---

110 Piechocki (2010), S. 152ff.

ministerium übernahm, überraschte er die Öffentlichkeit mit der Erweiterung seines Aufgabengebiets um die „Heimat". Das neue „Heimatministerium" beflügelte die Diskussion um den Heimatbegriff ungemein. Nachdem zunächst unklar blieb, welche Tätigkeiten genau dem Wohl der Heimat zugutekommen sollten, zeigt ein Blick auf die Homepage des Ministerium im Dezember 2018 das Wort in unerwarteter Verbindung: „Heimat & Integration" ist da zu lesen.[111] Wenn auch unklar bleibt, was Integration in eine „Heimat" gegenüber der Integration etwa in eine „Gesellschaft" bedeutet, so ist doch die Anwesenheit Zugezogener in diesem Heimatbegriff mitgedacht.

An der Scheidelinie eines offenen gegenüber einem abgeschlossenen Heimatbegriff sortieren sich die politischen Einstellungen. Der Kampf um die Deutungshoheit über den Heimatbegriff durchzieht alle Parteien und spiegelt sich in der europäischen Auseinandersetzung um die Asylfrage.

Obwohl der 2018 vorgelegte UNO-Migrationspakt zwischen freiwilliger und unfreiwilliger Migration (Geflüchtete mit besonderem Schutzstatus) unterscheidet und die nationale Souveränität der Staaten, Migration zu definieren, nicht antastet, wurde er von den konservativen bis populistischen und nationalistischen Kräften in Europa und der Welt tendenziell abgelehnt. Das Problem des konservativen Bewusstseins mit dem Dokument liegt vermutlich in einem den ganzen Text durchziehenden Grundton grundsätzlicher menschenrechtlicher Gleichstellung aller: „Durch die Umsetzung des Globalen Paktes sorgen wir dafür, dass die Menschenrechte aller Migranten, ungeachtet ihres Migrationsstatus, während des gesamten Migrationszyklus wirksam geachtet, geschützt und gewährleistet werden."[112]

---

111 Vgl. Bundesministerium des Innern, für Bau und Heimat, Thema „Heimat & Integration".

112 UNO (2018), „Globaler Pakt für eine sichere, geordnete und reguläre Migration", Artikel 15 f), S. 5 sowie vgl. den Passus zur nationalen Souveränität unter Artikel 15 c), S. 4.

Abgesehen von allgemeinem Unbehagen, Verschwörungstheorien und schlimmeren Irrationalismen stehen dahinter auch unterschiedliche Auffassungen von Menschenrechten. Der Traum von den gleichen Rechten aller wird nicht von allen geteilt. Das nationale Heimatverständnis neigt eher dazu, Rechte an Gruppen zu binden, wie Nation oder Volk, und überantwortet von daher dem Staat die Aufgabe, Grundrechte zuzugestehen oder eben zu verweigern. Migration ist in dieser Sichtweise illegal, solange dieser Staatsakt nicht erfolgt ist.

Aleida Assmann weist darauf hin, dass die Menschenrechte trotz ihrer lange Geschichte als Idee erst nach 1945 in der Realisierung angekommen sind. Nachdem 1948 die Vereinten Nationen die *Allgemeine Erklärung der Menschenrechte* verkündet hatten, waren es vor allem die Bürgerrechtsbewegungen der 1980er und 1990er Jahre, die die Menschenrechte von den Nationen ablösten und auf eine transnationale Ebene hoben. Im Verein etwa mit Hannah Arendt und Giorgio Agamben fordert Assmann ein Recht eines jeden Menschen auf Teilhabe an einem politischen Kontext, der eben nicht an der jeweiligen Landesgrenze erlischt. Diese Rechte werden bisher aber nicht durch sanktionsfähige Institutionen gesichert, wie in den Nationalstaaten, sondern durch internationale Vereinbarungen von unterschiedlicher Verbindlichkeit. Vor diesem Hintergrund hebt Assmann die besondere Leistung der Europäischen Union hervor, im transnationalen Verbund Verantwortung für die Menschenrechte zu übernehmen.[113]

Bernhard Schlink, als Jurist und Schriftsteller besonders prädestiniert zum Brückenschlag zwischen beidem, verbindet dieses Menschrechtsverständnis ausdrücklich mit dem Begriff „Heimat", und zwar einer *Heimat*, verstanden *als Utopie* (2000). Das Gegenteil von Heimat, so Schlink, ist das Exil, das nicht nur in der Fremde, sondern auch innerhalb der eigenen Gesellschaft

---

113   Vgl. Assmann (2018), S. 56ff.

als existenzielle Entfremdungserfahrung gegenwärtig sein kann. Mit der Rückkehr des Nationalen in den intellektuellen Diskurs werden auch die Konflikte um Heimat, deren Ort und ethnische Zugehörigkeiten reaktiviert. Gleichwohl erkennt Schlink ein elementares Recht auf Heimat an, das aber nicht an einen bestimmten Ort bzw. den Ort der Herkunft zu binden sei. Darin liege das utopische Potenzial der Heimat, denn die Heimat der Vergangenheit sei unwiederbringlich. In der globalen Welt werde sich kein Lebensort mehr von selbst verstehen.

> Das Recht auf Heimat als elementares Menschrecht ist das Recht darauf, an einem Ort rechtlich anerkannt und rechtlich geschützt zu leben und nicht nur zu leben, sondern zu wohnen, zu arbeiten, Familie und Freunde, Erinnerungen und Sehnsüchte zu haben und vielleicht den ‚Geruch von trockenem Straßenstaub … nach einem Sommergewitter‘ zu riechen und zu genießen.[114]

Darin sieht Schlink sowohl die elementare rechtliche Bedeutung wie auch die utopische Qualität von Heimat aufgehoben.

Schlink kann sich dazu auf Hannah Arendt (1906–1975) berufen, die sich in Ihrem großen Werk über *Elemente und Ursprünge totalitärer Herrschaft* (1951/55) auch der Frage nach der Heimat und ihrer Verbindung mit den Menschenrechten widmet. In der Zeit zwischen den Weltkriegen gab es in Europa Millionen von Staatenlosen, die in den Auseinandersetzungen um Nationalstaaten und Minderheiten aus ihren Heimaten fliehen mussten oder ausgebürgert wurden. Diese modernen Flüchtlinge, so Arendt, waren vollkommen unschuldig und zugleich vollkommen rechtlos, da nur Nationalstaaten willens und in der Lage waren, Rechte überhaupt und damit auch Menschrechte zu

---

114 Schlink (2000), S. 47.

garantieren. Die Staatenlosen in ihrem Zustand vollkommener Rechtlosigkeit gaben damit ein Muster ab, das die Nationalsozialisten dann Schritt für Schritt mit den Juden bis hin zur Vernichtung umsetzten. Arendt entwickelt daraus die Schlussfolgerung, dass es bei den Menschrechten grundsätzlich um das Recht geht, Rechte zu haben.[115] Dieses Recht, Rechte zu haben meint auch Schlink mit seiner Definition von Heimat.

Heimat als Utopie?

Bei Bernhard Schlink war es schon angeklungen. Heimat, als Utopie verstanden, löst den Begriff vom konkreten Ort und beschreibt zugleich einen Zustand, den es in der Zukunft zu erreichen gilt. Noch einmal soll Ernst Bloch zu Wort kommen, der sein Werk *Das Prinzip Hoffnung* mit diesem utopischen Verständnis der Heimat als eines neuen Gesellschaftszustands schließt:

> Der Mensch lebt noch überall in der Vorgeschichte, ja alles und jedes steht noch vor Erschaffung der Welt, als einer rechten. Die wirkliche Genesis ist nicht am Anfang, sondern am Ende, und sie beginnt erst anzufangen, wenn Gesellschaft und Dasein radikal werden, das heißt sich an der Wurzel fassen. Die Wurzel der Geschichte aber ist der arbeitende, schaffende, die Gegebenheiten umbildende und überholende Mensch. Hat er sich erfaßt und das Seine ohne Entäußerung und Entfremdung in realer Demokratie begründet, so entsteht in der Welt etwas, das allen in die Kindheit scheint und worin noch niemand war: Heimat.[116]

---

115 Arendt (1986/2017), S. 60 ff.
116 Bloch (1985/2016), S. 1628.

Heimat als neuer Leitbegriff soll Vielfalt umfassen, die Überwindung des Nationalismus inbegriffen. Diese Heimat kann überall sein. Die Konturen eines neuen, offenen Heimatverständnisses bilden sich in einer Diskussion heraus, die in den Medien intensiv geführt wird. Dabei geht es einerseits darum, den reaktionären Kräften in der politischen Landschaft den Heimatbegriff nicht zu überlassen, andererseits die Gefühlswerte des Begriffs zu bewahren und für den öffentlichen Diskurs fruchtbar zu machen.

Eine weitere Dimension gewinnt der Begriff, wenn er, wie bei Ernst Bloch, mit einer politischen Zielvorstellung verknüpft wird. So beantwortet der Spitzenpolitiker der Grünen Robert Habeck in einem Interview die Frage, warum er den Begriff „Heimat" überhaupt noch nutze, mit einem expliziten Verweis aus dessen utopisches Potenzial:

> Weil er ein utopisches Potential hat. Utopie heißt ja Nicht-Ort, und Heimat ist eine Utopie. Einige würden sagen, das ist ein Widerspruch. Aber gerade darin liegt auch der Reiz. Ich kämpfe für diesen Begriff, weil der Politik das Utopische fehlt. Es gibt ein Heimweh nach einer Politik, die mehr ist als das Durchwursteln durch das Tagesgeschäft.[117]

Offensichtlich gibt es ein Bedürfnis nach „Heimat", das so stark ist, dass – anders als etwa bei den Begriffen „Volk" oder „Vaterland" – eine Rettung für die postmoderne, globalisierte Menschheit angebracht scheint.

Eine lucide Analyse der Gründe hierfür bietet der Soziologe Hartmut Rosa. Die Weltbeziehungsverhältnisse in der Moderne, so die Diagnose, sind von Grund auf gestört. Die große Beschleunigung aller Prozesse und die Mobilitätsanforderungen an die Menschen lassen die Welt verstummen. Heimat in ei-

---

117   Schaible (2018).

ner von ständigen Entfremdungserfahrungen gekennzeichneten Moderne kann schon etwa das Wiedererkennen von Situationen sein, eine vertraute Art des In-der-Weltseins. Auch der mobile Mensch kann mit der Idee eines bedeutungsvollen Herkunfts- und eines relevanten Zielortes Anker in den Fluss der Zeit werfen. In seiner großen Studie aus dem Jahr 2016 fasst Rosa dieses Weltverhältnis in den Begriff *Resonanz*. Resonanz bezeichnet die Aufhebung der Entfremdung in einer gelungenen Beziehung zur Welt. Rosa hofft hier einen Schlüssel gefunden zu haben, der dem gesellschaftlichen Umbau eine Richtungsidee geben kann. Daraus erhellt sich auch im Rückblick das utopische Potenzial des Begriffs „Heimat". Er verbindet dieses Konzept mit den Vorstellungen vom „guten Leben", die eher die individuelle Lebensgestaltung betreffen, hat aber auch die gesellschaftliche Gesamtsituation im Auge. [118]

Wenn auch die politische Zukunftskonzeption hier weiterhin inhaltlich eher unklar bleibt, so ist jetzt doch zumindest vorstellbar, wie das Ende der Entfremdung sich anfühlen wird: nämlich wie Heimat.

118   Vgl. Rosa (2007) sowie ders. (2016).

WALD UND WALDGÄNGER

Carl Gustav Carus, Verschneiter Wald mit Steinkreuz, 1823, 29 x 21,6 cm,
Öl auf Leinwand, Frankfurter Goethe-Museum.

Der romantische Wald

Dieser Wald erinnert uns an andere Bilder, die wir kennen. Waldeinsamkeit, Melancholie und Schönheit, unheimliches Dunkel und hoffnungsgebendes Himmelslicht sind Assoziationen, die sich mit diesem Bild verbinden können. Ein romantischer Wald in einem Sinn, der über die Epochendefinition der Kunstgeschichte hinausgreift. Romantik ist hier als Gefühlswert erfahrbar, der Wald wird zum Resonanzraum der Seele.

Der Dresdner Carl Gustav Carus (1789–1869) war ein Freund und Bewunderer Caspar David Friedrichs und darüber hinaus auch ein Mann von profunder Bildung. Maler, Naturwissenschaftler und Arzt, verfasste er auch medizinische Schriften, forschte und philosophierte. Er war mit Goethe bekannt und stand mit ihm in regem Austausch. In seiner Schrift *Neun Briefe über Landschaftsmalerei* (1831) fasste er die Theorie der romantischen Malerei in ihrer seelen- und weltverwandelnden Kraft zusammen.[119] Carus ist in seinen naturwissenschaftlichen wie kunsttheoretischen Schriften einem alles durchwaltenden Lebensprinzip auf der Spur, das Mensch und Natur durchdringt. Er kontert seine Schrift zur Landschaftsmalerei durch *Zwölf Briefe über das Erdenleben* (1841), in denen er sich mehr der Natur als unserem Bild von ihr zuwendet. In seiner Schrift *Psyche* (1846) entwickelt er eine frühe Theorie des „Unbewußtseins". Auch dieses Unbewusste bindet er ein in den großen Kreislauf des göttlichen Weltkörpers. Eine das Weltganze umfassende Idee wird so aus unterschiedlichen Perspektiven beleuchtet und immer wieder wird diese Ganzheitlichkeit, in der es keine scharfen Trennungen und Brüche gibt, mit einer Metaphorik des Organismus beschrieben. Dieses Organismusmodell, in dem alles seinen

---

119 Vgl. Kuhlmann-Hodick, Spitzer, Staatliche Kunstsammlungen Dresden (2009, Hrsg.).

Platz und einen Sinn hat, ist der Grund der innigen Beziehung zwischen Mensch und Natur.

Das Gemälde mit verschneitem Wald und Steinkreuz bezieht sich auf ein Gemälde Caspar David Friedrichs aus dem

Caspar David Friedrich,
Der Chasseur im Walde (1814),
Öl auf Leinwand, 65,7 × 46,7 cm,
Privatbesitz.

Caspar David Friedrich,
Frühschnee, um 1827,
Öl auf Leinwand, 43, 8 x 34,5 cm,
Kunsthalle Hamburg (Foto Hdc.).

Jahr 1814: *Der Chasseur im Walde* zeigt ebenfalls eine verschneiten, dichten Wald mit einer Lichtung im Vordergrund, aber bei Friedrich steht hier ein Soldat ratlos vor dem weglosen Dickicht, auf einem Baumstumpf rechts davor hockt unheilkündend ein Rabe. Die Uniform markiert den Soldaten als einen Angehörigen der französischen Armee. Die Anspielung bezieht sich auf den Untergang der Truppen Napoleons in der Leipziger Völkerschlacht 1813. Vor diesem Hintergrund wird der Wald als eine nationale Landschaft der Deutschen lesbar, die dem Franzosen undurchdringlich entgegensteht.

Bei Carus ist der Chasseur quasi ersetzt durch das Steinkreuz, der Baumstumpf links durch ein dürres, kahles Bäumchen, das abgestorben wirkt. Das Kreuz, das ein Grabkreuz sein kann, wendet das Bildes in eine melancholisch-metaphysische Stimmung, zitiert aber seinerseits ebenfalls Caspar David Friedrich, der mit dem Motiv des *Kreuzes im Gebirge* (1807/1808 und 1812) die romantische Öffnung der Natur ins Transzendente ins Bild gesetzt hatte. Das Gemälde von Carl Gustav Carus hebt durch seine Zitiertechnik alle diese Bedeutungsebenen in sich auf und potenziert dadurch deren Wirkung. Caspar David Friedrich wiederum hat den Tannenwald um 1827 erneut gemalt. Das Bild *Frühschnee* in der Hamburger Kunsthalle könnte man wie eine transparente Folie über die anderen legen. Das Bild zeigt im Unterschied zu den anderen Varianten aber nun einen breiten, hellen Weg, der auf den Wald zuführt. Damit ist wieder eine Interpretationsebene eröffnet. Umgekehrt macht dieser Weg das Fehlen jeden Zugangs bei Carus (und auch beim *Chasseur*) bewusst. Diese räumliche Geschlossenheit der Situation im Wald veranlasst den Interpreten Bernhard Maaz im Katalog der großen Dresdner und Berliner Carus-Ausstellung, das Bild mit den Innenräumen der Seele und romantischer Innerlichkeit in Verbindung zu bringen. Auch hierin könne man ein politisches Bekenntnis ex negativo sehen. Die sakrale Formation des Tannenwalds im *Frühschnee* Friedrichs zitiert Carus wiederum in seinem Bild *Friedhof auf dem Oybyn* (1828), wo im Vordergrund Grabkreuze sowie links eine gotische Kirchenruine die religiöse Überhöhung des Motivs herbeiführen. [120]

Das Waldbild von Carl Gustav Carus eröffnet so eine Vielfalt von Bedeutungsebenen, deren Spannweite vom Patriotischen bis zum Erhabenen den Wald zu etwas Besonderem macht.

120 Ebenda, S. 145f., 138.

Eine der großartigsten Waldschilderungen, die die Atmosphäre einer erhabenen Schicksalslandschaft in Worte fasst, findet sich in Adalbert Stifters 1842/44 erschienener Erzählung *Der Hochwald*. Der Erzähler beginnt mit der Schilderung einer Waldlandschaft, in der sich das tragische Schicksal der Menschen verdichtet. Durch diese Rahmenerzählung führt Stifter einen Betrachter der Landschaft ein, durch dessen Auge das Bild geformt wird. Die Metapher des Spiegels und des Auges im Text drückt die seelische Beziehung zwischen dem melancholischen Betrachter und der Landschaft aus. Es ist ein unheimliches Naturauge, in dem sich eine dunkle Stimmung spiegelt.

> Dichte Waldbestände der eintönigen Fichte und Föhre führen stundenlang vorerst aus dem Moldauthale empor, dann folgt, dem Seebache sacht entgegensteigend, offenes Land; – aber es ist eine wilde Lagerung zerrissener Gründe, aus nichts bestehend als tiefschwarzer Erde, dem dunklen Totenbette tausendjähriger Vegetation, worauf viele einzelne Granitkugeln liegen, wie bleiche Schädel von ihrer Unterlage sich abhebend, da sie vom Regen bloßgelegt, gewaschen und rund gerieben sind. – Ferner liegt noch da und dort das weiße Gerippe eines gestürzten Baumes und angeschwemmte Klötze. […]
> Ein Gefühl der tiefsten Einsamkeit überkam mich jedesmal unbesieglich, so oft und gern ich zu dem märchenhaften See hinaufstieg. Ein gespanntes Tuch ohne eine einzige Falte liegt er weich zwischen dem harten Geklippe, gesäumt von einem dichten Fichtenbande, dunkel und ernst, daraus manch einzelner Urstamm den ästelosen Schaft emporstreckt wie eine einzelne altertümliche Säule. […] Da in diesem Becken buchstäblich nie ein Wind weht, so ruht das Wasser unbeweglich, und der Wald und die grauen Felsen und der Himmel

schauen aus seiner Tiefe heraus, wie aus einem un-
geheuern schwarzen Glasspiegel. Über ihm steht
ein Fleckchen der tiefen, eintönigen Himmels-
bläue. Man kann hier tagelang weilen und sinnen
und kein Laut stört die durch das Gemüt sinken-
den Gedanken als etwa der Fall einer Tannenfrucht
oder der kurze Schrei eines Geiers.
Oft entstieg mir ein und derselbe Gedanke, wenn
ich an diesen Gestaden saß: als sei es ein unheimlich Naturauge, das mich hier ansehe – tief schwarz
– überragt von der Stirne und Braue der Felsen, ge-
säumt von der Wimper dunkler Tannen – drin das
Wasser regungslos, wie eine versteinerte Träne.[121]

Diese Waldlandschaft hatte eine reale Entsprechung im Böh-
merwald am Plöckensteinsee, wo noch heute an die Erzählung Stifters erinnert wird. Seine Darstellung entspricht in ihrer düsteren Intensität der Tradition der erhabenen Landschaft,
die seit dem 18. Jahrhundert der schönen Landschaft gegenüber
tritt. Die erhabene Landschaft ist wild, unzugänglich und unheimlich. Menschenferne Gebirge, wilde Meere und unwegsa-
me Wälder liefern ihre Sujets. Die Betrachtung des Erhabenen
macht dem Betrachter seine Nichtigkeit bewusst und hebt ihn
doch, indem er dem Schauder standhält, über sich selbst hinaus.
Im Kontext des Erhabenen hat der *Traum von der Wildnis* seine
großartigsten Gestaltungen erfahren. Der einsame See im Wald
ist darüber hinaus mit Henry David Thoreaus *Walden* (1854)
zum Topos der Natur schlechthin und zur Inkunabel des „Nature Writing" geworden.[122]

Wie lebendig die Beziehung der Menschen zum Wald noch
heute fortdauert, ist nicht nur daraus ersichtlich, dass Waldbü-

121 Stifter (1958), S. 200f.
122 Vgl. Schama (1996), Woźniakowski (1987) sowie Ireton (2010).

cher zu Bestsellern avancieren. Die Zeitschrift *Psychologie heute* berichtet 2018 in ihrem Themenheft zur Natur über die *Heilsame Wirkung des Waldes* und stellt die Frage: *Was wären wir ohne Bäume?* Damit korrespondiert ein Trend, der unter dem Stichwort „Waldbaden" durch die Medien zieht. Dabei geht es um eine ursprünglich aus Japan stammende Heilmethode namens *Shinrinyoku,* die in Japan mittlerweile als medizinische Spezialisierung gelehrt wird. Auch in Deutschland haben Methodik und Glaube an die Heilkraft des Waldbadens Einzug gehalten.[123]

Während hier der Wald in moderne Bezugsysteme eingebracht wird, die seine mythisch-erhabene Vergangenheit kaum noch erahnen lassen, ist die Geschichte der nationalen Bedeutungsaufladung des Waldes und der Landschaft möglicherweise noch nicht zu Ende erzählt.

Ein Blick zurück auf Carl Gustav Carus als Theoretiker zeigt, wie sich in dieser Übergangsfigur ein historischer Wandel zur „politischen Romantik" vollzieht, der weiträumige Folgen hatte. Das seine Forschungsarbeiten wie ein Hintergrundbild begleitende Organismusmodell, die Vorstellung, dass alles mit allem in einer großen lebendigen Einheit verbunden sei, veranlasst ihn zu einer unguten Parallelisierung zwischen natürlichen und gesellschaftlichen Vorgängen. In seiner Schrift *Über Geistes-Epidemien der Menschheit* (1852) vergleicht er die bürgerliche Revolution von 1848 mit von ihm als solchen diagnostizierten Geistesepidemien verschiedener Epochen, wie Veitstänzen, Geißlerzügen oder Hexenwahn. Mit diesen Zeugnissen kollektiven Wahns glaubt er einen Deutungshintergrund für die revolutionären Ereignisse von 1848 gefunden zu haben.[124] Die

123 Zu den Waldbüchern vgl. etwa die Homepage des Autors Peter Wohlleben unter: https://www.peter-wohlleben.de/buecher-c87220; Heilung durch Wald: Psychologie heute compact (2018), S. 52ff. und S. 76ff.; Kemper (2018).

124 Kuhlmann-Hodick, Spitzer, Staatliche Kunstsammlungen Dresden (2009, Hrsg.), S. 249.

Wende zum politisch Konservativen paart sich mit einer frühen Rassentheorie in der Schrift *Über die ungleiche Befähigung der verschiedenen Menschenstämme für höhere geistige Entwicklung* (1849): Hier entwickelt er eine Einteilung der Menschen in vier Stämme oder Rassen, für die er wieder in der Natur eine Analogie findet: Nachtvölker, Tagvölker sowie östliche und westliche Dämmerungsvölker. Es wird kaum verwundern, dass er die höchste Befähigung zu geistiger Entwicklung bei den Tagvölkern, nämlich den Kaukasiern und Europäern ansetzt, während die Afrikaner als Nachtvolk sowohl eine geringe geistige Befähigung als auch Neigung zu Sklaverei und niedrige Individualität aufweisen.

In verschiedenen anderen Schriften hat Carus diese Abstufungen bis in die Form der Schädel, der Hände und der äußeren Gestalt zu verfolgen versucht. Auch Anklänge an die führende Rolle einer nordischen Rasse bzw. der Germanen lassen sich finden. Im Nationalsozialismus wurde Carus Schrift denn auch als deutsche Quelle einer Rassenideologie begrüßt und neu aufgelegt.[125]

Ein Blick auf ein Zitat aus dem berühmten *Kosmos* (1845–1862) des Naturforscher Alexander von Humboldt, mit dem Carus im Briefwechsel stand, zeigt, dass eine Abstufung der Rassen, wissenshistorisch betrachtet, damals durchaus nicht zwingend war. Humboldt, der wie Carus das Welt- und Naturganze als lebendigen, sich stetig entwickelnden Gesamtzusammenhang beschreibt, zieht daraus andere Schlussfolgerungen:

> Indem wir die Einheit des Menschengeschlechtes behaupten, widerstreben wir auch jeder unerfreulichen Annahme von höheren und niederen Menschenracen. Es giebt bildsamere, höhere gebildete, durch geistige Cultur veredelte, aber keine edleren Volksstämme. Alle sind gleichmäßig zur Freiheit

---

125   Vgl. Stubbe (1989), Grosche (1993).

bestimmt; zur Freiheit, welche in roheren Zustän-
den dem Einzelnen, in dem Staatenleben bei dem
Genuß politischer Institutionen der Gesammtheit
als Berechtigung zukommt.[126]

Ob die Haltung von Carus als Entgleisung im Werk eines großen Forschers zu werten ist oder System hat, mag dahingestellt
bleiben. Es zeigt sich aber, dass seine Naturanalogien konservative bis reaktionäre politische Implikationen zumindest nahelegen
bzw. diesen passende Erklärungsmuster liefern können.

Der deutsche Wald

Bevor der Wald zum Projektionsraum von Wünschen und Sehn-
süchten des deutschen Volkes werden konnte, musste zuerst die
Bevölkerung aus ihm vertrieben werden.

Der Wald war jahrhundertelang nicht nur Wildnis, eine
eigene Welt mit eigenen Gesetzen, bedrohlich und unheimlich, sondern auch ein unerschöpflicher Hort der Ressourcen.
Es gab zahlreiche Nutzungen durch die Bevölkerung vor allem
in den siedlungsnahen Bereichen, wie die Waldweide für das
Vieh, Holzeinschlag für Bau- und Brennholz, Sammeln von Material für Einstreu im Stall und Viehfutter, Anlage von Äckern
im Wald oder Holzkohle- und Harzgewinnung. Sie alle wurden nach und nach unterbunden. Die Landesherren hatten zunächst für ihre Jagdausübung mittels zahlreicher Forstordnun-
gen etwa ab dem 16. Jahrhundert die Herrschaft über die Wälder
ausgedehnt. Im 18. Jahrhundert kursierte die Furcht vor einer
Holznot. Einerseits waren die Bedarfe an Holz, etwa im Bergbau oder für den Schiffbau, für Salinen und Metallhütten gestie-
gen, andererseits diente der Holznotdiskurs den Landesherren

---

126 Humboldt (1845), S. 22, S. 385.

auch dazu, den Wald in eine zukunftsorientierte, ökonomisch sichere Bewirtschaftung zu überführen. Der sächsische Oberberghauptmann Hans Carl von Carlowitz (1645–1714) gab 1713 mit seiner *Sylvicultura oeconomica* den Anstoß zu einer rationellen und „nachhaltigen" Waldwirtschaft, aus der sich die moderne Forstwirtschaft entwickelte. Es ging um ein ausgeglichenes Verhältnis von Aufforstung und Einschlag mit wissenschaftlicher Methodik. Der Wald war nicht mehr Teil einer Allmende und genossenschaftlicher Nutzung, sondern diese waren nun als „Holzfrevel" diskreditiert, gegen den die Obrigkeit scharf vorging. Um die Prinzipien der nachhaltigen und ökonomischen Nutzung der Wälder durchzusetzen, mussten die Wälder generell überwacht, vermessen und ausgezählt werden. Forstverwaltungen mit unterschiedlichen Hierarchieebenen entstanden. Die Waldflächen wurden durch ein rasterförmiges Netz von Wegen durchzogen. Da der Wald nun auch nach außen klar abgegrenzt war, wurde sein Erscheinungsbild insgesamt ordentlicher und geometrischer.

Die Umwidmung der Wälder zulasten der Bevölkerung war ein Thema von großer sozialer und politischer Sprengkraft. Aus Sicht vieler Bevölkerungsgruppen wurden soziale Notlagen in Deutschland während der ersten Hälfte des 19. Jahrhunderts mit forstlichen Missständen in Zusammenhang gebracht. Am Wald entzündeten sich mehrfach Unruhen im Vorfeld der Revolution von 1848. Die harten Strafen für den Forstfrevel und die Konflikte mit der Forstverwaltung machten viele Menschen für revolutionäres Gedankengut empfänglich. In der Revolution von 1848 war daher die Wiedergewinnung der „Freiheit im Walde" ein zentrales Ziel. Auch die im 19. Jahrhundert zahlreichen Aufforstungen – häufig mit schnellwachsenden Nadelhölzern – stießen auf Widerstand in der bäuerlichen Bevölkerung.[127]

---

127 Schmidt (2001); zur Frage der Holznot und der obrigkeitlichen Herrschaftsausübung im Wald vgl. Radkau (2011), S. 40ff. , Allmann (1989) und Heidenreich (2019).

Gegenüber der bäuerlich geprägten Welt der gemeinschaftlichen Waldnutzungen waren die kulturellen Muster, die die Romantiker dem Wald aufprägten, Produkte einer gebildeten und städtisch kulturalisierten Elite. Die Romantiker, die sich gleichermaßen gegen den Rationalismus der Aufklärung wie die Fremdherrschaft Napoleons wandten, betrieben eine Wiederverzauberung des Waldes, die seine bäuerlichen und ökonomischen Nutzungen ausblendeten. Der Wald wurde Wunschlandschaft und nationales Projekt, zu dem u.a. die von den Romantikern wiederentdeckte *Germania* (98 n. Chr.) des Tacitus eine Vorlage lieferte.

Ein Meisterdichter deutscher Waldliebe war Joseph von Eichendorff (1788–1857), dessen Gedichte sowohl die innige Verbindung zum Wald wie auch die patriotische Überhöhung des deutschen Waldes spiegeln. Vor allem seine *Zeitlieder* aus den Jahren 1806 bis 1815 sind für die patriotische Stimmung in Zeiten der Kämpfe gegen Napoleon aufschlussreich. Das alte Recht brüderlich verbundener Stämme wohnt im Wald, der ein neues Geschlecht zu deutschen Werken stärken werde; ein deutsches Banner wallt als Zeichen ewiger Treue. *Der Jäger Abschied* mit der bekannten Zeile „Wer hat dich du schöner Wald", deren Fortgang aber heute kaum noch jemandem präsent ist, ist auch als Lied tradiert worden.

> An die Meisten
> [...]
> Einen Wald doch kenn' ich droben,
> Rauschend mit den grünen Kronen,
> Stämme brüderlich verwoben,
> Wo das alte Recht mag wohnen.
> Manche auf sein Rauschen merken,
> Und ein neu Geschlecht wird stärken
> Dieser Wald zu deutschen Werken.
> [...]

Der Jäger Abschied.
Wer hat dich du schöner Wald
Aufgebaut so hoch da droben?
[…]
Was wir still gelobt im Wald,
Wollen's draußen ehrlich halten,
Ewig bleiben treu die Alten:
Deutsch Panier, das rauschend wallt,
Lebe wohl!
Schirm' dich Gott, du schöner Wald![128]

Auch die berühmten Kinder- und Hausmärchen der Gebrüder Grimm preisen den Wald als Herkunftsort des gesammelten Volksguts, wie ja auch der Märchenwald geradezu sprichwörtlich geworden ist.

Der Wald als Garant deutscher Tradition durchzieht auch die Schriften des einflussreichen Schriftstellers und Lyrikers Ernst Moritz Arndt (1769–1860), der Landschaft und Volkscharakter eng aufeinander bezog. Waldgebiete waren für ihn nationaler Wurzelgrund, der für den Erhalt des deutschen Volkes und zum Schutz vor gesellschaftlichen Veränderungen gegen Kahlschläge zu verteidigen sei. Er plädierte für umfangreiche Aufforstungen in steter Sorge um das nationale Kollektiv.[129] Auch er vollzog seine nationalistische Kulturalisierung im Streit gegen Napoleon und alles Französische. Volk war für ihn eine durch Sprache und gemeinsame Abstammung definierte Einheit, die sich unvermischt erhalten sollte. Arndt äußerte sich im Kontext zeitgenössischer Rassentheorie abwertend gegenüber Juden und außereuropäischen Völkern.[130]

---

128 Eichendorff (1837), S. 159 und S. 161.
129 Vgl. Zechner (2017).
130 Die Universität Greifswald, die 2017 den Namen Ernst Moritz Arndt ablegte, hat sich ausführlich und mit zahlreichen Dokumenten hinterlegt zu dieser Thematik geäußert, vgl. Universität Greifswald (2018).

Wilhelm Heinrich Riehl (1823–1897), ein Schüler von Ernst Moritz Arndt, der als maßgeblicher Begründer der deutschen Volkskunde gilt, hat ebenfalls viel dazu beigetragen, das Bild des deutschen Waldes eng mit dem Nationalcharakter der Deutschen zu verbinden. Mit dem Titel seiner Schrift *Die Naturgeschichte des Volkes als Grundlage einer deutschen Social-Politik* (1851–69) zeichnet sich die Programmatik ab, aus natürlichen Gegebenheiten sozialpolitische Folgerungen abzuleiten.

> Ein Volk muss absterben, wenn es nicht mehr zurückgreifen kann zu den Hintersassen in den Wäldern, um sich bei ihnen neue Kraft des natürlichen, rohen Volksthumes zu holen. […] Wir müssen den Wald erhalten, nicht bloß damit uns der Ofen im Winter nicht kalt werde, sondern damit die Pulse des Volkslebens warm und fröhlich weiterschlagen, damit Deutschland deutsch bleibe.

Das geht so weit, dass Riehl den Wald als spezifisch deutschen Freiheitsraum gegen das soziale Freiheitsverständnis Englands ausspielen kann. Damit ist aber nun nicht mehr die Freiheit im Walde gemeint, die den bäuerlichen und unteren sozialen Schichten die Nutzung der Ressourcen des Waldes erlaubte. Die deutsche Waldfreiheit ist jetzt individualistisch zu verstehen, verbunden mit bildungsbürgerlich romantischer Stimmung; sie verleiht ein gewissen Außenseitertum, das sich von der allgemeinen Heerstraße des Üblichen fernhält.

> Der Wald allein läßt uns Culturmenschen noch den Traum einer von der Polizeiaufsicht unberührten persönlichen Freiheit genießen. Man kann da doch wenigstens in die Kreuz und Quere gehen nach eigenem Gelüsten, ohne an die patentirte allgemeine Heerstraße gebunden zu seyn.[…] Deutschland hat eine weit größere Zukunft der sozialen Frei-

heit als England, denn es hat sich den freien Wald gerettet. Den Wald ausrotten könnte man vielleicht in Deutschland, aber ihn sperren, das würde eine Revolution hervorrufen. In dieser deutschen Waldfreiheit, die so fremdartig aus unsern übrigen modernen Einrichtungen hervorlugt, liegen mehr bestimmende Einflüsse auf unser höheres Bildungsleben, und namentlich auf die romantische Stimmung in demselben, als mancher sich träumen läßt. [131]

Nicht von ungefähr gehört zu den Kultbüchern der neuen Rechten Ernst Jüngers Essay *Der Waldgang* (1951). Hier konturiert Jünger die Figur des Waldgängers, der die herrschenden Mächte in Staat und Demokratie, Wissenschaft und Technik als großer Einzelner verneint und als elitäre Vorhut im geheimen Verbund mit anderen Waldgängern eine neue Zeit vorbereitet. Angenommen wird in dem Essay eine Situation extremer Unfreiheit im Gewande durch Wahlen legitimierter Herrschaft, die diesen Widerstand rechtfertigt. Der Waldgänger befindet sich im Widerstand gegen die Moderne im Namen einer elementaren Freiheit, die wir schon bei Riehl kennengelernt hatten. Interessant für unser Thema ist auch, dass Ernst Jünger diesen symbolischen Raum der Waldesfreiheit als „zweites Reich" gegenüber der profanen Wirklichkeit neben vielen anderen Zuschreibungen auch eine Heimat nennt: „Das zweite Reich ist Hafen, ist Heimat, ist Friede und Sicherheit, die jeder in sich trägt. Wir nennen es den Wald." Der Wald ist ein symbolischer und politischer Raum, in dem all das einen Hort findet, das gegen den auch „Leviathan" oder „Maschinenwesen" genannten Geist der modernen Zeiten steht. Implizit und explizit durchzieht den gesamten Text ein Blick auf die Gegenwart aus weitester Ferne, der in dieser jedenfalls weder

131   Riehl (1855), S. 48, S. 50.

Demokratie noch Freiheit auch nur ansatzweise wahrzunehmen vermag.[132]

Heute wird versucht, die Metaphorik des Waldes und die Gedankenwelt der Spätromantik in die neurechte Szene einzuspielen.[133]

Das Dickicht des Waldes als der symbolische Ort, an dem partisanenhaftes Anderssein und Freiheit spürbar werden, und die Heerstraße des allgemeinen Trotts als Feindbild werden bei dem bereits zitierten Identitären Martin Sellner in Götz Kubitscheks *Sezession* wieder heraufbeschworen:

> Wir befinden uns nämlich wirklich in einer Zeit der Götzendämmerung; der Troß des westlichen Universalismus trottet müde, ausgedorrt und hoffnungslos auf der Straße des Fortschritts dahin. Er löst sich langsam auf und taumelnd, tänzelnd säumen ihn postmoderne Aussteiger, die den Kitzel des ‚verbotenen Irrationalen' am Waldrand kosten, sich aber nicht ganz von der universalistischen Menschheitsmoral lösen wollen. [...] Nur die ‚frei gewordenen' Partisanen, die das Ganze aus dem Dickicht des Waldes beobachten, könnten das Potential ‚postmoderner Kritik' gegen das universalistische Schwerezentrum dieses Denkens lenken, ohne dabei selbst in relativistischer Nabelschau zu enden.

Sellner verbleibt in der Waldmetaphorik, wenn er seine Bestandsaufnahme der neurechten Bewegung 2017 mit der Über-

---

132 Jünger (1951/1980/2001), S. 37.

133 Der Kunsthistoriker Wolfgang Ulrich hat mehrfach auf diese Entwicklung aufmerksam gemacht und verweist darauf, dass die Waldmystik sich im Verbund mit völkischem Gedankengut auch in den sozialen Medien ausbreitet. Vgl. Ulrich (2017). Das Bundesamt für Naturschutz widmet rechten Tendenzen im Naturschutz eine eigene Publikation, vgl. Heinrich, Kaiser, Wiersbinski (2015).

schrift *Das neurechte Wäldchen* versieht.[134] Die Naturfreunde Deutschlands haben eine Fachstelle eingerichtet, die die politische Renaissance des Mythos Wald beobachtet und weitere Beispiele bereithält.[135]

Das Magazin DER SPIEGEL widmet dem zum rechten Flügel der AfD gehörenden Björn Höcke im Oktober 2018 ein Interview, dessen Titel *Der Waldgänger* direkt auf Jüngers Essay anspielt, in dem die innige Liebe der Deutschen zu ihren Wäldern mit dem politischen Schicksal des deutschen Volkes verknüpft werde, so die Interviewerin.[136]

Dieserart Homestory, bei der die Grenzen zwischen anteilnehmender Beobachtung und beobachtender Teilnahme ins Schwimmen geraten, nimmt der Schriftsteller Jörg-Uwe Albig in seinem Roman *Zornfried* aufs Korn. Der Roman, angesiedelt zwischen Satire und Schlüsselroman, erzählt, wie der Journalist Jan Brock vom Feuilleton der fiktiven Frankfurter Nachrichten auf der Burg Zornfried im Spessart Bekanntschaft mit einem Kreis von Vordenkern neurechter Gesinnung schließt. Der Schlossherr Schierling, der seine Gattin siezt und auf eine große Töchterschar mit germanischen Namen blickt, erinnert an den ebenfalls durch zahlreiche Homestorys bekannt gewordenen Verleger Götz Kubitschek auf seinem Gut Schnellroda in Sachsen-Anhalt. Der Ich-Erzähler Brock erreicht Zornfried auf den Spuren des Dichters Storm Linné, der in der Manier Stefan Georges und Ernst Jüngers deutsches Volk und deutschen Wald besingt. Etwa 35 im Roman verstreute Gedichte in neurechter Manier hat Albig verfasst, die merkwürdig gekonnt und geradezu unheimlich echt wirken. Ein Zitat aus dem Roman verweist auf eine weitere Facette des sehr genau referierten Denkmusters:

---

134 Sellner (2015), S.2f., ders. (2017).
135 FARN Fachstelle Radikalisierungsprävention und Engagement im Naturschutz.
136 Amann (2018).

> Vergangenen November habe ich am Schorfberg
> einen verhungerten Kuckuck gefunden, begann
> Schierling zu erzählen, als erzählte er einen Traum.
> Er lag auf einem Schneebett, neben einer zugefro-
> renen Pfütze. Wahrscheinlich den Abflug verpasst.
> Der Förster glaubt, der Klimawandel sei schuld. Ich
> glaube natürlich eher ans Schicksal, sagte Schier-
> ling und sah lauernd in mein Gesicht.[137]

Zu den Feindobjekten des Kampfes, der die „Waldgänger" auch in der nichtfiktionalen Welt vereint, gehört – neben der Migration – nicht zuletzt die Klimapolitik. Der Widerstand reicht tief und bezieht seine Energie aus der Auffassung, der Klimawandel sei nicht durch menschlichen Einfluss verursacht. Hier zeigt sich in extremer Ausprägung ein Konflikt, dessen Tiefe womöglich EU-weit noch zunehmen wird. Im Folgenden werden extreme Beispiele gewählt, um das Grundmuster zu verdeutlichen.

Das Wahlprogramm der AfD (Alternative für Deutschland) aus dem Jahr 2017 teilt in lapidarer Kürze mit, die Aussagen des Weltklimarats IPCC seien wissenschaftlich nicht gesichert, da sie auf Rechenmodellen beruhten, die weder das vergangenen noch das zukünftige Klima korrekt beschreiben könnten. Es habe schon immer kalte und warme Perioden gegeben. Daraus folgt:

> Wir wollen das Projekt der Dekarbonisierung über
> die ‚Große Transformation' beenden und den Kli-
> maschutzplan 2050 der Bundesregierung aufheben.
> Das Pariser Klimaabkommen vom 12.12.2015 ist
> zu kündigen. Deutschland soll aus allen staatlichen
> und privaten ‚Klimaschutz'-Organisationen austre-
> ten und ihnen jede Unterstützung entziehen. […]

---

137 Albig (2019), S. 114.

Jan Bruegel d.Ä., *Windmühlen auf weiter Ebene, 1611, Kupfer,*
9,5 x 15 cm, Bayerische Staatsgemäldesammlungen – Alte Pinakothek
München. Hier sind auf den ersten Blick vier Windmühlen in der weiten
Landschaft zu sehen. Wirken sie gemütlicher als moderne Windkraft-
anlagen? Das Bild zeigt eine historische Situation, in der der die Nutzung
der Windkraft schon einmal das Landschaftsbild geprägt hat.

> Die Windenergie ist ein energiepolitischer Irrweg,
> ökonomisch absurd und ökologisch kontraproduk-
> tiv. Wir lehnen den weiteren Ausbau der Windener-
> gie ab, denn er bringt mehr Schaden als Nutzen.[138]

Dass sich die Partei damit in Widerspruch zu anerkannten wissenschaftlichen Ergebnissen stellt, muss hier nicht erwiesen werden. Es lässt sich erahnen, welche vielfältigen „Widerstandsmög-
lichkeiten" sich aus dieser Generalopposition politisch ableiten

138   Alternative für Deutschland (AfD, 2017), S. 87.

148

lassen, sollten die Klimaschutzpläne des Pariser Klimaabkommens tatsächlich konsequent umgesetzt werden.

Der Philosoph und Naturschützer Reinhard Falter fasst in zustimmender Absicht das neurechte Denkmuster so zusammen:

> Mittlerweile wird der letzte Bach verrohrt und der letzte Hügel für den Wahn des sogenannten Klimaschutzes mit Windkraftanlagen verspargelt.
>
> Die Theorie der anthropogenen Klimakatastrophe ist das trojanische Pferd, mit dem Naturzerstörung im Namen des Allgemeininteresses wieder möglich wurde, nachdem das vorher humanitär gerechtfertigte Wirtschaftswachstum theoretisch und praktisch diskreditiert ist. [...]
>
> Die Vorstellung, der Klimawandel sei anthropogen und lasse sich aufhalten, ist Teil der Selbstüberschätzung des westlichen Menschen und seines Unwillens anzuerkennen, dass er nicht Macher in kosmischen Dimensionen ist, dass er weder in der Liga der Schöpfungsmächte noch in der Liga der Eiszeiten und Sonnenaktivitätsphasen spielt.[139]

Der Kulturkonflikt, der sich hier abbildet, lässt sich aus der Genese der konservativen Denktradition in der politischen Spätromantik über Ernst Jüngers *Waldgänger* bis hin zur Klimafrage nachvollziehen: Das natürlich Gewordene in seinen kosmischen Dimensionen gilt als in jeder Hinsicht vorrangig, menschliches Tun an sich ist demgegenüber ohnmächtig und kann daher gar nicht auf das Klima eingewirkt haben. Die Windkraft gilt als Exponentin der gleichen technologischen Hybris, die auch Industrialisierung, Wirtschaftswachstum und die damit einhergehen-

---

139 Falter (2018), vgl. auch die Homepage Reinhard Falters. Zum Magazin und seiner politischen Einordnung vgl. Heinrich, Kaiser, Wiersbinski (2015), S. 118ff.

den Eingriffe in die Natur hervorgebracht hat. Klima ist per se autonome Natur und damit sakrosankt, während Windkraft in den Kontext industrieller Naturzerstörung gestellt wird.

Eine Untersuchung rechtspopulistischer Parteien Europas, die die Berliner Politikberatung Adelphi im Frühjahr 2019 veröffentlichte, hat ergeben, dass diese Parteien überwiegend einer Klimapolitik skeptisch bis ablehnend oder uninteressiert gegenüberstehen. Insgesamt sieben der Parteien des rechten Flügels, die im Europaparlament vertreten sind, leugnen den anthropogenen Klimawandel, allen voran die deutsche AfD, die österreichische FPÖ und die britische UKIP.[140]

Klimawandel im Wald

Wer um den deutschen Wald besorgt ist, sollte den Klimawandel nicht außer Acht lassen. Wen wundert es seit den „Jahrhundertsommern" 2018 und 2019, dass Meldungen sich mehren, wonach auch der Wald durch den Klimawandel in Mitleidenschaft gezogen ist. Nachdem aber das „Waldsterben" der 1980er Jahre ein großes Medienecho gefunden hatte und zum Schlagwort wurde, wird es schwierig werden, die Öffentlichkeit noch einmal in dieser Weise zu mobilisieren. Es empfiehlt sich aber, offenen Auges durch die Wälder zu spazieren.

Bäume wachsen langsam und werden sehr alt, was dazu führt, dass sie sich auch nur langsam auf jegliche Veränderung einstellen können. Die Standortbedingungen für herkömmliche Baumarten ändern sich aber mit steigenden Temperaturen, was die Bäume stresst. Gestresste Bäume werden anfällig für Insekten, Pilze und Krankheiten. Borkenkäferplagen und der Wurzelfraß der Engerlinge – der Larven des Waldmaikäfers – sind schon jetzt vermehrt zu beobachten. Auch nicht heimische In-

---

140   Schaller, Carius (2019).

sektenarten, die sich in der Wärme wohl fühlen, werden erwartet. Invasive Pflanzen aus wärmeren Gefilden können sich unter Umständen weiter ausbreiten, als von der Forstwirtschaft erwünscht.[141] In Gebirgsregionen können sich die Vegetationszonen verschieben.

Die Zunahme von Unwettern und Waldbränden wird voraussichtlich dem Wald ebenfalls zusetzen. Auf Extremstandorten kann dies zu bedeutenden Ausfällen ganzer Baumarten führen. Oft gilt die Fichte als Verliererin, da sie Trockenheit schlecht verträgt. Sollte die Klimaerwärmung 2 Grad übersteigen, wäre auch die Buche betroffen. Auch der Wasserhaushalt der Wälder ist ein Thema, das angesichts des Klimawandels besondere Beachtung erfordert, ebenso wie die Brandüberwachung. Darum kümmert sich das Thünen-Institut mit seinem Institut für Waldökosysteme.[142]

Der Deutsche Bundestag hat 2013 einen Waldklimafonds eingerichtet, der helfen soll, gegen Schäden vorzugehen und neue Baumarten auszuprobieren. Hier ist in der Forstwirtschaft schon einiges auf den Weg gebracht worden.

Großflächig findet bereits ein Waldumbau statt, der zum Ziel hat, die Wälder stabiler zu gestalten und auch kurzfristigen Klimaschwankungen zu trotzen. Eine Maßnahme ist hier die Erhöhung der Einzelbaumvielfalt, allerdings vor dem Hintergrund der nachhaltigen Versorgung mit Holz unter der Prämisse, die Flächenproduktivität zu erhalten. Nach dem Motto ‚Wer streut, rutscht nicht‘ setzt man auf kleinflächige Baumartenmischungen und auf einen heterogenen Altersaufbau der Waldbestände, um Ausfälle direkt kompensieren zu können.[143]

---

141   Petercord, Veit, Schröter (2008) sowie Seidl, Thom, Kautz et al. (2017).
142   Vgl. Homepage Thünen-Institut, Institut für Waldökosysteme.
143   Forstwirtschaft in Deutschland/Forstwirtschaft im Klimawandel.

Generell ist man auf der Suche nach Baumarten, die einem wärmeren und trockeneren Klima besser standhalten; das können auch mediterrane Arten sein. Da die Forstwirtschaft sehr weit nach vorne blicken muss, was der Begriff der Nachhaltigkeit ja impliziert, ist vieles ungewiss. Viel Forschungsarbeit ist hier noch zu leisten.

Es steht ein großer Umbau der Wälder bevor, dessen Erfolgsaussichten gegenüber einer weiteren Erwärmung aber nicht sicher sind. Das ist umso bedauerlicher, als die Wälder aufgrund ihrer Fähigkeit, CO_2 zu speichern, dringend für den Klimaausgleich gebraucht werden. Man sollte sich also nicht allzu sehr darauf verlassen, dass der Wald den Klimawandel bremst. Vielmehr würde der Umstieg auf klimafreundliche Energien auch dem Wald helfen.

Die Zusammensetzung wie auch das Erscheinungsbild der Wälder werden sich ändern. Das hebt wieder ins Bewusstsein, dass die Wälder weitgehend eine Kulturlandschaft sind, die durch Forstmaßnahmen gestaltet wird. Es ist auch zu erwarten, dass der Wald der Zukunft weniger deutsch aussehen wird.

Windkraft im Wald. Energielandschaften

Unter dem Titel *End of Landschaft. Wie Deutschland das Gesicht verliert* kursiert seit Ende 2018 ein Dokumentarfilm in diversen Bürgerinitiativen, Programmkinos und Kommunen. Der Journalist Jörg Rehmann aus dem Hunsrück liefert hier eine hochemotionale, identifikationsstiftende Botschaft an alle diejenigen, die gegen Windkraft im Wald protestieren. Der Film reklamiert erneut den Mythos des Waldes und beklagt seine „Industrialisierung" durch Windkraftanlagen. Es geht hauptsächlich um den Odenwald, daneben auch um den Hunsrück und Windkraft in Nord- und Ostdeutschland. Ein Rundumschlag, der seine emotionale Wirkung in erster Linie aus der Beschwörung einer von

Windkraftanlage

Technik unberührten Landschaft bezieht, in deren Namen Windkraft skandalisiert wird. [144]

Beim Thema Windkraft im Wald geht es um gebaute oder geplante Anlagen im Hunsrück, im Odenwald, im Schwarzwald oder im Hessischen Rheinhardswald. Hier haben sich Bürgerinitiativen gegen Windkraft formiert, die vehement, konfliktbereit und zum Teil auch polemisch gegen Behörden, Gutachter und Politik agieren. Bezeichnend eine Schlagzeile vom Juli 2018 aus dem Rheinhardswald, die auch überregionalen Medien erreichte: „Grimms Märchenwald wird Opfer der Energiewende".[145] Es geht aber auch um den Vorwurf, Windkraft töte Vögel und schädige die Natur.

Die Szene ist bundesweit organisiert über Organisationen wie „Vernunftkraft" oder „windwahn", die wiederum in eine „Europäische Plattform gegen Windkraftanlagen" eingespannt sind.[146] Es ist eine stark polarisierte Kampfzone zwischen Befür-

144 Informationen zum Film auf der Homepage Jörg Rehmanns unter: https://joerg-rehmann.de/blog/2018/09/19/end-of-landschaft/

145 Bürgerinitiative „Gegenwind Vogelsberg". Welche Interessen letztlich dahinter stehen, ist Gegenstand von Spekulationen, die schwer valide überprüfbar sind.

146 Vgl. Vernunftkraft, Windwahn, Europäische Plattform gegen Windkraftanlagen.

wortern und Gegnern entstanden, in der man sich gegenseitig nicht mehr traut und Argumente wie Fakten kaum noch valide zu überprüfen sind.

Am Potsdam-Institut für Klimafolgenforschung (PIK) beschäftigt man sich mit Gründen der Nichtakzeptanz von Projekten der Energiewende und sucht nach Lösungswegen. Hier wurde ein interdisziplinäres Projekt *Energiekonflikte – Akzeptanzkriterien und Gerechtigkeitsvorstellungen in der Energiewende* durchgeführt. Eva Eichenauer, die im Projekt die Konfliktlinien analysierte, verweist darauf, dass von einem überparteilichen Konsens über die grundsätzlichen Ziele der Energiewende spätestens seit dem Einzug der AfD in den Bundestag nicht mehr auszugehen ist. Sie warnt jedoch davor, die Windkraftgegner pauschal abzuwerten. Als einen entscheidenden Faktor der Kritik hat sie das Empfinden mangelnder Beteiligung der Bürger*innen in die Entscheidungsprozesse herausgefunden. Damit eng verbunden sind Zweifel an der Glaubwürdigkeit der Akteure und der beteiligten Experten, wie Gutachter, Gemeinderäte und Entscheidungsbehörden. Das weitet sich zu generellem Misstrauen gegenüber Institutionen, was in einen unguten Teufelskreis mündet. Genau diese Situation kann aber, so mahnt die Expertin, dazu führen, dass populistische Kräfte aus dem Vertrauensverlust Kapital schlagen. Die Forscherin leitet daraus die Forderung ab, „die demokratischen Grundsätze von Transparenz und Glaubwürdigkeit auf allen Ebenen umzusetzen".[147]

Wie hoch der Preis ist, den wir für die Klimapolitik und speziell für die Energiewende zu zahlen bereit sind, ist tatsächlich ein brisantes Thema, dessen Dimensionen vielleicht noch gar nicht in vollem Umfang präsent sind.

Forderung auch der Naturschutzverbände ist, beim Bau von Windkraftanlagen die Ergebnisse der Forschung und Belange des Naturschutzes stärker zu berücksichtigen: dazu gehören etwa

---

147   Eichenauer (2018).

Standortwahl, Abstand zu Nistgebieten und Futterplätzen geschützter Tierarten, Abschaltzeiten, Höhe der Anlagen.[148] Auch Art und Ausmaß der Beeinflussung des Landschaftsbildes durch einen weiteren Ausbau der erneuerbaren Energien stehen zur Diskussion. Das Bundesamt für Naturschutz hat mit dem Begriff „Energielandschaften" schon 2013 eine Formulierung ins Spiel gebracht, die das Dilemma beschreibbar macht. Wir leben nach der Industrialisierung im 19. Jahrhundert in einer zweiten Phase tiefgreifender Veränderung der Landschaft. Es geht nicht nur um Windkraftanlagen, sondern auch um ausgedehnte Mais- und Rapsfelder, um Silos, Freiland-Photovoltaik, Hochspannungsleitungen für den Netzausbau. Auch gegenüber der großen Stromtrasse *Südlink*, die Windkraftstrom durch ganz Deutschland von Nord nach Süd transportieren soll, formiert sich Widerstand in der Bevölkerung. In einer nahezu CO2-freien Zukunft, die für das Jahr 2050 angestrebt ist, wird sehr viel mehr Energie über diese Techniken erzeugt werden, denn nach dem Braunkohle- und Steinkohleausstieg kommen der Benzin-, Öl- und Kerosinausstieg. Elektroautos, die mit Kohlestrom fahren, sind nicht der Weisheit letzter Schluss.

Der *Erneuerbare Energien Report* des Bundesamtes für Naturschutz im Frühjahr 2019 fordert denn auch einen natur- und landschaftsschutzverträglichen Umgang mit den Flächen und generell mehr Flächeneffizienz. Wälder und naturnahe Flächen wie extensiv genutztes Grünland sollen besonders geschont und die Bürger stärker in die Prozesse einbezogen werden. Das BfN macht zahlreiche Vorschläge, wie durch einen geschickten Mix und eine dezentrale Energieversorgung die Energiewende na-

---

148 Informationen zu Naturschutz und Windkraft hinter folgenden Links: NABU https://www.nabu.de/umwelt-und-ressourcen/energie/erneuerbare-energien-energiewende/windenergie/index.html und https://www.nabu.de/tiere-und-pflanzen/voegel/gefaehrdungen/windenergie/03410.html; BUND: http://www.bund-rvso.de/windenergie-windraeder-voegel-fledermaeuse.html;

turverträglicher gemacht werden kann.[149] Insbesondere die Dezentralität, die auch die Netze entlasten kann, etwa durch verbraucher- und gebäudenahe Photovoltaik, Solarthermie und Umwelt-/Erdwärme oder Kleinkraftwerke, ist ein Zukunftsthema. Ähnlich argumentiert eine Studie des Wuppertal-Instituts, die der NABU in Auftrag gegeben hatte, vorgestellt im Mai 2019: Naturschutz und Energiewende sind vereinbar, so das Ergebnis; Voraussetzungen sind aber eine stärkere Förderung von Photovoltaik, eine deutliche Steigerung der Energieeffizienz sowie Förderung und Schutz natürlicher Kohlenstoffspeicher. Grundsätzlich fordert die Studie einen nachhaltigeren und ressourcenschonenden Lebensstil mit deutlicher Reduzierung des Energieverbrauchs ein.[150]

Denn vor allem ein Punkt findet derzeit in der Öffentlichkeit wenig Aufmerksamkeit: Die Klimapläne der Bundesregierung gehen von einer Reduzierung des Primärenergieverbrauchs bis 2050 gegenüber dem Jahr 2008 um 50 Prozent aus sowie einer Reduzierung des Stromverbrauchs um 25 Prozent.[151]

Wie die Reduzierung des Gesamtenergieverbrauchs erreicht werden kann, ist offen. Technische Effizienzsteigerungen wurden bisher durch den Rebound-Effekt aufgezehrt: Verbraucher*innen kaufen tendenziell mehr Geräte, wenn die Energiekosten aufgrund von Effizienzsteigerungen sinken. Die zweite Möglichkeit, den Verbrauch deutlich zu verringern, also auf etwas zu verzichten, auch Suffizienz genannt, ist schwer vermittelbar – ein Schlaraffenlandthema? – und stößt außerdem auf bisher ungeklärte Gerechtigkeitsfragen. Dies gilt auch für den häufig diskutierten Weg, die Kosten für fossile Brennstoffe durch einen hohen CO_2-Preis bzw. eine CO_2-Steuer soweit zu steigern, dass der Rebound-Effekt nicht anfällt und der Umstieg auf alternative

---

149 Vgl. BfN (2019).
150 Vgl. Wuppertal Institut (Hrsg.), Samadi, Kabiela et al. (2018).
151 Demuth, Heiland, Wiersbinski, Hildebrandt (2014, Hrsg.).

Blick von einer Kleingartenanlage auf ein Umspannwerk.

Energien aus finanziellen Gründen erfolgt. Das muss aber sozial gerecht geschehen, was die Sache zusätzlich erschwert.

Gelingt aber die geplante und geforderte Reduzierung des Gesamtenergieverbrauchs nicht, wäre ein deutlich höherer Anteil an erneuerbaren Energien notwendig, als bisher gedacht. Bei gleichbleibenden Endenergieverbrauch ist das jedoch überhaupt keine Alternative. Die Expertenkommission Forschung und Innovation (EFI) der Bundesregierung hat in ihrem *Jahresgutachten 2019* eindrucksvoll vorgerechnet, dass die erneuerbaren Energien allein aus Platzgründen für all die Windräder und Solaranlagen noch nicht einmal den Endenergiebedarf des Jahres 2017 decken könnten.[152]

Jedenfalls können derartige Überlegungen bewusst machen, dass man in Zeiten alternativer Energien das Ausmaß des Energieverbrauchs wieder in der Landschaft sieht, wie schon in früheren Epochen, als der Wald zu verschwinden drohte. Nachdem die Kohle den Wald gerettet hatte, war die (industrielle) Energieerzeugung für eine Weile aus dem Blickfeld der Menschen verschwunden. Nun kehrt sie in die Landschaft zurück.[153]

Die Einbindung in eine gesellschaftlich akzeptierte Form des Landschaftswandels hat sehr viel mit der Bereitschaft ebendieser Gesellschaft zur Einsparung von Energie zu tun. Bevor diese Potenziale nicht ausgeschöpft sind, ist hier das letzte Wort nicht gesprochen.

Was für das Thema Heimat und Migration gilt, sollte auch für das Thema Landschaft und Wald ins Auge gefasst werden: Eine ästhetische Ausweitung des Landschaftsbildes, die Veränderungen nicht gewohnheitsmäßig unter der Rubrik „fremd, hässlich, schlecht" einordnet. Landschaft bedarf der verantwortungsvollen Gestaltung und ebenso der Akzeptanz von Veränderungen. Hier wartet eine Herausforderung an die ökologische Imagination, die über die Visualisierung der ökologischen Katastrophe hinausführen sollte.

Denn am Horizont zeichnen sich bereits neue Konfliktlinien ab: Wenn die CO2-Ziele weiterhin hartnäckig verfehlt werden, ist eine gesellschaftlichen Debatte um „Climate Engineering" zu erwarten. Die Deutsche Forschungsgemeinschaft (DFG) hat hierfür bereits 2013 einen Forschungsschwerpunkt eingerichtet.

---

152 Expertenkommission Forschung und Innovation EFI (2019), S. 65.
153 Demuth, Heiland, Wiersbinski, Hildebrandt (2014, Hrsg.), S. 67.

Es wird dabei um Fragen gehen wie die Entnahme von CO_2 aus der Atmosphäre und dessen unterirdische Speicherung, um die „Düngung" der Meere mit Steinmehl oder die Reduzierung der Sonneneinstrahlung durch Partikel und künstliche Wolken.[154] Großformatige Eingriffe in den Naturhaushalt, die dem Begriff des „Anthropozäns" alle Ehre machen.

Ein neues Paradies ist also nicht zu erwarten.

154   Vgl. DFG (2019).

PARADIES, NICHT NUR FÜR VÖGEL

Roelant Savery, Landschaft mit Vögeln, 1628, Öl auf Holz, 42 x 57 cm,
Kunsthistorisches Museum Wien.

Tierfrieden

Das Bild zeigt Vielfalt und Fülle eines Vogelparadieses auf besonders schöne Weise: Die Vögel glänzen mit leuchtenden Farbtupfern vor türkisblauer Himmelsferne, dunkle Kraniche im Vordergrund links und ein Pfau formen elegante Ornamente, beantwortet durch die lebhafte Schar auf der rechten Seite; Hahn und Papagei erfreuen das Auge durch klares Rot – Ente, Schwan, Pelikan und Storch erstrahlen in elegantem Weiß. Die Vögel gruppieren sich um einen kleinen Teich, im Hintergrund zeichnet sich vor einer Bergkette eine Stadt ab. Der Rundbau links im römischen Ruinenstil ist ein Bauwerk, dessen Variationen in den Werken Roelant Saverys (1576–1639) aus Kortrijk in Westflandern öfter auftauchen. Im Vordergrund kleine Blumenstilleben, die eigene Gemälde wert wären. Alles ist mit ausgesuchter Sorgfalt gemalt, die Vögel sind überwiegend mit zoologischer Richtigkeit wiedergegeben und bestimmbar: Das Bild vereint einheimische mit exotischen Arten, Enten, Truthahn, Großtrappe, Pfau, Papageien, Kronenkraniche; auf dem Tümpel Störche, Pelikan, Enten, Gans, Schwäne, rechts Hahn, Reiher, Straußen, Papageien und Adler im Flug.[155] Unter dem Hahn rechts der damals gerade entdeckte Helmkasuar, der 1597 aus Neuguinea nach Europa und über den polnischen Kurfürsten nach Prag gelangt war, wo er in der Tiersammlung Kaiser Rudolf II. einging. Hier hatte Savery, der sich ca. 1604–1612 am Hofe Rudolfs bzw. in Prag aufhielt, Gelegenheit den großen Laufvogel zu studieren. Rudolf II. hatte 1576 eine Tiersammlung und einen Tierpark auf dem Hradschin eingerichtet, dem weitere in der Umgebung folgten. In der zweiten Hälfte des 17. Jahrhunderts entwickelte sich eine Begeisterung für das Wissen über die Natur, mit der die ersten Sammlungen und große zoologische Übersichtswerke entstan-

---

155 Wallraf-Richartz-Museum Köln/Centraal Museum Utrecht (1985, Hrsg.), S. 148f.

den. Auch Maler wie Savery fanden hier ihre Anregungen.[156] Hoch in der Luft schweben zwei Paradiesvögel, deren Aussehen sich an Holzschnitten zoologischen Grundlagenwerken der Zeit orientiert. Der Umwelthistoriker Bernd Herrmann vermerkt in seiner *Umweltgeschichte*, dass die Tiere in Form von Bälgen ohne Füße nach Europa geliefert wurden, was auch die eigentümlich fußlose Umrisslinie der gemalten Vögel erklären mag.[157]

Und inmitten der Vogelschar am rechten Ufer neben den Schwänen die eigentliche Attraktion dieses Bildes: der Dodo. Dieser possierliche, etwas plumpe Vogel, auch Dronte genannt, entdeckt 1598 auf der Insel Mauritius und von holländischen Seefahrern nach Europa gebracht, war schon 1681 ausgestorben und ist mittlerweile zum Kultvogel geworden. Das eine hat mit dem anderen zu tun. Savery hat das Tier oft gemalt, das Britische Museum etwa besitzt ein Tafelbild, das den Vogel quasi im Portrait als Einzelexemplar zeigt. Ob Savery einen lebenden oder präparierten Dodo gesehen hat, ist nicht bekannt. Jedenfalls orientieren sich alle folgenden Darstellungen des flugunfähigen Vogels an seiner Fassung.

Roelant Saverys *Landschaft mit Vögeln* gehört in eine Reihe ähnlicher Werke, die alle ein gemeinsames Thema variieren: Das zeigen Titel wie *Vor der Sintflut, Paradieslandschaft, Paradies* – mit gleichen Maßen ein Pendant zu unserem Bild – , *Das irdische Paradies* oder *Orpheus unter den Tieren*. Savery konnte sich hier auf eine lange Darstellungstradition des Paradieses in Malerei und Druckgrafik stützen. Vor allem Jan Brueghel d.Ä. (1568–1625) aus der bekannten Malerdynastie hatte ein Modell geschaffen, bei dem das Personal der biblischen Handlung gegenüber den zahlreichen auch exotischen Tieren in den Hintergrund trat. Inspiriert durch die Entdeckungen in der Natur und die Auswei-

156 Neidhardt, Krüger, Staatliche Kunstsammlung Dresden (2016, Hrsg.), S. 105, und Müllenmeister (1985), S. 51.
157 Herrmann (2016) S. 170; hier auch ausführliche Informationen zu den dargestellten Arten und ihrer Herkunft.

tung der Welt, sind nach 1600 die Paradiesbilder durch Tiere dominiert.[158] Dabei wirken die biblischen Erzählungen von der Erschaffung der Tiere durch Gott und ihre Benennung durch Adam mit einer Paradiesvorstellung zusammen, in der Menschen und Tiere vor dem Sündenfall friedlich zusammenlebten.

Ein Schlüsselwerk ist hier wiederum eine Arbeit Roelant Saverys. In seinem *Vor der Sintflut* (1620) betitelten Bild, das heute in Dresden hängt, konnten Kunsthistoriker in Kooperation mit der Sächsischen Landesstiftung Natur und Umwelt etwa hundert verschiedene Arten, quer durch die Tierreiche der Welt, in ebenso vielfältigen Lebensräumen ausmachen.[159] Das Bild wird damit für heutige Betrachter*innen zu einer Ikone der Artenvielfalt.

Das Paradies auf Erden war schon in der Spätantike Gegenstand zahlreicher Spekulationen und theologischer Kontroversen. Man ging davon aus, dass dieser Gottesgarten räumlich zu lokalisieren war. Es war seit der Spätantike und dem frühen Mittelalter üblich, das Paradies als geografisch bestimmbaren Ort auf Weltkarten zu verzeichnen, einerseits als historischen Ort im Zweistromland, aber auch als noch existierendes Land der Verheißung an den Rändern außerhalb der bekannten Welt. Je mehr das Paradies sich den wissenschaftlichen Erkenntnissen der Zeit entzieht, desto weiter rückt es in die Räume der Imagination. So findet es als eigenständiges Feld der Landschaftsmalerei im letzten Drittel des 16. Jahrhunderts eine Heimat, aber mehr noch in den Träumen der Menschen von fernen Ländern.

Der Verheißungscharakter des Paradieses geht vor allem auf eine berühmte Prophezeiung des Jesaja im Alten Testament zurück (Jesaja 11: 6). Hier ist die Rede von einem tausendjährigen Friedensreich des wiedergekehrten Messias, in dem die Wölfe bei den Lämmern wohnen und die Panther bei den Bö-

---

158   Neidhardt, Krüger, Staatliche Kunstsammlung Dresden (2016, Hrsg.), S. 36ff.

159   Neidhardt, Krüger, Staatliche Kunstsammlung Dresden (2016, Hrsg.), Begleitheft „Paradies auf Erden?“, ohne Paginierung.

cken lagern werden. Das Motiv des Tierfriedens wirkt ebenfalls in der antiken Szenerie um Orpheus, der mit seiner Musik die Tiere zähmte. Auch dies ein Motiv, das Savery gemalt hat. Ein weiteres schönes Beispiel des Tierfriedens ist das Bild von Edwards Hicks (siehe oben), mit dem er dem Friedenswerk William Penns huldigt.

Wie weit das utopische Potenzial des Tierfriedens wirkt, zeigt in der Literatur Goethes *Novelle* (1828). Eine Adelsfamilie und eine Schaustellertruppe gehen hier ganz unterschiedlich mit Natur und Wildheit um. Die novellentypische unerhörte Begebenheit wird herbeigeführt durch zwei dem Käfig einer Schaustellertruppe bei einem Brand entsprungene wilde Tiere, einen Tiger und einen Löwen. Nachdem die adelige Ausflugsgesellschaft zuerst dem Tiger in einer bedrohlich erscheinenden Situation begegnet, wird dieser von einem Hofjunker erschossen. Die Meisterin und Wärterin des Tieres tritt auf und beklagt voll Leidenschaft und in bitteren Worten den unnötigen Tod des schönen Tieres. Als sich herausstellt, dass auch der Löwe geflohen ist, bittet die bunt und wunderlich gekleidete Schar der Schausteller den Fürsten, das auf ihre Weise regeln zu dürfen. Ein Knabe mit einer Flöte ist es, der durch seine Melodien schließlich das Tier befriedet:

> [...] der Knabe führte ihn im Halbkreis durch die wenig entblätterten, buntbelaubten Bäume, bis er sich endlich in den letzten Strahlen der Sonne, die sie durch eine Ruinenlücke hereinsandte, wie verklärt niedersetzte und sein beschwichtigendes Lied abermals begann [...] Indessen hatte sich der Löwe ganz knapp an das Kind hingelegt und ihm die schwere rechte Vordertatze auf den Schoß gehoben, die der Knabe fortsingend anmutig streichelte, aber gar bald bemerkte, daß ein scharfer Dornzweig zwischen die Ballen eingestochen war. Sorgfältig zog er die verletzende Spitze hervor, nahm lächelnd sein

Löwe und Rehbock in Freundschaft zusammen; Wandteppich aus dem Palazzo Borromeo, Isola Bella im Lago Maggiore.

buntseidenes Halstuch vom Nacken und verband
die greuliche Tatze des Untiers [...].

Das Lied des Knaben setzt das Ereignis in einen größeren Rahmen, den des irdischen Paradieses oder des Friedensreiches des wiedergekehrten Messias, in dem Frieden und Gerechtigkeit sich im Tierfrieden verbildlichen:

> Denn der Ew'ge herrscht auf Erden,
> Über Meere herrscht sein Blick;
> Löwen sollen Lämmer werden,
> Und die Welle schwankt zurück;
> Blankes Schwert erstarrt im Hiebe,
> Glaub' und Hoffnung sind erfüllt;
> Wundertätig ist die Liebe,
> Die sich im Gebet enthüllt.[160]

160 Goethe (1977), S. 455f.

Auch der Prophet Jesaja nennt, wenn er vom Friedensreich des Messias spricht, einen Knaben, der Kälber und junge Löwen und Mastvieh miteinander treiben wird. Orpheus, der mit seiner Musik die Tiere betört, oder der göttliche Knabe aus Vergils vierter Ekloge gehören ebenso zum Assoziationsraum, der sich hier öffnet.

Goethes *Novelle* versammelt Motive und Bilder, die auf ein umfassendes Harmonisierungswerk verweisen: Die Polaritäten von Kultur und Natur, Hochzivilisation und bunter, chaotische Wildheit heben sich auf in der gewaltfreien Versöhnung von Mensch und Natur. Eine Interpretation der *Novelle* im Geiste der Utopie aus den 80er Jahren des 20. Jahrhunderts macht bewusst, wie aktuell dieser Entwurf ist:

> Der Gedanke einer gewaltfreien Haltung gegenüber der Natur und die Erinnerung an die Einbindung des Menschen in die natürliche Ordnung hat an Evidenz gewonnen, seitdem sich übersehen läßt, zu welchen Konsequenzen die Ausbeutung und Unterwerfung der Natur im Zeichen technischer Rationalität führt. In dieser Form der Naturbeherrschung war in der Tat das Prinzip der Gewalt, die Selbstherrlichkeit des Homo Faber, bestimmend. Die historische Erfahrung hat erschreckend deutlich gemacht, daß diese Praxis, wenn sie nur konsequent genug betrieben wird, den angeborenen Lebensraum des Menschen verwüstet und seine biologischen Existenzgrundlagen bedroht. Darin bestätigt sich, ex negativo, die Goethesche Erkenntnis, daß der Mensch sich als Teil der natürlichen Ordnung verstehen muß. Vergißt er das und verlegt er sich gegenüber der Natur auf herrschaftlichen Zwang und gewaltsame Abtrennung, so hat das selbstzerstörerische Folgen.[161]

161 Jacobs (1982), S. 195.

Je nach Einstellung mag man sich wundern oder auch nicht, in welchem Maße das hier Gesagte auch heute noch relevant ist.

Ein Blitzlicht aus der Ratgeberliteratur zeigt, dass die Vorstellungsbilder eines Lebens „wie im Paradies" immer noch tief in der Sprache verankert sind: „Ein Leben in Harmonie mit der Natur, unseren Mitmenschen und uns selbst muss keine Utopie bleiben, wenn wir wieder unsere wahre Natur leben. […] Ein Leben wie ‚im Paradies' kann gelingen, wenn wir uns wieder zurückbesinnen, was artgerechtes Leben bedeutet. Dazu gehören ehrliche Lebensmittel, lebendige Böden, echte Tierliebe, Schaffenskraft voller Freude sowie soziales Miteinander – und all das im Rhythmus der Natur."[162]

Der Dodo

Roelant Savery war auch ein Entdecker der Natur, ihrer malerischen Wildheit und exotischen Schönheiten. Von Rudolf II. in den Jahren 1606–1608 auf Reisen geschickt, in die wilde Berglandschaft Tirols, malte er hier die Wunder der noch unberührten Natur mit dem Forscherblick eines Reisenden in fernen Ländern. Wie die Weltumsegler die Naturwunder der neu entdeckten Regionen beschrieben und zeichneten, so hat auch der Expediteur in die Wildnis mit durchaus naturwissenschaftlichem Interesse gearbeitet. Er brachte ein reichgefülltes Skizzenbuch mit, in dem er Stoff für viele Jahre versammelt hatte. In Utrecht, wo Savery später starb, entstand ein Portrait von ihm, das mit einem Gedicht auf den Maler geschmückt ist. Hier wird hervorgehoben, dass es schien, als habe er die Natur sogar noch übertroffen in seinen Schilderungen von Bergen, Wäldern, Tieren oder Blumen.[163] Diese Aussage ist auch deshalb interessant, weil sie zeigt,

---

162 Strauß (2018) Klappentext.
163 Müllenmeister (1985), S. 32. Siehe auch Heidenreich (2018), S. 163ff.

John Tenniel, Illustration mit Dodo zu
„Alice im Wunderland".

wie der Künstler in den Augen seiner Zeitgenossen bereits der schaffenden Natur – Natura naturans in der Terminologie der Zeit – Konkurrenz zu machen beginnt.

Dass Savery – neben anderen Exoten – dem Dodo so großes Interesse entgegenbrachte, ist also kein Zufall. Er hat eine charakteristische Optik geprägt, die weit über die Wirkung seines Gesamtwerks hinausgreift. Dabei verdankt der Dodo seine Popularität sicherlich nicht zuletzt dem Umstand, dass John Tenniell in seinen Holzschnitten zu Lewis Carrolls *Alice im Wunderland* diese Typologie des Vogels aufgenommen und sie humorvoll überzeichnet hatte. Mit Alice lernten zahllose Kinder (und Erwachsene) den Dodo kennen. Der Oxforder Mathematiker Charles Lewis Dodgson (Lewis Carroll), der in engem Kontakt zu seinem Illustrator stand, konnte im University Museum in Oxford einen prächtigen Dodo von Jan Savery (1589–1654) kennenlernen, einem Neffen Roelants, dessen Dodo-Gemälde das Muster des Onkels kopiert.

Der gravitätische Vogel, schon damals Objekt wissenschaftlicher Bemühungen, beeindruckt durch äußerst gelehrte Redeweise. Er schlägt in einer wunderlichen Versammlung der Tiere, die alle in Alices Tränenpfuhl gefallen waren, zur Trocknung ein „Caucus-Rennen" vor, bei dem alle gewinnen und alle Preise bekommen. „Caucus" ist im angelsächsischen Raum bekannt als politische Versammlung, häufig zur Vorwahl eines hohen politischen Kandidaten. Die Geschichte gab Anlass für den psychotherapeutischen Begriff des „Dodo-Bird-Effekt" oder „Dodo-Vogel-Verdikt", wonach alle Psychotherapien gleich wirken, weshalb es auch in diesem Wettlauf nur Gewinner gebe.

Leider kamen nicht alle deutschsprachigen Leser*innen in den Genuss des Dodo, denn in der deutschen Übersetzung der Insel-Ausgabe von Christian Enzensberger ist aus dem Dodo merkwürdigerweise ein „Brachvogel" geworden; eine grobe biologische Unrichtigkeit, zumal die Genforschung inzwischen festgestellt hat, dass der Dodo zu den Taubenvögeln gehört. Mittlerweile ist der Dodo aber mit einer neuen Übersetzung in den deutschsprachigen Raum zurückgekehrt.[164] Im Animationsfilm *Ice Age* haben Dodos einen Auftritt und ein unerwartet Überlebender besucht in Gestalt des Albino-Dodo Hartmut in Walter Moers *Käpt'n Blaubär* die elitäre Nachtschule. Zahlreiche Kinderbücher erzählen vom Dodo; „Dead as a Dodo" ist zum geflügelten Wort geworden.

Aber die Aura dieses Vogels geht über die kulturelle Dimension hinaus. Er ist zu einem Mythos der Naturgeschichte geworden.

Das Oxford University Museum of Natural History besitzt nicht nur Jan Saverys Gemälde, sondern auch Überreste eines echten Dodos und erforscht Lebensweise, Aussehen und Untergang der Art. Seine Heimat Mauritius gehört zu den Mas-

---

164 Carroll (1963/1975), S. 29ff. Hier erscheint der Dodo als „Brachvogel". Mit dem „Dodo": Carroll, Lewis (1869). Mittlerweile gibt es eine Neuausgabe der schönen alten Übersetzung von Antonie Zimmermann (2018), Berlin.

karenen, einer Inselgruppe im indischen Ozean mit den Inseln Mauritius, La Réunion und Rodrigues. Die Inseln hatten keine Verbindung zum Festland und große Raubtiere fehlten ebenso wie Menschen. So entwickelte sich eine reiche und sehr besondere Flora und Fauna, darunter mehrere Arten flugunfähiger Vögel. Zu ihnen gehört unser Dodo auf Mauritius, auch Dronte genannt, mit wissenschaftlichem Namen *Raphus cucullatus*. Im 16. Jahrhundert wurden die Inseln entdeckt und von europäischen Siedlern in Besitz genommen. Die Natur veränderte sich dramatisch. Die Siedler brachten – neben neuen Pflanzen – auch neue Tiere mit, wie Schweine, Katzen, Ratten und Affen, die verwilderten und offenbar die Eier des bodenbrütenden Dodos zerstörten. Auch von der Jagd auf die Vögel als Proviant für Seefahrer wird berichtet, aber ein Leckerbissen soll er nicht gewesen sein.

Ein folgenreicher Kontakt zwischen Mensch und Dodo ist datiert auf das Jahr 1598, als eine Expedition unter dem Admiral Jacob Cornelius van Neck auf Mauritius landete und mehrere der zutraulichen Vögel, die keine Menschen kannten, einfing und beschrieb. Um 1690, weniger als 100 Jahre nach der Kolonisierung der Insel, war der Dodo verschwunden und in den nächsten 150 Jahren folgten ihm viele auf den Maskarenen heimische Tiere. Der Dodo ist mittlerweile zum Synonym für das Aussterben von Arten geworden. Die Republik Mauritius hält ihn hoch in Ehren, er schmückt das Wappen und zahlreiche Souvenirs, ihm ist ein Museum gewidmet und immer noch beflügelt er zahlreiche Forschungsarbeiten.

Schon früh gelangten Überreste des Dodo oder ausgestopfte Exemplare als Kuriositäten nach Europa, so auch ein ausgestopftes Tier ins Museum in Oxford. Mitte des 19. Jahrhunderts kam die Vermutung auf, dass es sich um eine Art Riesentaube handle. 1899 schließlich fand man auf Mauritius zahlreiche Knochen, die zum Skelett des Dodo zusammengesetzt werden konnten. Weitere große Funde folgten. Heute sind in Oxford und in anderen europäischen Museen nur noch Überreste erhalten, hier ein mumifizierter Kopf, dort ein Fuß oder Reste von Haut und Knochen.

Die präparierten Dodos, die man auf der ganzen Welt sieht, sind nachgebaut, meist aus Hühnerfedern und Gips. Das Naturhistorische Museum London allerdings besitzt ein vollständiges Skelett; man hat dieses in einer 3-D-Animation in Bewegung gesetzt. Aus wissenschaftlichen Befunden und den historischen Berichten kann man ein wenig über Aussehen und Lebensweise rekonstruieren. Der Dodo galt lange als groß, fett und träge und auch als ein wenig dumm. Die neueren Forschungen wollen das korrigieren: Zur Ehrenrettung des Dodos wird hervorgehoben, dass es sich um ein aktives, schlankes und geschmeidiges Tier von erheblicher Intelligenz gehandelt habe, bestens geeignet für das Leben in den Wäldern seiner Heimat Mauritius.[165] Neuerdings hat auch das Senckenberg-Museum in Frankfurt eine lebensecht wirkende Rekonstruktion des Dodos, die den Anspruch erhebt, zahlreichen Quellen sowie dem aktuellen Forschungsstand zu entsprechen.[166]

Das durch die Saverys und Tenniel geformte Erscheinungsbild gerät also ein wenig ins Hintertreffen. Dennoch hat es die Sympathien für den Dodo bis heute getragen.

Schaufensterdekoration eines Ladens der italienischen Schmuckmarke „Dodo" in Mailand.

---

165 Vgl. Holthusen (o. J.) sowie Museum of Natural History; Angst, Chinsamy et al. (2017) sowie Natural History Museum London.
166 Vgl. Senckenberg (2019 a).

Die ein wenig untüchtige Figur und der Ausdruck freundlicher Harmlosigkeit mögen dabei eine Rolle gespielt haben. Anders als die Dinosaurier, die durch machtvolle Größe beeindrucken und deren Aussterben man nicht dem Menschen zuschreiben kann, scheint der Dodo auch deshalb zum Symboltier des Artensterbens prädestiniert, weil er wehrlos war und für den Menschen ziemlich nutzlos. Sein Aussterben erscheint mutwillig und sinnlos, durch menschliche Aktivität quasi nebenbei herbeigeführt.

Diese Geschichte des Dodo erzählt Thomas Pynchon in seinem Roman *Die Enden der Parabel*. Er erzählt aus der Perspektive des Holländers Frans van der Goos, der Mitte des 17. Jahrhunderts mit einer Schiffsladung lebender Schweine auf Mauritius ankommt und eine überwiegend von Dodos oder „Dronten" besiedelte Insel vorfindet. Die Schweine kümmern sich um die Eier und Jungvögel, die Menschen gehen daran, die erwachsenen Tiere auszurotten:

> Der dumme, ungelenke Vogel aber, nicht dafür geschaffen, zu fliegen oder auch nur einigermaßen behende zu laufen – *wozu* waren sie überhaupt gut? –, hatte von seinem Mörder nichts bemerkt, riß kreischend aus, spritzte sein Blut aus und starb [...] Er ließ die Dronten alle verwesen, konnte sich nicht überwinden, von ihrem Fleisch zu essen.

Mit der Zeit beginnen Einsamkeit und Aussichtslosigkeit die Wahrnehmung des einsamen Jägers zu verändern. Er sieht Fratzen und Fabelwesen, hört Stimmen, von denen er glaubt, sie wollten ihn warnen. Er sitzt einen Tag lang vor einem Nest mit Dodo-Ei und starrt es an, phantasiert die Situation, in der er das Küken vernichtet, spürt der großen Kette der Natur nach und der Macht seiner Waffe. In der Jagd auf alles und jedes spiegelt sich das Scheitern der Expedition und des mit ihr verbundenen Anspruchs: „Sie waren ein wütender Haufen von Verlierern, die eine göttlich auserwählte Rasse spielten. Ihre Spekulation, die Kolonie, lag schon im Sterben – genau wie die Ebenholzwälder, die sie von der Haut der Insel schälten, genau wie das arme Wesen, das sie so restlos von der Erde tilgten."

Mit großer Geste skizziert Pynchon unterschiedliche Versuche der Siedler, das Geschehen mit Sinn zu hinterlegen und damit der religiösen Interpretation zugänglich zu machen. War der Vogel wegen seiner Mißgestalt als fleischgewordenes Widerwort zu Gottes Schöpfungsplan zum Untergang verurteilt? Seine Vernichtung also Christenpflicht? Wäre er bei größerer Nützlichkeit und eleganterem Äußeren zu retten gewesen? Kann man das Schlachten jetzt überhaupt noch stoppen? Wären statt der Vogel Eingeborene, also Menschen, Hauptbewohner der Insel, der Sprache mächtig – hätte das die Tragödie abgewendet? Denn Wesen ohne Sprache, so der Glaube der Eroberer, können nicht der Erlösung teilhaftig werden.

Mit diesem Stichwort wendet sich die Erzählung einer Vision zu, einem Wunder, als dessen Zeuge erneut der Holländer Frans van der Goos in den Fokus tritt. Im Gesang Tausender Vögel ereignet sich die „Bekehrung der Dronten":

> Sie sind aus ihren feuchten Morgen, aus den Schatten ihrer Bergsümpfe, in seltsamem Pilgerzug hierhergewatschelt, um sich zu versammeln, um gesegnet zu werden, aufgenommen … *sind sie doch göttliche Geschöpfe und besitzen die Gabe der Vernunft, Zeugnis ablegend, daß nur in Seinem Wort ewiges Leben wohnt* … Und Glückstränen schimmern in den Augen der Dronten: jetzt sind sie alle Brüder, sie sind die Menschenwesen, die bisher auf sie jagten, Brüder in Christo, dem zarten Kindlein, an dessen Seite sie zu sitzen träumen, im Stall von Bethlehem, die Federn friedlich geglättet, seinen Schlaf und sein liebes Gesicht bewachend, die ganze Nacht […].

Diese Utopie des Tierfriedens behält allerdings in diesem Roman der Spätmoderne nicht das letzte Wort. Die „Bekehrung der

Dronten" ist dem Eroberer nichts als die Legitimation für deren Ausbeutung; sie wären in dieser Deutungsperspektive lediglich vom sinnlosen Opfer zum Nutztier avanciert, in beiden Versionen steht am Ende die Vernichtung. Dem Mann bleibt letztlich nur der Glaube an die „stählerne Realität der Feuerwaffe".[167]

Vögel und Bienen. Artenvielfalt

Zunächst weitgehend unbemerkt vom Feuilleton, hat die norwegische Kinderbuchautorin Maja Lunde im Jahr 2017 einen Weltbestseller gelandet: *Die Geschichte der Bienen* erzählt in drei Handlungssträngen in Vergangenheit, Gegenwart und Zukunft vom Sterben der Bienen und wie die Welt sich dadurch verändert. In der Gesellschaft der Zukunft ohne Bienen müssen die Menschen selbst die Bestäubung der Blüten übernehmen:

> Heute war ich auf Feld 748 eingesetzt. Wie viele es insgesamt waren, wusste ich nicht, aber meine Gruppe war eine von hunderten. In unseren beigefarbenen Arbeitsanzügen glichen wir einander wie die Bäume und hingen bei der Arbeit so dicht beieinander wie deren Blüten. Niemals allein, immer zu einer Traube gedrängt, ob hier oben in den Bäumen oder unten entlang des Pfades, wenn wir von einem Feld zum nächsten zogen. Nur in unseren kleinen Wohnungen hatten wir einige wenige Stunden am Tag für uns. Das übrige Leben fand hier draußen statt.[168]

---

167 Pynchon (1981/1989), S. 176ff. Zitate: S. 176f., 178f., 180.
168 Lunde (2017), S. 9.

Der Roman verbindet drei Geschichten, die in unterschiedlichen Ländern und Epochen mit Menschen und Bienen zu tun haben. Die Arbeiterin Tao lebt im China der Zukunft in einer Welt ohne Bienen. Sie lernt die dunklen Seiten dieser Gesellschaft kennen auf der Suche nach ihrem Sohn Wei-Wen, der spurlos verschwunden scheint. Eine weitere Erzähleben ist im England des 19. Jahrhunderts angesiedelt. Hier versucht ein Imker, den perfekten Bienenstock zu entwickeln. Die dritte Geschichte führt bis fast an die Gegenwart; der Imker George im Ohio des Jahres 2007 muss mit ansehen, wie immer mehr seiner Bienenvölker sterben. Es ist die Zeit, in der der globale Kollaps der Bienenvölker begann. Mit diesen Erzählebenen verbinden sich konfliktreiche Familien- und Ehegeschichten. Dadurch entsteht ein dichtes Beziehungsgeflecht, das die Leser*innen einbindet und dabei viel Wissenswertes über Bienen vermittelt. Der Roman endet mit einer kleinen Hoffnung und entgeht so der Dystopie. Die Bienen sind zurückgekehrt, auch wenn ein Stich zum Tod eines Kindes geführt hat.

Das Buch erreichte die Leser*innen durch seine spannende Erzähldramaturgie und eingängige Sprache, aber auch durch seine „Botschaft". Etwa 280 überwiegend positive und zum Teil sehr umfangreiche Kommentare im Portal „Amazon" zeigen, dass der Roman als Stellungnahme zur aktuellen Situation gelesen wurde und damit den Menschen nahe ging. Die negativen Wertungen konzentrieren sich denn auch eher auf die literarische Qualität des Werkes oder das eigene Leseerlebnis bzw. empfehlen Sachbücher zum Thema.

Parallel zum Aufstieg des Buches war es einer Gruppe von ehrenamtlichen Insektenfreunden, nämlich dem Entomologischen Verein Krefeld, überraschend gelungen, in der Forschung Gehör zu finden. Niederländische Wissenschaftler hatten in einer Studie, die im Oktober 2017 erschien und schnell durch die Medien ging, die Ergebnisse des Vereins bestätigt: Demnach sind seit 1989 die in 63 verschiedenen Naturschutzgebieten in Nordrhein-Westfalen, Rheinland-Pfalz und Brandenburg gefundenen Insekten sowohl nach Menge wie nach Anzahl der Arten um

mehr als 75 % zurückgegangen.[169] Im Jahr 2017 stand auch die
Verlängerung der Zulassung des umstrittenen Pestizids Glypho-
sat in der EU an und die Fusion Bayer – Monsanto erschien in
den Medien. Beides erregte zahlreiche Proteste in der Zivilgesellschaft, die Ende Juni in einer Europäischen Bürgerinitiative/EBI
ca. 1,3 Millionen Stimmer gegen die Verlängerung der Zulassung
zusammenbrachte. Dass das Mittel dann trotzdem und zwar mit
deutscher Stimme eine Verlängerung bekam, ist eine andere Geschichte und wahrlich ein weites Feld …

Jedoch blieb nun in der Öffentlichkeit nicht länger unbemerkt, dass es auch einen Zusammenhang zwischen Insekten und Vögeln gibt, sofern erstere das Nahrungsmittelangebot
stellen. Schon einmal hatte sich ein „Stummer Frühling" (*Silent
Spring* 1962/dt. 63) angekündigt: Rachel Carsons Buch hatte seinerzeit mit zum Verbot von DDT beigetragen. Ein neues Vogel-
sterben ging durch die Medien, für Naturschützer aber keineswegs neu, sondern seit Carsons dunkler Diagnose in aller Stille
stetig vorangeschritten. Seit 1980 war die Zahl der Vögel in 28
Staaten Europas insgesamt um 15% zurückgegangen, speziell in
der Agrarlandschaft aber um mehr als die Hälfte, wie der EBCC
(European Bird Census Council) 2019 mitteilt.[170] Dass die insektenfressenden Vögel besonders betroffen sind, konnte eine Studie
im Frühjahr 2019 nachweisen. Ein Forschungsteam des Sencken-
berg-Biodiversität-und-Klima-Forschungszentrums, des Deutschen Zentrums für integrative Biodiversitätsforschung und der
Friedrich-Schiller-Universität Jena hatte als erstes europaweit
untersucht, wie Ernährung und Bestandsentwicklung von Vögeln zusammenhängen. Demnach sind die Bestände dieser Vögel
(rund die Hälfte der europäischen Vogelarten) von 1990 bis 2015
in der Europäischen Union durchschnittlich um 13 Prozent ge-

169   Hallmann, Sorg, Jongejans et al. (2017).
170   EBCC (2019).

sunken. Dabei sind auf Äckern, Wiesen und Weiden, also in der Agrarlandschaft, die Bestände am meisten zurückgegangen.[171]

Im Frühjahr 2019 machte ein Volksbegehren in Bayern von sich reden, dass über 1,7 Millionen Stimmen für mehr Artenvielfalt in der Landschaft zusammenbrachte. Ein Bündnis von grünen Parteien und NGOs im Verbund mit zahlreichen unterstützenden Institutionen präsentierte einen klar formulierten Forderungskatalog mit sieben Schwerpunkten: Biotopverbünde schaffen, Nachhaltigkeit in die Ausbildung einbringen, Transparenz über Stand der Artenvielfalt, mehr ökologisch bewirtschaftete Flächen, mehr Blühwiesen und weniger Pestizide sowie schließlich eine Belohnung von Landwirten, die eine Leistung für das Gemeinwohl erbringen. Mittlerweile wird das Volksbegehren durch eine Europäische Bürgerinitiative (EBI) auf eine transnationale Ebene gehoben.[172] Die Forderungen gehen alle in die gleiche Richtung.

Als eine wesentliche Ursache des Desasters haben Wissenschaft und Umweltverbände gleichermaßen eine industrialisierte Agrarwirtschaft ausgemacht, die mit Monokulturen auf großen Flächen ohne Hecken und Blühstreifen und mit hohem Chemieeinsatz Insekten wie Vögeln die Lebengrundlage entzieht. Die Senckenberg Gesellschaft für Naturforschung, die an der oben genannten Vogelstudie maßgeblich beteiligt war, beschreibt die Problematik:

> Die Wissenschaftler*innen sehen in der modernen Landwirtschaft die Hauptursache für den europaweiten Rückgang der Insektenfresser. Neben dem starken Einsatz von Pflanzenschutzmitteln gingen mit dem Trend zu großflächigen Monokulturen

---

171 Bowler, Heldbjerg u.a. (2019).
172 Vgl. Volksbegehren, Homepage, und Europäische Bürgerinitiative unter www.wesavebees.eu.

immer mehr Hecken, Ackerränder und Brachen verloren und viele Wiesen und Weiden würden in Ackerland umgewandelt. Dadurch werde es für die Insektenfresser nicht nur schwerer Nahrung, sondern auch Brutplätze zu finden. Kälteliebende Arten gerieten zusätzlich durch den Klimawandel unter Druck.[173]

Das macht schon etwas aus; immerhin wird etwa die Hälfte der Fläche Deutschlands agrarwirtschaftlich genutzt. Die EU hat im Sinne der Produktivitätssteigerung jahrelang den Drang zur Größe gefördert, indem sie etwa Fördermittel an die Größe der bewirtschafteten Fläche bindet. In betriebswirtschaftlicher Betrachtung ist ein Bauernhof ein Wirtschaftsbetrieb wie jeder andere, der Investitionen tätigt, nach Wachstum strebt, rationalisiert und Gewinne erwirtschaftet. Umweltkosten werden wie überall sonst auch externalisiert. Das rein instrumentelle Verhältnis zu den Produktionsmitteln aus der Natur rückt die Kollateralschäden in die Distanz unverbindlicher Zahlenwerke, aufgehoben in Roten Listen, deren Bearbeitung in gesellschaftlicher Aufgabenteilung dem Naturschutz überantwortet wird.

Für die landwirtschaftlichen Großbetriebe der Zukunft deutet sich unter dem Stichwort Agrarindustrie 4.0 bereits der nächste Innovationsschritt an. Worauf sich die Landwirtschaft bezüglich Digitalisierung und Automatisierung einstellen kann, formuliert die Webseite „Bioökonomie.de":

Digitale Technologien helfen, Prozesse in der Außen- und Innenwirtschaft zu optimieren, also auf Feld und Weiden genauso wie im Stall. So kann die Steuerung von landwirtschaftlichen Maschinen mit der neusten Sensor- und Messtechnik kombiniert

173   Vgl. Senckenberg (2019 b).

werden, um den Wasser- und Nährstoffbedarf der Feldfrüchte zu ermitteln. Werden die aktuellen Satelliten- und Wetterdaten berücksichtigt, können Pflanzen bedarfsgerecht bewässert oder gedüngt werden. Dadurch wird die Effizienz gesteigert, der Eintrag überschüssiger Nährstoffe in die Umwelt minimiert und die Kosten für Betriebsstoffe wie Dünger, Pflanzenschutzmittel und Saatgut gesenkt. Um der zunehmenden Bodenverdichtung durch große Maschinen entgegenzuwirken, eignen sich kleine, autonom betriebene und GPS-gesteuerte Fahrzeuge oder Drohnen. Sie können Material wie beispielsweise Pflanzenschutzmittel dosiert ausbringen. Die Sensor- und Messtechnik hilft auch im Stall durch Aktivitätsmessung, bedarfsgerechte Fütterung, beim Melken, bei der Überwachung des Gesundheitszustands und bei der Identifizierung von einzelnen Tieren. Durch die Vernetzung von Geräten untereinander und die automatische Weitergabe von Daten mittels M2M-Kommunikation (machine to machine communication) werden Prozessabläufe besser aufeinander abgestimmt. Verwaltet und kontrolliert werden die Abläufe weiterhin vom Landwirt. Den reibungslosen Verlauf unterstützen Gerätehersteller und Dienstleistungsunternehmen.[174]

Die Sprache unterscheidet sich in Abstraktionsgrad und Begrifflichkeit nicht von der üblichen BWL-Fachsprache. Wenn wir davon ausgehen, dass die Sprache sich ihre Gegenstände zurichtet, so herrscht hier das Management im Machbarkeitsmodus. Es geht um die Produktoptimierung zur Ertragssteigerung, reich-

174 Bayer AG (2017).

lich mit Anglizismen versetzt. Das Management zielt auf eine Unterstützung durch Datentechnologie ab, die den Landwirt in die Lage versetzen soll, seine Produktionsmittel besser zu quantifizieren. Dabei verspricht die Datentechnologie vor allem, mittels Messdaten den Einsatz von Pestiziden und Düngemitteln punktgenau am Ort und in bedarfsgerechter Menge ohne Streuverluste zu steuern. Offenbar verbindet sich damit die Vorstellung, auf diesem Wege den Insekten, die nicht direkt unter der Düse sitzen, zu helfen. Wir dürfen mit Erleichterung zu Kenntnis nehmen, dass der Landwirt immerhin noch als Verwalter und Kontrolleur der Abläufe vorkommt. Im Grunde kann dies aber auch die Agrochemiefirma über ihre digitalen Servicedienstleistungen übernehmen. In der automatisierten Form der Landwirtschaft scheint nicht nur die Natur, sondern nun auch der Mensch soweit wie möglich aus dem System genommen.

Dabei ist jedoch immer noch zu fragen, wo eigentlich diffuses Unbehagen in begründete Kritikpunkte umzusetzen ist. Möglichweise ist die automatisierte Landwirtschaft ja eine Antwort auf die Frage, wie 10 Milliarden Menschen in Zukunft ernährt werden können. Auch macht die Informationstechnologie eine punktgenaue Bearbeitung auch in sehr kleinteiligen, strukturreichen und vielfältigen Räumen möglich, wie Naturschützer und Ökologen sie fordern. Aber die Verortung der Landwirtschaft im System Betriebswirtschaft zieht diesen naturnächsten aller Wirtschaftszweige auch in den epochalen Systemfehler herkömmlichen Wirschaftens hinein: In diesem System ist der Umweltverbrauch nicht abgebildet, und das ist in diesem Falle schlagend. Wenn Landwirtschaft Biodiversität „kostet", die Böden vernutzt und der Erosion preisgibt, das Wasser belastet, den Insekten und Vögeln ihre Lebensgrundlage verknappt, so ist das zwar im System nicht bepreist und wirkt damit nicht ertragsmindernd, aber nur so lange, wie der Vorrat reicht. Die Umwandlung von Natur in Produktion findet da ihre Grenze, wo die Endlichkeit der Erde diese Grenze setzt. Notwendig ist also ein Systemwechsel, der aus dem instrumentellen Verständnis der Natur hinausführt. Auf dem Weg dahin ist eine wichtige Frage zu beantworten, nämlich wozu Biodiversität eigentlich gut ist. Vielleicht kommen wir ja bei intelligenter Steuerung auch mit einer Welt zurecht, in der neben Soja, Mais, Palmöl und Raps drei Baumsorten und klimarobuste Tierarten in Nationalparks einen ästhetisch vielleicht unbefriedigenden, aber in der Sache durchaus hinreichenden Anteil von Natur darstellen.

Seit 2012 gibt ein „Weltbiodiversitätsrat" (IPBES) Antworten, der als unabhängiges zwischenstaatliches Gremium durch regelmäßige Berichte den Stand der wissenschaftlichen Erkenntnisse vorstellt. Mittlerweile gehören 129 Regierungen dazu. Ähnlich wie der IPCC für den Klimawandel, gibt der IPBES damit auch Handlungsempfehlungen und Entscheidungshilfen bzgl. der Biodiversität für die Politik. Im März 2018 legt das Gremium vier Regionalberichte vor, an denen über 550 Experten aus 100 Ländern gearbeitet hatten. Ein neuer, diesmal globaler Report vom Mai 2019 lässt keine Verbesserung der Lage erkennen, eher eine Zuspitzung der Krise, der Tonfall wird dringlicher. Eine Zusammenfassung des Berichts, die das Helmholtz Zentrum für Umweltforschung UFZ bereitstellt, kommuniziert eine alarmierende These, die sofort durch die Medien ging: 25 Prozent der Arten in den meisten Tier und Pflanzengruppen und damit etwa 1 Million Arten sind bereits vom Aussterben bedroht.[175]

Die Experten fordern, wie könnte es anders sein, ein schnelle Abkehr von der nicht nachhaltigen Nutzung der Natur. Ein Resümee im Netzwerk-Forum zur Biodiversitätsforschung (NeFo) zeigt einmal mehr, wie sich Klimawandel und Biodiversität gegenseitig beeinflussen:

Die Verwirklichung der Ziele der Vereinten Nationen für nachhaltige Entwicklung (SDGs), des Stra-

---

175 UFZ/IPBES (2019). Die Dokumente unter: https://www.ufz.de/index.
php?de=44469

tegischen Plans für die biologische Vielfalt 2011–
2020 und seiner Aichi-Biodiversitätsziele sowie des
Pariser Übereinkommens über den Klimawandel
hängen von der Gesundheit und Vitalität unserer
natürlichen Umwelt in all ihrer Vielfalt und Kom-
plexität ab. Maßnahmen zum Schutz und zur Förderung der biologischen Vielfalt sind für die Erfül-
lung dieser Verpflichtungen und das Wohlergehen
der Menschen mindestens ebenso wichtig wie der
Kampf gegen den globalen Klimawandel.
Reichere, vielfältigere Ökosysteme sind besser in
der Lage, Störungen wie Extremereignisse und das
Auftreten von Krankheiten zu bewältigen. Sie sind
unsere ‚Versicherung' gegen unvorhergesehene Ka-
tastrophen und bieten, nachhaltig genutzt, viele der
besten Lösungen für unsere drängendsten Herausforderungen.[176]

Die erwähnten Aichi-Biodiversitätsziele (Aichi Biodiversity Targets) beinhalten eine weitere internationale Verpflichtung, bei
der man sich 2010 in Japan in der Provinz Aichi auf die Bekämp-
fung des Rückgangs von Biodiversität verpflichtet hatte. Die 20
Ziele laufen alle bis zum Jahr 2020.[177] Viele Argumente, die die
Ökosystemdienstleistungen der Biodiversität hervorheben, weisen in die gleiche Richtung. Man kann diese Ökosystemdienstleistungen auch in Geld umrechnen. Wir bewegen uns nun in
einer wesentlich komplexeren, naturwissenschaftlich fundierten Systemlogik. Sie sagt uns etwas, das der gesunde Menschen-
verstand bereits vermutet, nämlich dass die Vielfalt der Natur
unsere Lebensgrundlage ist. Ob damit jedoch lediglich ein be-
triebswirtschaftliches und ein naturwissenschaftliches System in

---

176 NeFo (2018).
177 Vgl. Convention on Biological Diversity (2010).

Konkurrenz zueinander treten, oder ob tatsächlich ein anderes, von Gleichheit und Respekt gekennzeichnetes Verhältnis zur Natur in der Praxis gelingt, ist noch nicht ausgemacht. Die additive Ergänzung agrarindustrieller Großflächen durch Hecken und Grünstreifen wird wohl nicht ausreichen, um das große Sterben aufzuhalten, zumal der Klimawandel durch Trockenheit und Unwetter die Situation verschärft.

Wie ein Systemwechsel sich anfühlt und schmeckt, möchte die Initiative Slow Food spürbar machen. Sie setzt bei der Genussfähigkeit und Lebensqualität der Menschen an. Unter dem Motto „Wer Utopie sät, wird Realität ernten" 1989 auf internationaler Ebene von dem italienischen Journalisten und Soziologen Carlo Petrini gegründet, will Slow Food eine Alternative zur industrialisierten Landwirtschaft realisieren. Die mittlerweile weltweite Bewegung startete 1989 fast symbolhaft zeitgleich mit dem Untergang der großen ideologischen Blöcke. Was auf den ersten Blick wie eine weitere Facette feinbürgerlicher Kochkunst erscheinen mag, erreicht bei näherer Betrachtung die Dimensionen einer umfassenden Neuausrichtung. So wie die Dinge sich seit 1989 entwickelt haben, kann die Frage nach dem, was wir essen, sich durchaus mit den großen Erzählungen klassischer ideologischer Prägung messen. Denn Slow Food kümmert sich nicht nur um die Pflege qualitätvoller regionaler Esskulturen, sondern fädelt Schritt für Schritt die Elemente einer nachhaltigen, das heißt fairen, ressourcenschonenden und umweltfreundlichen Lebensmittelerzeugung, -verteilung und -konsumtion aneinander. Mit der Forderung nach guten, sauberen und fairen Lebensmitteln verbinden sich ein Eintreten für faire Löhne und Arbeitsbedingungen, für eine Schonung der Umwelt und der biologischen Vielfalt und die Abwendung von Schaden an Mensch und Tier. Die Art, wie wir essen, bestimmt, so verstanden, tatsächlich unser Verhältnis zur Welt.

Unser Essen ist untrennbar verknüpft mit Politik, Wirtschaft, Gesellschaft, Kultur, Wissen, Landwirtschaft, Gesundheit und Umwelt. Dreimal am Tag, bei jeder Mahlzeit, treffen wir eine Entscheidung mit weitreichenden Konsequenzen.

Daher sollen unsere Lebensmittel gut, sauber und fair sein.

Gut, wohlschmeckend, nahrhaft, frisch, gesundheitlich einwandfrei, die Sinne anregend und befriedigend.

Sauber hergestellt ohne die Ressourcen der Erde, die Ökosysteme oder die Umwelt zu belasten und ohne Schaden an Mensch, Natur oder Tier zu verursachen.

Fair die soziale Gerechtigkeit achtend, mit angemessener Bezahlung und fairen Bedingungen für alle — von der Herstellung über den Handel bis hin zum Verzehr.[178]

Slow Food agiert gemeinsam mit Naturschutz- und Umweltverbänden sowie NGOs auf verschiedenen politischen Bühnen, erarbeitet Positionspapiere und Stellungnahmen zu aktuellen Fragen. Insgesamt ist die Bewegung aber darauf angewiesen, das Konsumverhalten der Menschen in der Breite zu verändern, um einen Systemwechsel herbeizuführen. Ob das in einer Konsumkultur gelingt, in der billige Lebensmittel als Norm gelten, ist ebenfalls noch nicht ausgemacht.

Kehren wir zurück zu den Vögeln. Der Schriftsteller Jonathan Franzen beantwortet in einem Artikel des Magazins *National Geographic* die Frage *Why birds matter* mit der Einsicht, dass offenbar ein Systemfehler im Denken vorliegt: Wert, so sein Argument, ist im späten Anthropozän meist bestimmt durch den Nutzen für den Menschen. Alle Ökosystemdienstleistungen der Vögel, die mit guten Gründen angeführt werden, fallen in diese Kategorie. Vögel sind jedoch Wert an sich, Indikatoren für unse-

---

178   Slow Food (2016), S. 6ff.

re ethischen Werte und die Bereitschaft, uns nicht für das Maß aller Dinge zu halten. Wir überlassen Franzen das Schlusswort zu diesem Kapitel:

> What bird populations do usefully indicate is the health of our *ethical* values. One reason that wild birds matter – ought to matter – is that they are our last, best connection to a natural world that is otherwise receding. They're the most vivid and widespread representatives of the Earth as it was before people arrived on it. [...]
>
> The radical otherness of birds is integral to their beauty and their value. They are always among us but never of us. They're the other world-dominating animals that evolution has produced, and their indifference to us ought to serve as a chastening reminder that we're not the measure of all things. The stories we tell about the past and imagine for the future are mental constructions that birds can do without. Birds live squarely in the present. And at present, although our cats and our windows and our pesticides kill billions of them every year, and although some species, particularly on oceanic islands, have been lost forever, their world is still very much alive. In every corner of the globe, in nests as small as walnuts or as large as haystacks, chicks are pecking through their shells and into the light.[179]

179 Franzen (2018).

DIE LEERE LANDSCHAFT –
KLIMAWANDEL UND APOKALYPSE

*Cristoforo de Predis, Das Ende der Welt: Mond und Sonne werden sich
verdunkeln, die Sterne werden fallen, 1476, Pergament, Turin,
Biblioteca Reale.*

Ästhetik der Abstraktion

Das Gegenteil der heimatlichen Landschaft ist die leere Landschaft. Die leere Landschaft ist das Schreckliche schlechthin. Ohne Bäume, Tiere, Menschen – ohne Vielfalt und Leben. Die Apokalypse ist das Gegenbild zur Wunschlandschaft, hier werden Ängste und Drohungen in die Landschaft projiziert. Das System aus Angst, Schuld, Gericht und Strafe ist ein religiöses Narrativ, das Jahrhunderte lang die Vorstellungswelten der Menschen geprägt hat. Sintflut, jüngstes Gericht oder Apokalypse mit Erlösung oder ewiger Verdammnis am Ende sind in das kollektive Unbewusste eingegangen, in Erzählungen und Bilderwelten festgehalten worden.

Unser Beispiel aus dem letzten Drittel des 15. Jahrhunderts ist von einem bemerkenswerten Abstraktionsgrad gekennzeichnet. Es stammt von dem Miniaturisten und Illustrator Cristoforo de Predis oder Preda (1440/45–1486), einem Mailänder Künstler und Zeitgenossen Leonardo da Vincis. Das Bild schmückt einen Codex, der in der Bibliothek von Turin unter dem Titel *Storie di San Gioachino, Sant'Anna, di Maria Vergine, di Gesù, del Battista e della fine del mondo* aufbewahrt wird.[180] Und um jenes Weltende handelt es sich hier. Dass Sonne und Mond sich verdunkeln und die Sterne fallen werden, gehört zu den häufigsten Formeln, mit denen in der Bibel der Weltuntergang beschrieben wird. Die Bekannteste Version entstammt der Offenbarung des Johannes, in der die Szene mit der Öffnung des sechsten Siegels vorkommt.[181]

Unser Bild zeigt den Zustand kurz vorher, also quasi „fünf vor zwölf", als die Erde bebt, Sterne vom Himmel fallen und die Sonne erlischt, alles Leben, die Natur und die Vielfalt auf der

---

180   Rossetti, Folchi (2004).

181   Alle parallelen Stellen in der Bibel unter: https://bibeltext.com/revelation/6-12.htm

Erde verschwinden lassend. Die Menschen verbergen sich in den Bergen aus Furcht vor dem Zorn Gottes. In den Worten der Einheitsübersetzung heißt das so:

> Und ich sah: Das Lamm öffnete das sechste Siegel. Da entstand ein gewaltiges Beben. Die Sonne wurde schwarz wie ein Trauergewand und der ganze Mond wurde wie Blut. 13 Die Sterne des Himmels fielen herab auf die Erde, wie ein Feigenbaum seine Früchte abwirft, wenn ein heftiger Sturm ihn schüttelt. 14 Der Himmel verschwand wie eine Buchrolle, die man zusammenrollt, und alle Berge und Inseln wurden von ihrer Stelle weggerückt. 15 Und die Könige der Erde, die Großen und die Heerführer, die Reichen und die Mächtigen, alle Sklaven und alle Freien verbargen sich in den Höhlen und Felsen der Berge. 16 Sie sagten zu den Bergen und Felsen: Fallt auf uns und verbergt uns vor dem Blick dessen, der auf dem Thron sitzt, und vor dem Zorn des Lammes; 17 denn der große Tag ihres Zorns ist gekommen. Wer kann da bestehen?[182]

Das Bild wirkt, auf einer formalen Ebene betrachtet, erstaunlich modern. Der Blick zurück macht klar, dass eine lange Geschichte der Abstraktion in der Kunst die ästhetischen Kategorien entscheidend geprägt hat. Diese Entwicklung hat eine Suprematie des kreativen Subjekts mit sich gebracht, die sich nicht nur im Autonomieanspruch der Kunst ausdrückt. Was aktuell vielfach mit dem Begriff „Anthropozän" belegt wird, meint eine im erdgeschichtlichen Maßstab wirksame Umgestaltung, wenn nicht gar Zerstörung der Erde durch den Men-

---

182 Offenbarung des Johannes (2016).

schen. Der Anthropozän-Diskurs ruft nicht nur zur Verantwortung auf, sondern legt den Gedanken an Hybris und Strafe nahe. Dies wiederum bietet Anschlussmöglichkeiten an die Narrative der Apokalyptik.

Dass die Zerstörung der Landschaft sich vor allem durch ihre Geometrisierung ausdrücke, ist dabei immer wieder in die Klagen eines konservativen Naturschutzes sowie einer pessimistisch gefärbten Kultur- und Modernekritik eingeflossen. Im kollektiven Bildgedächtnis vieler Kritiker sind wahrscheinlich ganz andere Bilder von Schönheit gespeichert, eher der Wald eines Caspar David Friedrich oder das Heimattal Hans Thomas als die Farbfelder eines Mark Rothko. Abstraktion und Geometrie werden in parallelen kulturhistorischen Entwicklungslinien gleichermaßen zu Signaturen der Modernisierung wie der Naturzerstörung.

Eine virtuelle Ausstellung des Rachel Carson Center zum Verhältnis von Mensch und Natur in der deutschen Literatur zeichnet die tiefgreifenden Landschaftsveränderungen nach, die sich im Laufe der Geschichte auf dem Weg ins „Anthropozän" abgespielt haben. Die Kuratorin Sabine Wilke bringt im Kapitel *Die komplett zerstörte Landschaft der Gegenwart* ein Zitat des Schriftstellers W. G. Sebald, das die Geometrisierung als Erweis der destruktiven menschlichen Einwirkung ausführt:

> Das kleine Propellerflugzeug, das zwischen Amsterdam und Norwich verkehrt, stieg zuerst der Sonne entgegen, ehe es in westlicher Richtung abdrehte. Unter uns lag ausgebreitet eine der am dichtesten besiedelten Regionen Europas, endlose Reihenhauszeilen, mächtige Trabantenstädte, business parks und glänzende Glashäuser, die gleich großen vierkantigen Eisschollen zu treiben schienen auf dem bis in den letzten Winkel ausgenutzten Land. Eine über Jahrhunderte sich hinziehende Regulierungs-, Kultivierungs- und Bautätigkeit hatte die

gesamte Fläche verwandelt in ein geometrisches
Muster.

W.G. Sebald, *Die Ringe des Saturn*, Frankfurt am
Main Eichborn, 1995, S. 112.[183]

Die Entleerung der Landschaft, ihre Geometrisierung und De-
naturalisierung, drohen nach der Phase der ersten industriellen
Revolution eine weitere Intensivierung zu erfahren. Im Horizont
der beiden großen Bedrohungen der Zukunft, des Klimawandels
und der Zerstörung der Artenvielfalt, zeichnen sich neue Dimensionen der Krise ab.

Wie die Verdunklung und Entleerung der Welt vor dem
Hintergrund einer außergewöhnlichen Klimakatastrophe in
Worte gefasst werden kann, zeigt ein Gedicht Lord Byrons mit
dem Titel *Darkness*, das dieser im „Jahr ohne Sommer" 1816 am
Genfer See in der Villa Diodati schrieb. Hier entstand auch Mary
Shelleys Frankenstein-Roman. Die Ereignisse des Jahres 1816
sind in die Kultur- und Klimageschichte eingegangen. Durch den
Ausbruch des Vulkans Tambora hatte sich die Sonne verdunkelt.
Ernteausfälle und Hunger waren die Folge. Byron nutzt die Bil-
der der Apokalypse zur Wiedergabe einer Erfahrung der Dunkelheit, die das Erlebnis des Himmels ohne Sonne durchschei-
nen lässt.

> Finsterniß.
> Mir ward' ein Traum, der völlig Traum nicht war:
> Erloschen war der Sonne Schein; die Sterne
> Bewegten trüb sich durch den ew'gen Raum,
> Strahllos und pfadlos; und die eis'ge Erde
> Trieb blind und schwarz durch mondesleere Luft.
> Der Morgen kam und ging, doch ward's nicht Tag;
> [...]

183 Zitat nach Wilke (2018), Landschaftsveränderungen.

Die Winde waren in der faulen Luft
Verwelkt, die Wolken fort; die Finsterniß
Hatt' sie nicht nöthig mehr – *sie* war das All!
(Diodati, im Juli 1816)[184]

Das „Jahr ohne Sommer" ist zum Signet der schlimmen Auswirkungen von Klimaänderungen geworden.[185]

Klimawandel und Apokalypse

> Es ist kalt auf der Mauer. Das ist das Erste, was einem jeder erzählt, und auch das Erste, was einem auffällt, wenn man dorthin versetzt wird. Das ist es, woran man die ganze Zeit denken muss, wenn man sich auf ihr befindet, und daran erinnert man sich, wenn man nicht mehr dort ist. Es ist kalt auf der Mauer.[186]

„Es ist kalt auf der Mauer" – So beginnt und endet ein Roman, der, 2019 erschienen, als repräsentative Erzählung vom Klimawandel außerhalb der Science-Fiction-Literatur gelten darf. *Die Mauer* von John Lanchester schildert auf weite Strecken den Alltag eines Mannes, der nach der eingetretenen Klimakatastrophe zusammen mit anderen Kampf- und Leidensgenossen die Aufgabe hat, das Land (Großbritannien, wie wir erst spät im Roman erfahren) mittels Verteidigung einer Mauer vor den „Anderen" zu schützen. Die Anderen, das sind Klimaflüchtlinge, die über das Meer in lecken Booten kommen und die Mauer in Verzweiflungsangriffen zu stürmen versuchen. Wir haben

---

184 Byron (o.J.).
185 Weitere Informationen und Quellen bei Heidenreich (2018).
186 Lanchester (2019), S. 9.

Vereiste Nordsee.

uns die Welt als großenteils unter Wasser liegend vorzustellen, da der Meeresspiegel angestiegen ist. Es gilt die Regel, dass für jeden eingedrungenen „Anderen" einer von den Bewachern aufs Meer geschickt wird. Er wird dann auch ein „Anderer". Bevor dieser Rollentausch im Roman durchgespielt wird, nehmen wir am Alltag der Bewacher teil, an endlosen Wachen in der Kälte und Militärmanövern, an ihrem kargen Privatleben und erfahren von der großen Schuld der Eltern. Gewöhnliche Verrichtungen wie Wachen, Schlafen, Essen, Kleidung, Gespräche, Urlaub und wieder Wache nehmen den ersten Teil des Buches ein. Im Hintergrund dieses Alltags wird die soziale Struktur der neuen Welt sichtbar: Es gibt eine „Elite", die zum Beispiel noch fliegen darf und diverse Privilegien genießt, währen die eingedrungenen „Anderen" vor die Wahl gestellt werden, als „Dienst-

193

linge" eine Art Sklavendasein zu führen oder eingeschläfert zu werden.

Die große Schuld, genannt „der Wandel" wird in das bekannte Narrativ der Apokalypse eingefügt. Der Erzähler ist ein Angehöriger der „Elite":

> ‚Der Wandel war kein Ereignis, sondern ein Prozess – ein Prozess, der an manchen der vom Unglück heimgesuchten Orte noch immer nicht aufgehört hat. Insbesondere in den vielen der heißeren Klimazonen der Welt setzt sich der Wandel weiter fort. Er formt immer noch Landschaften um und hat auch nach wie vor große Auswirkungen auf das Leben der Menschen dort. Männer und Frauen ergriffen vor ihm die Flucht, flüchteten vor den Folgen, die er mit sich brachte, versuchten, irgendwo Unterschlupf zu finden, höhergelegene Gebiete zu erklimmen, versuchten, einen Felsvorsprung, eine Höhle, einen Brunnen, eine Oase zu finden, einen Ort, an dem sie und ihre Familie in Sicherheit wären.' ‚Aber', sagte er jetzt, während sich sein Tonfall erneut veränderte und er nun tatsächlich wie ein Mitglied der Elite klang, wie ein Mann, der es gewohnt ist, Befehle zu erteilen und schlechte Nachrichten zu überbringen, ‚der Wandel hörte nicht auf. Der Unterschlupf wurde vom Wind weggefegt, das Wasser stieg bis zu den höhergelegenen Gebieten, der Boden wurde verbrannt, die Ernte verdorrte, der Vorsprung bröckelte ab, der Brunnen trocknete aus. Die Sicherheit war eine Illusion.' [...][187]

---

187 Lanchester (2019), S. 143f.

Der Wendepunkt der Erzählung wird anspielungsreich durch eine Szene markiert, die an Kafka erinnert. „Andere" waren eingedrungen, und nun müssen die Schuldigen hinaus aufs Meer. Der Ich-Erzähler, dessen Name, wie wir jetzt erfahren, Joseph Kavanagh lautet, erfährt sein Urteil. Dessen absurde Unausweichlichkeit ist so offenkundig, dass auf eine Gerichtsverhandlung verzichtet werden kann.

Und dann beginnt eine Abenteuergeschichte, deren Plot vom Rollentausch mit den Anderen, von Verrat und Bewährung, Hoffnung, Verzweiflung und schließlich wieder einem Schimmer neuer Hoffnung auf Spannung setzt. Die zirkuläre Struktur, die ans Ende wieder den Anfangssatz stellt, setzt auf formaler Ebene ein Gegengewicht zum happy ending der Geschichte.

Der Schriftsteller Amitav Gosh hatte in seiner Publikation *Die große Verblendung* noch das Schweigen der Schriftsteller*innen zum Klimawandel beklagt. Ein zentraler Punkt seiner Analyse war, dass der zeitgenössische Roman die großen Kräfte von unermesslicher Gewalt, unermessliche Zeiträume, Übermenschliches, aber auch die Idee vom Kollektiven, aus der literarischen Sphäre ins Nebenfach der Science Fiction verbannt habe. Der Gegenwartsroman folge einem Raster literarischer Formen und Konventionen, die genau das, was den Klimawandel ausmache, ausgrenzten. Stattdessen befasse sich der Avantgarde-Roman, so Amitav Gosh mit Bezug auf eine Aussage John Updikes, mit den moralischen Abenteuern des Individuums, seiner Auseinandersetzung mit der Welt der Umstände. Dieser privatistische Zug führe, – neben anderen, politisch und machtbezogen motivierten Positionen – eben auch zur „Großen Verblendung".[188]

In Lanchesters Roman ist der Kunstgriff gelungen, beide Pole zu verbinden, die literarische Ambition mit dem Abenteuerplot, die private Perspektive des Individuums vor allem im ersten Teil mit den großen kollektiven Themen der Menschheit: Klima-

---

188   Gosh (2017).

wandel und Migration, oligarchische politische Strukturen und Machtgefüge.

Im Kern aber handelt der Roman von Schuld und Strafe; er erzählt vom Versagen der Eltern, das die Katastrophe heraufbeschworen hat und die Jungen auf die Mauer zwingt, und von Egoismus und Gier der Eliten. Der moralische Kompass ist eindeutig und repliziert ein Narrativ, das auf Schuld die kosmische Katastrophe folgen lässt wie das sprichwörtliche Amen in der Kirche. Sicherlich sollte man von zeitgenössischen Romanen weder Lösungen noch Utopien verlangen; dem würde wohl auch ein Kritiker wie Gosh nicht folgen. Auffällig ist aber doch, wie stark das Narrativ der Apokalypse den öffentlichen Diskurs bestimmt.

Ausgetrocknetes Flussbett.

Anthropozän

Zum ersten Mal ist der Mensch in der Lage, die Erde im geologischen Maßstab zu verändern, und er tut es auch. Klimawandel und der rasante Verlust an Biodiversität sind die Felder, in denen sich das sogenannte Anthropozän von seiner schlimmsten Seite zeigt. Der Nobelpreisträger Paul J. Crutzen und der Biologe Eugene F. Stoermer hatten den Begriff Anfang der 2000er Jahre vorgeschlagen, um die epochale Bedeutung des menschlich beeinflussten Klimawandels begrifflich zu erfassen.[189]

Der Begriff ist mittlerweile in zahlreiche Fachgebiete und Diskurse diffundiert und hat sich mitunter auch von seiner ursprünglichen wissenschaftlichen Prägnanz entfernt. Dafür ist das Konzept nach und nach auch einer breiteren Öffentlichkeit bekannt geworden und hat einen kulturellen Diskurs angestoßen, der unter anderem thematisiert, dass Natur und Kultur fortan nicht mehr zu trennen seien. Im Grunde genommen sollte die Rede vom Anthropozän nicht nur die Tragweite menschlichen Handelns ausdrücken, sondern auch die Größe der Verantwortung, die daraus erwächst. Aber die Narrative, die sich hier entwickeln, sind häufig Erzählungen von Katastrophe, Gericht, Schuld und Strafe. Möglicherweise ist es gerade dieser dunkle Grundton, der pragmatischen Handlungsansätzen entgegensteht oder sogar gegen diese immunisiert.

Der Umwelthistoriker Joachim Radkau schildert das Narrativ der „Rache der Natur" als konstitutiv für die moderne Umweltbewegung. Das Motiv hat eine lange Geschichte, deren einzelne Stationen Radkau nachzeichnet. Vor allem das mittelalterliche Motiv der „Klage der Natur" beeindruckt durch ein Szenario, das mit Gerichtsverhandlung und einer verletzten, blutenden Klägerin Natur gegen den Frevel argumentiert, der der Erde durch den Bergbau

---

189 Vgl. dazu und dem Folgenden Dürbeck (2018). Zum Begriff Anthropozän vgl. auch Schönwiese (2019), S. 77f.

angetan wird. Später sind es dann die umfangreichen Abholzungen der Neuzeit, die die Rache der Natur auf den Menschen lenken. Eine Schlüsselrolle spielt der amerikanische Umweltpionier George P. Marsh, dessen Publikation *Man and Nature* (1864) deutlich von der Rhetorik der Rache der Natur durchzogen ist. Ein ursprünglich theologisches Denkmuster wird so in den Ökologiediskurs überspielt und gewinnt dort zunehmend an Raum.[190]

Warum dominiert im Ökologie-Diskurs immer noch die Katastrophe, während die Utopie eine vergleichsweise geringe Rolle spielt und eher in Fachkreisen verhandelt wird? Eine mögliche Erklärung liefert ein Blick auf einen wichtigen Impulsgeber der Ökologiebewegung, der viel dazu beitrug, die politische Stimmung von linkem Utopismus auf ökologische Apokalyptik umzustellen.

Als einen Gegenentwurf zu Ernst Blochs *Prinzip Hoffnung* lieferte 1979 Hans Jonas (1903–1993) mit dem *Prinzip Verantwortung* ein Werk, das einer ökologisch und global orientierten Zukunftsethik den Weg bahnen sollte. Hans Jonas wendet sich in seiner Publikation ausdrücklich gegen eine bereits existierende global verbindliche Ethik, nämlich den Marxismus, der im Verein mit der Technik die Utopie zum ausdrücklichen Ziel erhoben habe. Er verbindet damit eine Kritik des utopischen Ideals überhaupt. Jonas positioniert sein Prinzip Verantwortung gegen jeden Utopismus, den er für die gefährlichste Versuchung der Menschheit hält, gerade weil er sich mit den ältesten Menschheitsträumen verbündet. Für den wirksamsten Agenten des menschheitsverführerischen Utopismus hält er den technologischen Fortschritt. Es geht ihm darum, die Welt vor der Katastrophe zu bewahren, die Menschen ihr zufügen können, weil sie es können. Diese Strenge führt ihn zur Formulierung eines Imperativs, der Kants kategorischen Imperativ noch übertrifft, indem er ihn inhaltlich festschreibt: „Handle so, daß die Wirkun-

---

190   Radkau (2011), S. 53.

gen deiner Handlung verträglich sind mit der Permanenz echten menschlichen Lebens auf Erden."[191]

Ein nützlicher Anzeiger für das Verlassen des rechten Weges ist ihm die Furcht. Diese „Heuristik der Furcht", die Unheilsprophezeiungen entwickelt, um sie abzuwenden, hat bei ihm eine ethische Dimension; „Es ist die Vorschrift, primitiv gesagt, daß der Unheilsprophezeiung mehr Gehör zu geben ist als der Heilsprophezeiung."[192]

Damit hat Jonas eine Entwicklung verstärkt, die schon 1972 durch den *Club of Rome* angebahnt worden war. Die Studie zu den *Grenzen des Wachstums* zeichnete düstere Zukunftsszenarien, wenn der globale Ressourcenverbrauch so weiter ginge wie bisher.

Auch die grundsätzliche Technologkritik, der sich Hans Jonas verschrieben hatte, fand viele Anhänger und bestätigte eine Skepsis, die technischen Fortschritt und Industrialisierung schon lange begleitet hatte. Eine Ethik des Verzichts und der Bescheidenheit, Suffizienz als moderne Form der Genügsamkeit konturierten das Gegenmodell zur modernen Konsumgesellschaft, schrumpften dabei aber zugleich zum Zielgruppenthema bzw. zur individuellen Konsumentscheidung, die innerhalb einer breiten Warenpalette bei Bioprodukten und Fair Trade ihre Angebote fand. Die Marktwirtschaft konnte das lange integrieren; die individualethisch verstandene Nachhaltigkeit wendet sich an den Bürger als Konsumenten und mündet in den Versuch, die Große Transformation durch ethischen Konsum herbeizuführen. Die Entwicklung blieb dabei aber im etablierten Paradigma und gelangte über die Zielgruppe der Öko-Liberalen kaum hinaus.

Zahlreiche Bücher, Filme und Videospiele haben apokalyptische Szenarien einer durch Klima- und Umweltkatastrophen

---

191 Jonas (1979), S. 36.
192 Ebenda, S. 70.

zerstörten Welt heraufbeschworen. Avantgarde-Philosoph*innen beschäftigen sich mit der Frage, wie der Weltuntergang zu denken sei.[193] In den Medien hat sich das Narrativ von Apokalypse, Schuld und Strafe zu einem Schema verfestigt, das deutliche Abnutzungserscheinungen zeigt. Es geht hier wohl kaum noch um das anspruchsvolle ethische Konzept des Prinzips Verantwortung, das zum Handeln auffordert. Die „Heuristik der Furcht" ist zurückgefallen auf ältere religiöse Muster, die nicht mehr reflektiert werden. Ein Artikel aus der „Welt" beschwört die Wüste herauf:

> Die Temperaturen steigen, Brände und Umweltkatastrophen nehmen weltweit zu. Doch wie in einem Horrorfilm ignoriert die Menschheit im Anthropozän alle Warnsignale. Warum halten wir stur an einem Kurs fest, der in die sichere Tragödie führt? […] Doch je länger eine kleine, ignorante Elite die Amerikaner und den Rest der Menschheit zwingt, ziellos in der politischen Wildnis umherzuwandern, desto wahrscheinlicher ist es, dass wir in einer Wüste enden werden, aus der es kein Entkommen gibt.

Der Spiegel schildert apokalyptische Bilder und erinnert mit der Formulierung von der sechsten Auslöschung der Arten an das sechste Siegel aus der Apokalypse des Johannes, die wir oben zitiert haben:

> Es wird Chaos geben und Kriege, es wird Millionen von Toten geben und Aufstände und Flucht und Vertreibung von ungeahnten Ausmaßen und ein Wegschauen und Grausamkeit und einen Verfall

---

193 Vgl. Danowski, Viveiros de Castro (2019).

dessen, was wir als Zivilisation bezeichnen. Es wird Krankheiten geben, die Millionen von Jahren alt sind, eingeschlossen im Eis, zum Leben und zum Töten erweckt durch die Eisschmelze. Es wird die sechste Auslöschung geben, und es ist nicht klar, ob nicht der Mensch zu denen gehört, für die die Erde kein Ort mehr ist, auf dem sie leben können.[194]

Im Rahmen einer medialen Empörungskultur finden die schlechten Nachrichten zu Umwelt- und Klimathemen immer einen Ort, aber die Endzeitrhetorik kann auch Rückzugsverhalten auslösen. Die Standardformulierungen à la „fünf vor zwölf" sind abgestumpft, der Weltuntergang ist zu oft nicht eingetreten. Furcht lähmt, ihre Auslöser werden verdrängt, solange die Apokalyptik nur Schemata von Schuld und Strafe wachruft. Obwohl die Lage sich offensichtlich fortlaufend verschlechtert, stagniert die Kommunikation in den immer gleichen Bildern und die Umsetzung in gesellschaftliches Handeln gelingt nicht oder nur schleppend. Die pessimistischen Narrative drohen uns zu paralysieren.

Das mag auch daran liegen, dass die apokalyptische Rhetorik mittlerweile unter „Märchen" oder „Ersatzreligion" abgebucht wird. Haben wird das Mittelalter mit seinen dunklen Drohungen nicht im Zeichen des Fortschritts und der Moderne hinter uns gelassen? In dieser Denkfigur lässt sich das Argument umkehren; Zurückhaltung und Verzögerung stehen dann im Zeichen der Vernunft, während rasches und entschlossenes Handeln dem Verdikt religiöser Verblendung anheimfällt.

Amitav Gosh, der sich in seiner Analyse nicht nur auf Literatur bezieht, sondern das gesamte politische Machtgefüge der *Großen Verblendung* in den Blick nimmt, verweist darauf, dass es kollektiver Handlungsanstrengungen bedarf, um dem Klimawandel zu begegnen. Das Individuum fühlt sich allein mit gu-

194 Sachs (2018) und Diez (2018).

ten Gründen machtlos. Diese Machtlosigkeit spiegelt sich in der dunklen Tönung des Apokalypse-Narrativs mit seiner Aussichtslosigkeit, die viel eher ein ganz anderes Narrativ stimulieren könnte: Amitav Gosh warnt eindringlich vor der Politik des „bewaffneten Rettungsboots", die sich mit systematischer Aufstandsbekämpfung im Inneren und aggressiver Anti-Migrationspolitik nach außen verknüpft, um den eigenen karbonal basierten Lebensstil zu „retten".[195] Lanchesters Roman bezieht sich, wie wir gesehen haben, auf ein vergleichbares Szenario.

Der Kulturhistoriker und Direktor des Rachel Carson Center der LMU München Christof Mauch hat für die unaufgeregte utopische Hoffnung den Begriff *Slow Hope* geprägt. Er positioniert das Konzept als Gegenpol zur paralysierenden Wirkung der dystopischen Narrative von Krise und Furcht, denen er andere, bessere Erzählungen entgegensetzen möchte. Mauch verbindet „slow hope" mit einer Referenz an Ernst Bloch und setzt auf eine Hoffnung, die sich nicht mehr den Größenphantasien der destruktiven Naturbeherrschung orientiert. Der Begriff richtet die Aufmerksamkeit auf Narrative, die ihre kreative Kraft der Weltgestaltung auch aus der Geschichte beziehen können und von einer lebenswerten Zukunft erzählen.[196]

> We need stories that empower us to become thinkers, actors, and activists capable of imagining alternatives in a world dominated by technical and economic constraints. We need ideas that will find their way through the mesh of an ever-tighter net of path dependencies. And we need people who will dare to cut apart some of the meshwork.[197]

---

195 Vgl. Gosh (2017), S. 195. Der Begriff stammt von Christian Parenti (2013), Im Wendekreis des Chaos. Klimawandel und die neue Geografie der Gewalt, Hamburg.
196 Vgl. Mauch (2019), S. 18ff.
197 Mauch (2019), S. 37.

In jüngster Zeit hat die Zukunft ein Gesicht bekommen. Die schwedische Jugendliche Greta Thunberg ist zum Medienphänomen geworden. Sie bedient immer noch das Schuld-und-Umkehr-Narrativ, allerdings im Namen einer Zukunftsorientierung und für Klimagerechtigkeit. Wie die Biene sich zum Symbol des Artenschutzes entwickelt hat, ist Greta Thunberg zum populären Zukunftsgesicht der Klimaproteste von Schüler*innen und Studierenden in der ganzen Welt geworden. Greta Thunberg, die nicht nur Verehrung, sondern auch Hass und Verschwörungstheorien auf sich zieht, ist es offenbar gelungen, die abstrakte Materie in einfache Sprache zu verpacken. Darüber hinaus ist sie in der Medienwelt zum Star avanciert, wobei ihr Image gelegentlich auch durch religiöse Narrative beeinflusst wird. [198] Die Freitags-Streiks für das Klima könnten der Beginn einer neuen Jugendbewegung sein. An Stoff, Konzepten, Handlungsorientierungen und Zielen fehlt es nicht.

Für eine politische Konzeption nachhaltiger Entwicklung, die das Ökologische mit dem Sozialen verbindet, ist mittlerweile so viel Material zusammengetragen worden, dass utopisches Denken in seinem Realisierungsanspruch, also im Sinne von Karl Mannheims relativer Utopie, deutlich mehr Beachtung verdient. Apokalyptik und Utopismus müssen als Pole erkennbar sein, die sich gegenseitig bedingen. Wer vor etwas davonläuft, sollte sehen können, wohin die Reise geht; eine Binsenweisheit, die nicht nur Migrant*innen, sondern in Zukunft alle Erdenbewohner*innen betreffen wird.

198 Zu Greta Thunberg vgl. den Wikipedia-Eintrag zum jeweils aktuellen Stand.

DIE GROSSE VERWANDLUNG

examples zur nachahmung
to follow! empfohlen!

expeditions in aesthetics and sustainability   expeditionen in ästhetik und nachhaltigkeit

Ausstellung zum Thema Kunst und nachhaltige Entwicklung, kuratiert von Adrienne Goehler. Motiv: Allora & Calzadilla, Videostill aus „Under Discussion" 2004/05.

Die Utopie der Nachhaltigkeit

Ein Mann fährt mit einem zum Boot umfunktionierten Tisch auf einen fernen Horizont zu. Das türkisblaue Meer verschwimmt in der Ferne mit dem graublauen Himmel. Seit Picasso aus einem Fahrradlenker einen Stierkopf machte und Marcel Duchamp ein Pissoir zum Kunstobjekt *Fountain* umwidmete, ist die Umfunktionierung von Gebrauchsgegenständen als Zeichen der Kreativität im Kunstdiskurs verortet. Der Horizont wird so als Sehnsuchtsziel einer kreativen Meerfahrt lesbar. Die Horizontlinie wird überschrieben durch den Titel der Ausstellung: Die *Expeditionen in Ästhetik und Nachhaltigkeit* geben dem fernen Sehnsuchtsziel einen Namen.

Auch die Schiffsmetaphorik spielt eine Rolle und mit ihr das Narrativ vom Aufbruch zu fernen Ufern, zur Entdeckung neuer Kontinente, zu Abenteuern, der Suche nach Erkenntnis und nach dem Glück. So ist etwa auf dem Frontispiz zu einem berühmten Werk der Wissenschaftsgeschichte, Francis Bacons *Novum Organum scientiarum* (1645, *Neues Werkzeug der Wissenschaften*), ein Schiff zu sehen, dass zwischen zwei Säulen auf einen fernen Horizont zusteuert. Gemeint sind die Säulen des Herkules (die Meerenge von Gibraltar), die als Ende der bekannten Welt galten. Das „Non plus ultra", „Nicht darüber hinaus", das diese Säulen markierten, meinte eine Grenze der bekannten Welt wie auch eine Erkenntnisgrenze. Das lateinische Spruchband unter dem Schiff lautet übersetzt: „Viele werden hindurchfahren und die Wissenschaft wird vermehrt werden." Der welteroberende Optimismus, der sich hier ausspricht, macht aus den Säulen, die einmal das Ende der Welt bedeuteten, das Tor zu neuen Welten, das fortan vielen anderen offenstehen werde. Als „Bacon-Projekt" ist dieser weltumspannende technikgetriebene Machtwille auf den Spuren einer entfesselten Neugierde wegen der zahlreichen unerwünschten Nebenwirkungen auf Natur und Klima kritisiert worden.[199]

---

199 Vgl. Schäfer (1993), Fischer (2017), S. 129ff.

Francis Bacon, Titelbild der Publikation „Novum Organum“, 1645, Houghton Library.

Unser Beispiel zeigt eine Neuorientierung: Aus dem prachtvollen Schiff ist das improvisierte Tisch-Boot geworden, auch hier finden wir in der Titelzeile *zur nachahmung empfohlen* einen Handlungsappell, der uns mit auf diese Reise nimmt. Es geht aber nun um einen neuen Aufbruch in andere Regionen und Gedankenwelten, der dem Schritt in ein neues Zeitalter gleichkommt. Hierfür werden vor allem Kultur und Ästhetik in Anspruch genommen, die das Denken in Modellen, Provisorien und Übergängen lehren können:

Wir brauchen Visionen eines zukunftsfähigen Lebens, die sich mit Sinn(lichkeit), Lust und Leidenschaft des eigenen Handelns verbinden. zur nachahmung empfohlen! rückt die kulturelle und ästhetische Dimension der Nachhaltigkeit ins Sinnenbewusstsein, um so der beobachtbaren Vernutzung des Begriffs entgegen zu wirken. Sie sensibilisiert dafür, dass Nachhaltigkeit, die sich als gestaltend versteht, nicht ohne die Künste und Wissenschaften auskommt; von ihnen ist das Denken in Übergängen, Provisorien, Modellen und Projekten zu lernen.

Künstlerische Fragestellungen und Handlungskonzepte zielen zunehmend auf die vielschichtigen Handlungsfelder der Ökologie und immer stärker darauf, ihren gesellschaftlichen Resonanzraum zu vergrößern. Nachhaltigkeit braucht einen Entwicklungsraum, in dem sich die multiplen Verknüpfungen des vorhandenen Reichtums an Wissen und Erfahrung in den Künsten und Wissenschaften erst wirklich entfalten können und gleichzeitig die Idee, dass jede|r Einzelne daran Anteil haben kann.[200]

Die Ausstellung, für die das Motiv wirbt, versammelt über 55 Positionen aus Kunst, Wissenschaft, Architektur und Film, die sich mit Fragen der Nachhaltigkeit auseinandersetzen, und tourt seit 2010 um die Welt. Die Kuratorin Adrienne Goehler möchte die kulturelle Dimension der Nachhaltigkeit ins Spiel bringen und die besondere Rolle der Künstler*innen in der Wahrnehmung des Zustands der Welt für einen kreativen Neuansatz des Nachhaltigkeitsdiskurses in Anspruch nehmen.[201]

---

200 Homepage: z-n-e/Über uns.
201 Goehler (2010), S. 5ff.

Das Motiv des Key-Visuals erzählt eine eigene Geschichte, die die wahrnehmungsschärfende Funktion der Kunst exemplifiziert und einen weiteren Kontext herstellt. Das Bild ist ein Videostill aus einer Arbeit mit dem Titel *Under Discussion* von Jennifer Allora & Guillermo Calzadilla, die auf der puerto-ricanischen Insel Vieques entstand. Die Insel war von der Marine der Vereinigten Staaten über 60 Jahre lang als Ausbildungsstandort genutzt worden. Die Navy hinterließ eine von Bombentrichtern gezeichnete und schwer mit Giften kontaminierte Landschaft. 2003 hatte eine Bürgerinitiative den Abzug der Navy und die Einstufung des Landes als bundeseigenes Tierschutzgebiet durchgesetzt. Dieser Status führte allerdings dazu, dass die Forderungen der einheimischen Bevölkerung nach vollständiger Entsorgung der Schadstoffe und nach einer Beteiligung an der zukünftigen Gestaltung der Insel an den Rand gedrängt wurden. Die Bürger*innen der Insel galten nun als potenzielle Gefährder der unter Schutz gestellten Ökosysteme.

Bei dem Tisch handelt es sich um einen umgedrehten Verhandlungstisch, der mit dem Außenbordmotor eines Fischerboots umgerüstet wurde. Er steht für ausgewogenen Kommunikation und gewaltfreie Konfliktlösung und übermittelt damit ein Diskussionsangebot an die politisch Verantwortlichen.[202]

Diese trübe Erzählung von verweigerten Rechten und nicht erfüllten politischen Forderungen stellt das Plakat in den Kontext praktischer Utopie und utopischer Hoffnung. Eine Wunsch- und Sehnsuchtslandschaft wartet hinter dem Horizont, in dem Glücks- und Gerechtigkeitsversprechen sich in einem Leben im Einklang mit der Natur erfüllen mögen.

Das Lösungsversprechen der „Nachhaltigkeit", das den Zielhorizont bezeichnet, hat schon einmal geholfen, eine Krise zu entschärfen. Das Konzept entstammt der Fortwirtschaftslehre und wurde bekanntlich zuerst von dem sächsischen Oberberg-

---

202 Ebenda, S. 22.

hauptmann Hans Carl von Carlowitz propagiert. Dieser hatte sich in seiner *Sylvicultura oeconomica* (1713) mit der Frage beschäftigt, wie es anzustellen sei, dass es eine „continuierliche, beständige und nachhaltende" oder „immerwährende" Holznutzung gebe, ohne den Bestand zu reduzieren. Carlowitz nennt schon in der Widmung an seinen Landesherren, den Kurfürsten Friedrich August, den Grund für seine Untersuchung: Damit vor allem die Bergwerke wegen Holzmangels nicht zurückfallen mögen und so etwa die florierende „Commercia" gehemmt würde, den Nachkommen und den Bergwerken zum Besten.[203] Damit wird deutlich, dass es sich hier nicht zuletzt um eine ökonomische Maßnahme handelt. Wenn auch die tatsächliche Existenz einer „Holznot" in der Wissenschaft umstritten ist, so konnte doch eine drohende Holzkrise abgewendet werden. Deutsche Regionen wurden um 1800 zu Pionieren der Aufforstung und einer nachhaltigen Waldwirtschaft, gleichzeitig entwickelte sich die Waldromantik.

Das forstwirtschaftlich inspirierte Prinzip der Nachhaltigkeit, nämlich nur so viele Ressourcen zu verbrauchen, wie natürlich nachwachsen, wurde zum Leitprinzip der Ökologiebewegung. Weltberühmtheit erlangte die Formel „sustainable development" dann durch die UN-Konferenz für Umwelt und Entwicklung in Rio de Janeiro im Jahr 1992 und den sogenannten *Brundtland-Bericht.*[204] Hier ging es dann schon um Gerechtigkeitsfragen, um Gerechtigkeit sowohl zwischen den Generationen und gegenüber den Entwicklungs- und Schwellenländern wie auch um eine Gerechtigkeit, die auf kommende Generationen abzielt. Die Nationale Nachhaltigkeitsstrategie Deutschlands mit der Agenda 21 hat hier ihren Ursprung.[205]

---

203 Carlowitz (1713), Widmung und S. 105.
204 Vgl. Radkau (2011), S.40 ff. und S. 548ff.
205 Bundesministerium für wirtschaftliche Zusammenarbeit und Entwicklung, Die Rio-Konferenz 1992.

Die Weite des Begriffs hat dazu geführt, dass der Nachhaltigkeitsdiskurs Antworten auf die großen Fragen der Menschheit sucht. Armin Grunwald, Leiter des Instituts für Technikfolgenabschätzung (ITAS) am KIT in Karlsruhe, führt dies aus in seiner Publikation *Nachhaltigkeit verstehen*. Er hält den Begriff denn auch für einen „normativ-ethischen Begriff von erheblicher wenn nicht atemberaubender Tragweite" der gar nicht anders als „reflexiv und prozedural" denkbar ist.[206]

Seitdem haben sich eine Vielzahl von Diskursen und Narrativen entwickelt, die die Tönung des Bildes einer nachhaltigen Gesellschaft beeinflussen. Dabei geht es um entscheidende Fragen und deren ehrliche Beantwortung: Geht es in erster Linie um harten Verzicht? Um Verzicht auf Wirtschaftswachstum und viele materielle Güter? Oder lässt sich die nachhaltige Gesellschaft glaubwürdig mit den älteren Narrativen des guten Lebens beschreiben? Und: Welche kollektiven, sprich: politischen Rahmenbedingungen sind notwendig, um die gesellschaftliche Transformation in die Wege zu leiten und zu gestalten? Welche sozialen Maßnahmen sind notwendig, um den Wandel sozial ausgeglichen zu steuern? Und wer zahlt?

Das gute Leben und Suffizienz: Die lebensweltliche Utopie

Das Goldene Zeitalter, mit dem wir diese Reise durch die Wunschlandschaften der Geschichte begonnen hatten, preist ein Menschgeschlecht, das mit dem zufrieden war, was die Erde von alleine bot: Erdbeeren, Kornelkirschen, Brombeeren werden hier genannt, und Eicheln, die vom Baume Jupiters herabgefallen waren.[207] Vor allem letztere haben in der Aufklärung als Nahrungs-

---

206 Grunwald (2016), S. 27.
207 Ovid (1983).

quelle für Tugendliebhaber Hohn und Spott auf sich gezogen. Mandeville hatte in seiner Bienenfabel süffisant darauf hingewiesen, dass man mit Tugend nicht weit komme; wer sich das Goldene Zeitalter zurückwünsche, möge bedenken, dass man damals habe Eicheln essen müssen.[208] Nun hatte ja Mandevilles Bienenfabel eine gesellschaftliche Transformation markiert, die von ähnliche Tragweite war, wie die Transformation zur nachhaltigen Weltgesellschaft wäre. Die Bienenfabel lehrt den Abschied von der alten Tugendethik und begrüßt den Übergang zu einer Welt, in der das Verfolgen privater Vorteile durch das Wirken einer unsichtbaren Hand zu öffentlichem Wohlstand führt. Diese Wende hatte den Bedürfnissen, den Trieben, den Gefühlen, Stimmungen und Träumen der Menschen eine Tür geöffnet, die man nun nicht einfach wieder zuschlagen kann. Die Befreiung der Bedürfnisse kam einer Befreiung der Natur des Menschen von den Zwängen kirchlicher Morallehre und altväterlicher Tugendhaftigkeit gleich.

Aber in der Antike und bis ins späte Mittelalter hinein hatte gerade die Beherrschung der Leidenschaften, also der Triebe und Bedürfnisse, eine wesentliche Bedeutung für ein gutes und glückliches Leben. Glück und Freude wiederum waren undenkbar ohne eine vernünftige und gerechte Lebensführung. So postulierte es der sonst für die Propagierung von Genuss aller Art in Anspruch genommene griechische Philosoph Epikur (ca. 341–271/70 v. Chr.). Dazu gehört auch eine deutliche Hierarchisierung der Begierden, von naturbedingt und notwendig bis wahnhaft und schädlich. Diese Selbstbeherrschung stand im Zeichen der Autarkie, einer Haltung, der es vor allem auf die Freiheit von schädlichen Abhängigkeiten ankam.[209] Der Philosoph Wilhelm Schmid hat das Erbe antiker Lebenskunst unermüdlich in zahl-

---

208 Vgl. Mandeville (1705).
209 Vgl. Epikur (1973).

reichen Publikationen in einen zeitgenössischen Verständnis-horizont transformiert.[210]

Im Nachhaltigkeitsdiskurs findet sich die Philosophie der Selbstbegrenzung wieder im Schlüsselbegriff der Suffizienz (lat. sufficere, genügen, ausreichen). Das Wuppertal-Institut, wegwei-sende Institution für den Nachhaltigkeitsdiskurs, verbindet da-mit den „Überverbrauch von Gütern" und setzt die Suffizienz in ein Dreieck mit Effizienz und Konsistenz:

> Suffizienz ist die Frage nach dem rechten Maß. Nachhaltigkeit ist nur mit einer dreifachen Strate-gie zu erreichen. Öko-Effizienz, also die Erhöhung der Ressourcen-Produktivität, ist weithin aner-kannt. Konsistenz bezeichnet den Übergang zu na-turverträglichen Technologien, die die Stoffe und die Leistungen der Ökosysteme nutzen ohne sie zu zerstören. Beide Strategien kommen erst zum Ziel, wenn sie von Öko-Suffizienz flankiert werden. Gemeint ist damit eine Lebens- und Wirtschafts-weise, die dem Überverbrauch von Gütern und da-mit von Stoffen und Energie ein Ende setzt.[211]

Wachstumskritik auf der politischen Ebene, Konsumverzicht und Entschleunigung zugunsten einer mehr auf Achtsamkeit ba-sierenden Lebensweise auf der individuellen Ebene gehören in diesen Kontext. Es geht um Verhaltensänderungen bis hin zu ei-nem tiefgreifenden Wandel der gesamten Konsumkultur. Das al-les ähnelt nicht nur den antiken Lebenskunstlehren, sondern ein wenig auch der christlichen Kardinaltugend der Mäßigung. An-ziehungskraft und damit Wirkungsmacht dieses Ansatzes steht

---

210 Vgl. Texte und Publikationen auf der Homepage des Philosophen unter: http://www.lebenskunstphilosophie.de/.

211 Wuppertal Institut, Suffizienz.

und fällt damit, in welchem Maße es gelingt, den Konsumverzicht mit Perspektiven der Lebensqualität, neuen Narrativen
vom gelingenden und glücklichen Leben zu verbinden.

Das utopische Potenzial der Suffizienz beschreibt die
BUND-Jugend so:

> Damit die Utopie vom guten Leben für alle möglich
> wird, müssen wir unsere derzeitige Lebensweise
> grundlegend verändern. Dafür brauchen wir mehr
> als nur technologischen Fortschritt und effizientere
> Geräte. Es geht darum, den Zwang des permanen-
> ten wirtschaftlichen Wachstums und die gängigen
> Vorstellungen von Wohlstand zu hinterfragen. Wir
> wollen neue Vorstellungen davon entwickeln, was
> eigentlich ein gutes Leben ausmacht.
> Wir stehen also vor der Herausforderung, Lebens-
> stile zu entwickeln, die ein Mehr an Lebensquali-
> tät ermöglichen und zugleich den Ressourcenver-
> brauch reduzieren. Genau das strebt das Konzept
> der Suffizienz an.[212]

Dabei wird es auch darauf ankommen, den Geschmack von Vorwurf und Moralpredigt nicht aufkommen zu lassen. Dazu gehört vor allem eine klare Kontextualisierung: Es geht nicht um
moralische Wohlstandskritik, sondern es geht um den Erhalt
von Gemeingütern, ohne die ein gelingendes Leben nicht denkbar ist. Die Vielfalt der Natur und ein lebensverträgliches Klima
sind Güter, die allen etwas bringen. Es gilt daher, das persönliche
Glück wieder mit der Sorge um Allgemeingüter zu verbinden.
Diese Sorge für die Gemeingüter oder Allmenden entzieht sich
der marktwirtschaftlichen Logik. Das muss aber nicht bedeuten, dass diese vollständig außer Kraft gesetzt wird, wenn Märk-

---

212 BUND-Jugend (2019).

te keine Gemeingüter verhandeln, sondern sich in Rahmenbedingungen bewegen, die den Zielen nachhaltiger Entwicklung Rechnung tragen. Diese Metaethik des Gemeinwohls stellt in Verbindung mit einer Lebenskunstphilosophie des persönlichen Glücks das eigentliche utopische Potenzial des Suffizienzdiskurses dar.

Die Gerechtigkeitsutopie

Die Agenda 2030 der UNO bringt es knapp auf den Punkt: „Leave no one behind". Im Jahr 2015 haben die Vereinten Nationen 17 Nachhaltigkeitsziele (Sustainable Development Goals, SDGs) für die Weltgemeinschaft beschlossen, die fünf maßgebliche Dimensionen umfassen: Menschen, Wohlstand, Planet, Partnerschaft und Frieden. Der SDG-Bericht 2018 bekräftigt den universalen Anspruch: „Die Agenda 2030 für nachhaltige Entwicklung bietet einen globalen Plan dafür, wie Würde, Frieden und Wohlstand für die Menschen und die Erde jetzt und in Zukunft zu verwirklichen sind."[213]

Der Gedanke, die von der Erde zur Verfügung gestellten Ressourcen sowohl unter den Menschen und Ländern dieser Erde gerecht zu verteilen als auch für die zukünftigen Bewohner*innen dieser Erde zu bewahren, bildet den ethischen Kern der Vereinbarung. Zusammen mit dem Pariser Klimaabkommen von 2015 hat die Weltgemeinschaft damit Ziele gesetzt, die einen epochalen Wandel einleiten können.

Hans Jonas, den wir bereits für den apokalyptischen Generalton des Ökologie- und Klimadiskurses in Anspruch genommen hatten, steht ebenso für die eindringliche ethische Grundierung dieses Diskurses. In Anlehnung an Immanuel Kants

213 UNO/Vereinte Nationen (2018), S. 3.

kategorischen Imperativ hatte Jonas mit seinem *Prinzip Verant-wortung* den neuen Imperativ einer Zukunftsethik formuliert:

> ‚Handle so, daß die Wirkungen deiner Handlun-gen verträglich sind mit der Permanenz echten menschlichen Lebens auf Erden‘; oder negativ aus-gedrückt: ‚Handle so, daß die Wirkungen deiner Handlung nicht zerstörerisch sind für die künfti-ge Möglichkeit solchen Lebens‘; oder einfach: ‚Ge-fährde nicht die Bedingungen für den indefiniten Fortbestand der Menschheit auf Erden‘; oder, wie-der positiv gewendet: ‚Schließe in deine gegenwär-tige Wahl die zukünftige Integrität des Menschen als Mit-Gegenstand deines Wollens ein.‘[214]

Die oft zitierte Formel für „sustainable development" aus dem *Brundtland-Bericht,* erschienen im Jahr 1987 unter dem Titel *Our Common Future,* erweitert diese Zukunftsethik um die Sor-ge für einen Ausgleich mit den gegenwärtig Lebenden: „Sustain-able development seeks to meet the needs and aspirations of the present without compromising the ability to meet those of the future."[215]

Damit sind zunächst die globalen Probleme von Armut und Unterentwicklung gemeint, aber auch eine soziale Gerechtigkeit innerhalb der einzelnen Gesellschaften ist impliziert. Die damit umrissene Nachhaltigkeitsethik konstituiert einen Anspruch, dessen praktische Bedeutung jeweils situativ neu ausgelotet wer-den muss. Wie auch Kants kategorischer Imperativ liefert die Nachhaltigkeitsethik kein Rezept, sondern eine Reflexionsrich-tung, die hilft, zwischen verschiedenen Handlungsoptionen die nachhaltige zu erkennen. Sie ist damit offen für einen gesell-

214 Jonas (1979), S. 36
215 UNO/Vereinte Nationen (1985), Punkt 49.

schaftlichen Diskurs und anschlussfähig an eine Diskursethik, die die Inklusion aller Beteiligten ermöglicht.[216] Es handelt sich damit nicht um eine Spezial-Ethik, die nur für Umweltthemen oder Ökologiefragen anzuwenden ist. Der universale Anspruch, die inhaltliche Offenheit und der Charakter einer Reflexionsnorm machen die Nachhaltigkeitsethik vielmehr zu einer Metaethik, die anderen normativen Vorgaben die Richtung weist.

Und genau darin liegt ihr Potenzial, das sich realisieren kann, wenn die Nachhaltigkeitsethik verknüpft wird mit konkreten Handlungsfeldern. Wenn wir davon ausgehen, dass die großen Gemeingüter der Menschheit, allen voran Klima und Biodiversität, nur erhalten werden können, wenn Regeln erkennbar sind und auch eingehalten werden, so ist mit der Nachhaltigkeitsethik ein guter Startpunkt für den Diskurs gegeben.

Die Dekarbonisierung der Wirtschaft

Im Jahr 2016, nach der Pariser Klimakonferenz, verabschiedete die Bundesregierung den Klimaschutzplan 2050. Bis zu diesem Zeitpunkt soll Deutschland weitgehend treibhausgasneutral werden. Dabei geht es um eine Reduktion der Klimagase um 80 bis 95 Prozent bis zum Jahr 2050 gegenüber dem Ausgangswert von 1990. Für die Sektoren Energiewirtschaft, Industrie, Gebäude, Verkehr und Landwirtschaft sind jeweils die Beiträge zu diesem Gesamtziel definiert.[217] Diesen ehrgeizigen Zielsetzungen sind zahlreiche weitere Studien und Pläne gefolgt, die aufzeigen, wie jeweils die Ziele der Treibhausgasneutralität erreicht werden können: der Bauernverband, der Bundesverband der Deutschen Industrie (BDI), die Energiewirtschaft, der Bundesdeutsche Arbeitskreis für Umweltbewusstes Management e.V. (B.A.U.M), der Verband deutscher

216 Vgl. Grunwald (2016).
217 Vgl. Bundesumweltministerium, Klimaschutzplan.

Verkehrsunternehmen (VDV), die Organisation Germanwatch, das Öko-Institut, um nur die wichtigsten zu nennen.[218]

Besonders interessant, dass der BDI, bei dem der ökologische Mainstream zunächst die Bremserfunktion verorten würde, nun in die Rolle des Mahners und Warners geschlüpft zu sein scheint. Die Studie mahnt, dass auf dem derzeitigen Umsetzungspfad lediglich 61 Prozent Reduzierung der Treibhausgase erreicht werden könnte, und erklärt das Planungsszenario für den Korridor von 80 bis 95 Prozent für realisierbar, wobei die Präferenz auf den 80 Prozent liegt: „80 Prozent Treibhausgas-Reduktion sind technisch möglich und in den betrachteten Szenarien volkswirtschaftlich verkraftbar."[219]

Voraussetzungen seien eine deutliche Verstärkung bestehender Anstrengungen und wirksame politische Umsteuerungen. Dazu werden eine volkswirtschaftliche Gesamtrechnung der zu erwartenden Kosten vorgelegt und die Chancen einer klimaoptimierten deutschen Industrie im Weltmarkt hervorgehoben, ganz wie es von einem innovativen und zukunftsoffenen Industrieverband zu erwarten ist. Die Prognos AG, die die Studie im Auftrag des BDI erarbeitet hat, erklärt lapidar: „Eine Senkung der Treibhausgasemissionen um 80 Prozent ist mit heute bekannten Technologien und **ohne volkswirtschaftlichen Schaden** und ohne gravierende Strukturveränderungen möglich."[220]

Nachdem wir voraussetzen dürfen, dass die Wirtschaft am besten beurteilen kann, was die Wirtschaft zu leisten vermag, liegt die Vermutung nahe, dass mit ein wenig utopischem Rückenwind mehr als die 80 Prozent realisierbar sein dürften. Das war 2018.

Offenbar wurde aber von den politischen Verantwortlichen die Umsetzungsschwelle für eine konsequentere Vorgehensweise

---

218 Vgl. Deutscher Bauernverband (2018); BGG/ Prognos/BDI (2018); Energiewirtschaft/dena (2018), VDV (2018); Germanwatch (2016), Öko-Institut (2019).

219 BDI (2018).

220 Prognos (2018).

immer noch als zu hoch befunden. Vor dem Hintergrund all dieser optimistischen Pläne hat das Bundesministerium für Umwelt, Naturschutz und nukleare Sicherheit (BMU) ein Konsortium aus Öko-Institut, Fraunhofer ISI, Prognos und anderen beauftragt, ein Projekt zur *Folgenabschätzung zu den ökologischen, sozialen und wirtschaftlichen Folgewirkungen der Sektorziele für 2030 des Klimaschutzplans 2050 der Bundesregierung* zu erarbeiten. Im Januar 2019 wurde der Endbericht vorgelegt. Dieses Projekt nähert sich einer politischen Gesamtschau und berücksichtigt mehr als nur wirtschaftliche Faktoren. Wieder wird die Realisierung der Klimaplanung als möglich eingeschätzt. Allerdings sind in der Zusammenfassung nun Untertöne vertreten, die auf Risikofelder hinweisen.

> In der gesamtwirtschaftlichen Analyse zeigen sich insgesamt positive Auswirkungen auf Wertschöpfung, Bruttoinlandsprodukt und Beschäftigung. Allerdings stehen Zugewinnen in vielen Branchen auch rückläufige Entwicklungen von Wertschöpfung und Beschäftigung in einigen Branchen gegenüber. Diese Entwicklungen müssen entsprechend flankiert werden. Bestimmte positive Ergebnisse beruhen zudem auf Annahmen, wie z.B. einem unverändert hohen inländischen Produktionsanteil in der Autoindustrie auch bei der Elektromobilität. Damit dies tatsächlich realisiert werden kann, müsste die Politik die entsprechenden Rahmenbedingungen gestalten.[221]

Wie auch bei der Globalisierung wird es Gewinner und Verlierer geben, Branchen, die absteigen, Arbeitsplätze, die verloren gehen. Konkretisiert hat sich diese Aussicht bereits bei den Plä-

---

221 Öko-Institut (2019), Zusammenfassung.

nen für den Kohleausstieg, durch die vor allem die Braunkohle-abbaugebiete im Osten Deutschlands Anlass zu Sorgen geben, da in diesen Regionen viele Fragen nach einem Strukturwandel offen sind. Auch eine Gefährdung der deutschen Automobilindustrie, etwa durch Konkurrenz bei den E-Autos, könnte die Planungen stören.

Die Studie macht aber auch darauf aufmerksam, dass viele Unternehmen nur noch auf ein verlässliches Signal der Bundesregierung warten, um umfangreiche Innovationen in Angriff zu nehmen und die entsprechenden Investitionen zu tätigen. Weiterhin sind Planungssicherheit, klare Steuerung, Beachtung sozialer Verteilungseffekte deutliche Forderungen, die der Bericht explizit an die Politik richtet.[222]

Was sollte jetzt noch der „Großen Transformation" im Wege stehen?

Große Transformation und Green New Deal: Die politische Utopie

Einen großen Wurf wagte unter dem Titel *Welt im Wandel. Gesellschaftsvertrag für eine Große Transformation* der Wissenschaftliche Beirat der Bundesregierung für Globale Umweltveränderungen im Jahr 2011.

Der Begriff „Great Transformation" war 1944 von dem österreichisch-ungarischen Wirtschaftshistoriker Karl Polanyi auf die Umwälzungen der industriellen Revolution bezogen worden. Auf der Suche nach den Gründen für den ethischen Zusammenbruch der Zivilisation in Nationalsozialismus und Weltkrieg beschreibt Polanyi die Geschichte der Marktwirtschaft als immer weiter um sich greifenden Prozess der Ökonomisierung von Gü-

---

222   Öko-Institut (2019), Endbericht, S. 337.

tern und Lebensbereichen. Dadurch zerstöre das Marktsystem seine sozialen und ethischen Grundlagen. Die soziale Entbettung der Märkte verstöre die Menschen und löse Gegenbewegungen aus. Polanyi fordert, Wirtschaft müsse wieder in das soziale Leben eingebettet sein, statt es zu beherrschen. Um dies zu erreichen, wünscht er sich eine zweite „Große Transformation".[223]

Mit seiner Einbettungsthese wird Polanyi für den Ökologiediskurs interessant. Der Entwurf des Wissenschaftlichen Beirats schließt hier an und entwickelt das Konzept einer Einbettung in nachhaltige Entwicklung. Mit Bezug auf Vorlagen im Naturrecht der frühen Moderne verlangt er nichts weniger als einen neuen Gesellschaftsvertrag:

> Es geht um einen neuen Weltgesellschaftsvertrag für eine klimaverträgliche und nachhaltige Weltwirtschaftsordnung. Dessen zentrale Idee ist, dass Individuen und die Zivilgesellschaften, die Staaten und die Staatengemeinschaft sowie die Wirtschaft und die Wissenschaft kollektive Verantwortung für die Vermeidung gefährlichen Klimawandels und für die Abwendung anderer Gefährdungen der Menschheit als Teil des Erdsystems übernehmen. Der Gesellschaftsvertrag kombiniert eine Kultur der Achtsamkeit (aus ökologischer Verantwortung) mit einer Kultur der Teilhabe (als demokratische Verantwortung) sowie mit einer Kultur der Verpflichtung gegenüber zukünftigen Generationen (Zukunftsverantwortung).[224]

Das Gutachten definierte drei zentrale Transformationsfelder, um eine Wende zur Klimaverträglichkeit einzuleiten: Ener-

---

223 Vgl. Polanyi (1973).
224 WBGU (2011).

gie und CO2-Emissionen, das Transformationsfeld Urbanisierung, für das eine klimaverträgliche Stadtentwicklung gefordert wird, sowie das Transformationsfeld Landnutzung, das die Umwandlung natürlicher Ökosysteme in landwirtschaftlich genutzte Flächen betrifft. Das komplexe Wirtschaftsmodell der vergangenen 250 Jahre müsse nun, so die Forderung, konsequent auf Dekarbonisierung der Energiesysteme und radikale Effizienzsteigerung umgebaut werden. Den Umbruch, der damit verbunden ist, definiert das Gutachten als vergleichbar mit der neolithischen Revolution, also der Einführung von Ackerbau und Viehzucht, sowie der ersten industriellen Revolution und dem Übergang von der Agrar- zur Industriegesellschaft. Das Gutachten gibt auch Handlungsempfehlungen, die in zehn Maßnahmenbündel zusammengefast werden, die alle noch aktuell sind.[225]

- Bündel 1: Den gestaltenden Staat mit erweiterten Partizipationsmöglichkeiten ausbauen
- Bündel 2: CO2-Bepreisung global voranbringen
- Bündel 3: Europäisierung der Energiepolitik ausweiten und vertiefen
- Bündel 4: Ausbau erneuerbarer Energien durch Einspeisevergütungen international beschleunigen
- Bündel 5: Nachhaltige Energiedienstleistungen in Entwicklungs- und Schwellenländern fördern
- Bündel 6: Rasante Urbanisierung nachhaltig gestalten
- Bündel 7: Klimaverträgliche Landnutzung voranbringen
- Bündel 8: Investitionen in eine klimaverträgliche Zukunft unterstützen und beschleunigen
- Bündel 9: Internationale Klima- und Energiepolitik
- Bündel 10: Internationale Kooperationsrevolution anstreben

---

225 Vgl. WBGU (2011) Zusammenfassung für Entscheidungsträger.

Auf eine zukunftsorientierte Bildung- und Forschungspolitik wird in dem Gutachten großer Wert gelegt. Trotz oder gerade wegen der hohen Ansprüche hält das Gutachten die „Große Transformation" für realisierbar.

Im Jahr 2018 hat der Beirat sich mit *Vier Initiativen für Fairness* wieder zum Thema Transformation geäußert. Der Ansatz berücksichtigt die Gerechtigkeitsansprüche von Menschen, die durch den Strukturwandel zu einer Dekarbonisierung hin betroffen sind, etwa in den Kohleregionen. Er fordert Rechtsschutz für Menschen, die bereits jetzt vom Klimawandel betroffen sind, sowie einen Klimapass für Menschen, die wegen des Klimawandels ihre Heimat verlieren. Ein Transformationsfond soll dafür sorgen, dass die Umsetzung der Klima- und Nachhaltigkeitsziele schnell erfolgt und der Transformationsprozess gerecht verläuft.[226]

Eine ambitionierte Vision für die Zukunft Europas entwickelte sich transnational auch im Rahmen eines Netzwerks von Organisationen, die Europa zu einem nachhaltigen Kontinent und Modell für die Welt machen wollen. Die Gruppe Ambition Europe 2030 will Europa auf die Umsetzung der SDG der Uno ausrichten und verlangt dazu eine „governance revolution", also neue Wege, wie Staat, Bürger und Wirtschaft das Gemeinwohl steuern. In einem offenen Brief wird im Jahr 2017 die Metamorphose der liberalen Idee Europas als „Europäische Transformation" eingefordert:

We believe that, by making the SDGs a reality, Europeans could build together, for now and for future generations, a more prosperous, attractive, competitive and inclusive society, which delivers essential rights, prosperity, peace and sustainabil-

226 WBGU (2018).

ity for all, while engaging in new alliances with our neighbours and with the other parts of the world. We urge all those who dream of such a 'European transformation' to become members of the 'European Champions League for SDGs' and to work tirelessly in this direction, contributing to what would become an unprecedented achievement in the world's history.[227]

Eine sozialökologisch orientierte Transformationsforschung nimmt das Thema seit einigen Jahren auf, wobei ebenfalls der Anspruch großer utopischer Entwürfe zitiert wird:

> Mit dem Nachhaltigkeitskonzept ist demnach der emanzipatorische Anspruch verknüpft, die bestmögliche Lebensqualität für die kontemporäre Weltbevölkerung und zukünftige Generationen herzustellen und zu bewahren. In anderen Worten: Nachhaltigkeit ist eine Utopie, die nach einer guten Zukunft für alle Menschen zu jeder Zeit strebt. Nachhaltigkeit in unserem Verständnis gibt die Fortschrittsideale des Humanismus und der Aufklärung, die auf einen schrittweisen Emanzipationsprozess des Menschen ausgerichtet sind, also keineswegs auf.
>
> Vielmehr erfolgt ein Rückgriff auf ganzheitliche Konzepte von Fortschritt, die im Lichte gegenwärtiger Herausforderungen globalisiert und gebündelt werden.[228]

---

227 Europe Ambition 2030, Open Letter (2017) und Rat für Nachhaltige Entwicklung (2017).

228 Görgen, Wendt (2015), S. 3.

Im Kontext der großen Fragen der Menschheit schließt sich Uwe Schneidewind an mit dem Motto: „Making Utopia possible". Die Publikation unter dem Titel *Die große Transformation. Einführung in die Kunst des gesellschaftlichen Wandels* integriert das Lebenskunstthema und erweitert damit das Spektrum um eine lebensweltliche Perspektive. Die Publikation spiegelt als Kompendium und Standardwerk nun die Summe aller bis dato entwickelten Ansätze der Transformationsforschung. Schneidewind greift dazu als Präsident des Wuppertal Instituts auf die Erfahrungen des Instituts zurück, das sich seit 1991 den Themen Klima, Umwelt, Energie widmet.[229]

Die Publikation setzt an mit der These, nachhaltige Entwicklung sei eine im Kern kulturelle Revolution. Vor diesen Hintergrund stellt Schneidewind sein Konzept einer „Zukunftskunst":

> Zukunftskunst bezeichnet die Fähigkeit von Politik, Zivilgesellschaft, Unternehmen, Wissenschaft und allen Pionieren des Wandels, grundlegende Transformationsprozesse von der kulturellen Vision der Nachhaltigkeit her zu denken und von dort institutionelle, ökonomische und technologische Perspektiven zu entwickeln. Getragen ist ein solcher Ansatz von der Zuversicht, dass Zukunft mitgestaltbar und nicht lediglich das Ergebnis technologischer und ökonomischer Dynamiken ist.[230]

Das Buch liefert einen integrativen Rahmen, in dem verschiedene Konzepte nachhaltiger Entwicklung vorgestellt, diskutiert und aufeinander bezogen werden. Es setzt sich mit den ökonomischen Bedingungen einer nachhaltigen Entwicklung ausein-

---

229 Schneidewind (2018). Schneidewind verweist auch auf die Geschichte des Begriffs über die Analyse Karl Polanyis aus dem Jahr 1944 und die Studie des WBGU aus dem Jahr 2011 (S. 476).

230 Schneidewind (2018), S. 21.

ander und definiert konkrete Anforderungen an die Akteure in Politik, Wirtschaft, Wissenschaft und Zivilgesellschaft. Dabei geht es immer auch um eine Begrenzung von Energieverbrauch und Ressourcenverbrauch, die ohne eine Neubestimmung von Wohlstand und Konsum nicht realisierbar sind. Als Handlungsfelder für verschiedene „Wenden" benennt er zuerst die Mobilitätswende und die Ernährungswende als Schlüsselsektoren für die Beherrschung von Klimawandel und Ressourcenverbrauch. Sodann geht es um eine urbane Wende in der Stadtentwicklung und um eine industrielle Wende als Transformation ressourcenintensiver Schlüsselindustrien.[231]

In der politischen Öffentlichkeit ist neuerdings ist auch der Begriff des „Green New Deal" wieder präsent, und zwar über die demokratische amerikanische Kongressabgeordnete Alexandria Ocasio-Cortez, die im Februar 2019 eine Resolution unter diesem Titel vorlegte. Hinter dem Begriff steht eine Geschichte, die mit dem New Deal des amerikanischen Präsidenten Franklin D. Roosevelt beginnt, der während der Weltwirtschaftskrise der 1930er Jahre weitreichende Wirtschafts- und Sozialreformen umgesetzt hatte. Als „Green New Deal" wurde der Begriff von dem amerikanischen Journalisten Thomas Friedman wieder aufgegriffen. Barack Obama integrierte das Konzept in seinen Wahlkampf und setzte während seiner Amtszeit auch einige Maßnahmen zur Förderung erneuerbarer Energien um; das Thema war aber als umfassender Ansatz nicht mehr im Fokus.

Dafür zogen die Grünen in Europa im Jahr 2009 mit dem Manifest „A Green New Deal for Europe" in den Europawahlkampf und legten ein umfassendes politisches Konzept vor. In der EU wurden in den kommenden Jahren zwar zahlreiche Einzelmaßnahmen ergriffen, aber ein derartiges Konzept gesellschaftliche Erneuerung fand keine Mehrheiten. In den USA entstand als Reaktion auf die Politik Trumps 2018 das „Sunri-

---

231 Ebenda, S. 170f.

se Movement" als Bewegung junger Klima-Aktivist/innen. Diese Bewegung hatte auch den „Green New Deal" wieder im Programm. Mittlerweile ist der „Green New Deal" in den USA ein heftig umkämpftes und stark ideologisiertes Thema, dessen Konkretisierung noch ansteht.[232]

Interessant an diesem Ansatz ist aber, dass das Thema mit einer sozialen Ebene verknüpft und nicht als Zielgruppenthema verhandelt wird. Seit der Klimakonferenz von Kattowitz 2018 hat der Begriff „Just Transition" für die soziale Komponente der nachhaltigen Transformation im öffentlichen Diskurs an Bedeutung gewonnen. Der Begriff war in den 1990er Jahren von amerikanischen Gewerkschaften aufgegriffen worden und steht mittlerweile für eine Strukturpolitik, die den Abbau von Arbeitsplätzen gezielt ausgleicht, darüber hinaus aber auch darauf ausgerichtet ist, die Klimapolitik generell mit einer sozialen Komponente zu verbinden. Im Zusammenhang mit der Klimakonferenz 2015 haben sich die Gewerkschaften unter dem Dach der IGB (Internationaler Gewerkschaftsbund) hinter das Konzept der „Just Transition" gestellt und unterstützen die Pariser Klimaziele.[233] Für die Europawahl 2019 trat in Deutschland auch die Formation "Demokratie in Bewegung" für einen „Green New Deal" an.[234]

Vielleicht braucht es tatsächlich mehr „Bewegung", um die reale Möglichkeit der Utopie ins Bewusstsein der Verantwortlichen zu transportieren.

Mit „Extinction Rebellion"[235], die sich weltweit dem gewaltfreien zivilen Widerstand gegen den ökologischen Kollaps verschrieben hat, und „Fridays for Future" zeichnet sich möglicherweise eine neue (Jugend-)Bewegung ab.

232 Löhle (2019); Congress (2019).
233 Vgl. Just Transition Center (2017).
234 Vgl. Demokratie in Bewegung und Demokratie in Europa.
235 Vgl. Extinction Rebellion, Homepage.

Demonstration „Fridays for Future" in Mannheim, März 2019.

Mittlerweile wurde die Bewegung „Fridays for Future", inspiriert von der Schwedin Greta Thunberg, die immer mehr Schüler*innen und Studierende weltweit auf die Straßen holt, bereichert um eine Initiative „Scientists for Future". Wissenschaftler*innen aus Deutschland, der Schweiz und Österreich, deren Petition auf Anhieb von mehr als 23.000 Personen unterschreiben wurde, geben den jungen Menschen Recht und sichern ihnen ihre volle Unterstützung zu. Die Stellungnahme bringt erfreulich präzise noch einmal das Notwendige auf den Punkt:

> Die jungen Menschen fordern zu Recht, dass sich unsere Gesellschaft ohne weiteres Zögern auf Nachhaltigkeit ausrichtet. Ohne tiefgreifenden und konsequenten Wandel ist ihre Zukunft in Gefahr. Dieser Wandel bedeutet unter anderem: Wir führen mit neuem Mut und mit der notwendigen Geschwindigkeit erneuerbare Energiequellen ein. Wir setzen Energiesparmaßnahmen konsequent um. Und wir verändern unsere Ernährungs-, Mobilitäts- und Konsummuster grundlegend.

Vor allem die Politik steht in der Verantwortung, zeitnah die notwendigen Rahmenbedingungen zu schaffen. Insbesondere muss klimafreundliches und nachhaltiges Handeln einfach und kostengünstig werden, klimaschädigendes Handeln hingegen unattraktiv und teuer (z.B. durch wirksame CO_2-Preise, Einstellung von Subventionen für klimaschädliche Handlungen und Produkte, Effizienzvorschriften und soziale Innovationen). Eine sozial ausgewogene Verteilung von Kosten und Nutzen des Wandels ist dabei unerlässlich.[236]

Wir schließen uns am Ende dieses Kapitels dem Schriftsteller Amitav Gosh an, der die Hoffnung auf eine neue Generation in diese schönen Worte fasst:

Doch ich würde wenigstens gerne glauben, dass aus diesem Ringen eine Generation geboren wird, die die Welt mit einem klareren Blick betrachten kann als ihre Vorfahren; die imstande sein wird, die Isolation zu überwinden, in der die Menschheit während der Zeit ihrer Verblendung gefangen war, indem sie ihre Verwandtschaft mit anderen Wesenheiten wiederentdeckt und diese zugleich neue wie uralte Vision auch in eine gewandelte und erneuerte bildende Kunst und Literatur einfließen lässt.[237]

---

236 Scientists for Future (2019).
237 Gosh (2017), S. 220.

Das Perspektiv im Schwetzinger Schlossgarten, auch „Ende der Welt" ge-
nannt, bietet einen Ausblick, in dem Ende und Anfang zusammen fallen.
Das Ende der bekannten Welt wird so zum Anfang einer neuen.

Danksagung

Mein herzlicher Dank geht zunächst an Frau Professor Dr. Monika Fick, Germanistin an der RWTH Aachen, für das kluge Geleitwort zu dieser Publikation und für die hilfreiche und anregende Lektüre des Manuskripts. Dahinter steckt ein langjähriger ideenreicher Gedankenaustausch, der schon einmal ein Buchprojekt beflügelt hatte: die Einführung in die Ästhetik unter dem Titel *Der Schein der Dinge* aus dem Jahre 2002.

Daniel Seger danke ich dafür, wie er mit inhaltlichem Gespür und verlegerischer Professionalität das Buch auf den Weg gebracht hat.

Besonders danke ich meinem Mann Uwe Heidenreich, der als Biologe und Ökologe das Manuskript fachlich bereichert hat. Viele Gespräche, Anregungen und Ideen sind aus gemeinsamer Arbeit und gemeinsamen Lehraufträgen erwachsen. Die Synthese von Ökologie und Kultur, die dieses Buch prägt, hat hier ihre Wurzeln.

Literatur und Quellen

Alle Internetadressen zuletzt abgerufen am 11. 07. 2019.

Albig, Jörg-Uwe (2019), Zornfried. Roman, Stuttgart.

Allmann, Joachim (1989/Diss. 1988), Der Wald in der frühen Neuzeit. Eine mentalitäts- und sozialgeschichtliche Untersuchung am Beispiel des Pfälzer Raumes 1500–1800, in: Schriften zur Wirtschafts- und Sozialgeschichte Bd. 35, Berlin.

Alternative für Deutschland (AfD, 2017), Programm für Deutschland. Wahlprogramm der Alternative für Deutschland für die Wahl zum Deutschen Bundestag am 24. September 2017, unter: https://www.afd.de/wp-content/uploads/sites/111/2017/08/AfD_Wahlprogramm_2017_A5-hoch.pdf

Amann, Melanie, Der Waldgänger, in: Der Spiegel 44/2018 v. 27. 10. 2018, unter: https://magazin.spiegel.de/SP/2018/44/160314943/

Angst, D., Chinsamy, A. et al. (2017), Bone histology sheds new light on the ecology of the dodo (*Raphus cucullatus*, Aves, Columbiformes), in: Nature v. 24. August 2017, unter: https://www.nature.com/articles/s41598-017-08536-3

Arendt, Hannah (1986/2017), Elemente und Ursprünge totalitärer Herrschaft. Antisemitismus, Imperialismus, totale Herrschaft, München, Berlin Zürich.

Assmann, Aleida (2018), Der europäische Traum. Vier Lehren aus der Geschichte, München.

Baumann, Zygmunt (2017), Retrotopia. Aus dem Englischen von Frank Jakubzik, Berlin.

Bayer AG (2017), Digitale Landwirtschaft: IT für Acker und Stall, unter: https://biooekonomie.de/digitale-landwirtschaft-it-fuer-acker-und-stall

BDI (2018), Studie zum Klimaschutz: Kernergebnisse der Klimapfade für Deutschland, unter: https://bdi.eu/themen-

felder/energie-und-klima/klima2050/#/artikel2/news/stu-
die-zum-klimaschutz-kernergebnisse-der-klimapfade-fuer-
deutschland/

BfN (Bundesamt für Naturschutz 2019, Hrsg.), Erneuerbare Energien Report. Die Energiewende naturverträglich gestalten!
Bonn, unter: https://www.bfn.de/fileadmin/BfN/erneuer-
bareenergien/Dokumente/BfNErneuerbareEnergienRe-
port2019_barrierefrei

BGG (Boston Consulting Group), Prognos AG (2018), Klimapfade für Deutschland, o.O., unter: https://e.issuu.com/embed.
html#2902526/57478058

Bloch, Ernst (1985/2016), Das Prinzip Hoffnung. In fünf Teilen,
Frankfurt a.M.

Bowler, Diana E., Heldbjerg, Henning u.a. (2019), Long-term de-
clines of European insectivorous bird populations and poten-
tial causes, in: Conservation Biology 26. März 2019, unter:
https://onlinelibrary.wiley.com/doi/full/10.1111/cobi.13307

Brandt, Reinhard (2006), Arkadien in Kunst, Philosophie und
Dichtung, Freiburg i. Br., Berlin.

BUND-Jugend (2019), Gutes Leben für alle, unter: https://www.
bundjugend.de/projekt/gutes-leben/

BUND (2018), Regionalverband Südlicher Oberrhein, Windenergie, Windräder, Windkraft, Vögel, Fledermäuse & Vo-
gelschlag 2019: Glasscheiben, Freileitungen, Straßenver-
kehr, Katzen, Eisenbahn & Insektensterben, unter: http://
www.bund-rvso.de/windenergie-windraeder-voegel-fleder-
maeuse.html

Bundesministerium des Innern, für Bau und Heimat, Thema
„Heimat & Integration", unter: https://www.bmi.bund.de/
DE/themen/heimat-integration/heimat-integration-node.
html;jsessionid=3BCB4A6E3B9CD858EC670FE20AF6B8
5F.2_cid287

Bundesministerium für wirtschaftliche Zusammenarbeit und
Entwicklung, Die Rio-Konferenz 1992, unter: https://www.

bmz.de/de/ministerium/ziele/2030_agenda/historie/rio_
plus20/umweltgipfel/

Bundesministerium für Umwelt, Naturschutz und nukleare Sicherheit, Klimaschutzplan, unter: https://www.bmu.de/the-
men/klima-energie/klimaschutz/nationale-klimapolitik/kli-
maschutzplan-2050/#c11681

Bundeszentrale für politische Bildung (2015), Dossier „Rechtsextremismus", unter: http://www.bpb.de/politik/extremismus/
rechtsextremismus/

Busch, Ulrich (2005), Schlaraffenland – eine linke Utopie? Kritik
des Konzepts eines bedingungslosen Grundeinkommens, in:
Rosa-Luxemburg-Stiftung (Hrsg.), Utopie kreativ Nr. 181, S.
978ff., unter: https://www.rosalux.de/fileadmin/rls_uploads/
pdfs/Utopie_kreativ/181/181-korr.pdf

Buschkowsky, Heinz (2018), Bin ich ein Klima-Killer, wenn ich
Fleisch grille?, in: BILD v. 10.8. 2018, unter: https://www.
bild.de/politik/inland/buschkowsky-kolumne/bin-ich-ein-
klima-killer-wenn-ich-fleisch-grille-56510154.bild.html

Büttner, Nils (2018), Pieter Bruegel d.Ä., München.

Byron, George (o.J.), Gedichte, in: Lord Byrons sämtliche Werke, dritter Band, übersetzt von Adolf Seubert, Leipzig, Kap.
5, unter: http://gutenberg.spiegel.de/buch/gedichte-6666/5

Carlowitz, Hans Carl von (1713), Sylvicultura oeconomica, oder
haußwirthliche Nachricht und Naturmäßige Anweisung zur
wilden Baum-Zucht, Leipzig.

Carroll, Lewis (1869/2018), Alice's Abenteuer im Wunderland,
übers. von Antonie Zimmermann, Leipzig, Berlin.

Ders. (1963/1975), Alice im Wunderland. Mit zweiundvierzig
Illustrationen von John Tenniel, übersetzt und mit einem
Nachwort von Christian Enzensberger, Frankfurt a. M.

Congress (2019), Recognizing the duty of the Federal Govern-
ment to create a Green New Deal, unter: https://www.con-
gress.gov/bill/116th-congress/house-resolution/109

Convention on Biological Diversity (2010), Aichi Biodiversity Targets, unter https://www.cbd.int/sp/targets/

Danowski, Deborah, Viveiros de Castro, Eduardo (2019), In welcher Welt leben?, Berlin.

Demokratie in Bewegung (DiB), Unser Haus brennt und mit dem Haus verbrennt unsere Zukunft, unter: https://bewegung.jetzt/2019/03/08/unser-haus-brennt-und-mit-dem-haus-verbrennt-unsere-zukunft/

Demokratie in Europa, Grünes Europa, unter: https://www.deineuropa.jetzt/policies/nachhaltig-investieren/

Demuth, Bernd, Heiland, Stefan, Wiersbinski, Norbert, Hildebrandt, Claudia (2014, Hrsg.), Energielandschaften – Kulturlandschaften der Zukunft?, in: BfN-Skripten 364, unter: https://www.bfn.de/fileadmin/MDB/documents/service/Skript364.pdf

Deutscher Bauernverband (2018), Klimastrategie 2.0, Berlin, unter: http://media.repro-mayr.de/76/710876.pdf

Die Pinakotheken, Das Schlaraffenland, unter: https://www.pinakothek.de/kunst/meisterwerk/pieter-bruegel-d-ae/das-schlaraffenland

Diez, Georg (2018), Klimawandel. Die Katastrophe hätte verhindert werden können, in: Der Spiegel v. 5. 8. 2018, unter: http://www.spiegel.de/kultur/gesellschaft/klimawandel-die-katastrophe-haette-verhindert-werden-koennen-a-1221528.html

DFG (2019), Climate Engineering und unsere Klimaziele – eine überfällige Debatte. Broschüre zum Schwerpunktproramm 1689 der Deutschen Forschungsgemeinschaft, o. O.

Dostojewskij, Fjodor (2009), Ein grüner Junge. Roman in der Neuübersetzung von Swetlana Geier, Frankfurt a. M.

Dürbeck, Gabriele (2018), Das Anthropozän Erzählen: fünf Narrative, in: Bundeszentrale für politische Bildung, aus Politik und Zeitgeschichte 23/2028, Klima, unter: http://www.bpb.de/apuz/269298/das-anthropozaen-erzaehlen-fuenf-narrative?p=all

Dulgin, Alexander (2001), Eurasien über alles. (Das Manifest der eurasischen Bewegung), in: The Fourth Political Theory, unter: http://www.4pt.su/de

EBCC European Bird Census Council (2019), New leaflet "State of common European breeding birds 2018", unter: http://www.ebcc.info/new-leaflet-state-of-common-european-breeding-birds-2018/

Eckardt, Felix (2018), Auf der Suche nach dem verlorenen Sinn, in : Die Zeit v. 19. 4. 2018, unter: https://www.zeit.de/wirtschaft/2018-04/fernreisen-tourismus-umweltschutz-reisen-nachhaltigkeit-sinnsuche

Eichenauer, Eva (2018), Die Anfechtung der Energiewende. Unmut befördert rechtspopulistisch nutzbare Konflikte, in: Portal für Politikwissenschaft, 19. April 2018, unter: https://www.pw-portal.de/energiewandel/40689-die-anfechtung-der-energiewende-unmut-befoerdert-rechtspopulistisch-nutzbare-konflikte

Eichendorff, Joseph von (1837), Zeitlieder, in: Gedichte, Berlin.

Elterlein, Eberhard von (2009), Archipel Palau – so lebt es sich im Westpazifik, in: Die Welt v. 13.6. 2009, unter: https://www.welt.de/reise/article3906071/Archipel-Palau-so-lebt-es-sich-im-Westpazifik.html

Energiewirtschaft/dena Deutsche Energie-Agentur (2018), dena-Leitstudie. Integrierte Energiewende, Berlin, unter: https://www.dena.de/de/integrierte-energiewende/

Epikur (1973), Philosophie der Freude. Eine Auswahl aus seinen Schriften, übersetzt, erläutert und eingeleitet von Johannes Mehwaldt, Stuttgart.

Europäische Plattform gegen Windkraftanlagen, unter: . http://www.epaw.org/

Europäische Union (2004), Verfassung Teil II, unter: http://www.bpb.de/publikationen/LNUCFX,0,0,Verfassung_der_Europ%E4ischen_Union.html

Europe Ambition 2030, Open Letter (2017), unter: http://asvis.it/public/asvis/files/EuropeAmbition2030_OpenLetter(7).pdf

Expertenkommission Forschung und Innovation EFI (2019), Gutachten 2019, unter: https://www.e-fi.de/fileadmin/In-haltskapitel_2019/EFI_Gutachten_2019_B2.pdf

Extinction Rebellion, Homepage, unter: https://extinctionrebel-lion.de/

Falter, Reinhard (2018), Der Klimawandel ist ein Selbstheilungs-prozess, in: Umwelt & Aktiv. Das Magazin für ganzheitli-ches Denken v. 6. 7. 2018, unter: http://www.umweltund-aktiv.de/umweltschutz/der-klimawandel-ist-ein-selbsthei-lungsprozess/

FARN Fachstelle Radikalisierungsprävention und Engagement im Naturschutz, unter: https://www.nf-farn.de/

Fick, Monika (2016), Lessings *Nathan der Weise* und das Bild vom Orient und Islam in Theatertexten aus der zweiten Hälfte des 18. Jahrhunderts. Überarbeitete und erweiterte Fassung des Vortrags am 10. Mai im Rahmen des Lessing Festivals in der Herzog August Bibliothek, Wolfenbüttel, in: Wolfenbütteler Vortragsmanuskripte, hrsg. von der Lessing-Akademie e.V. Wolfenbüttel.

Fick, Monika, Gößl, Sybille (2002, Hrsg.), Der Schein der Dinge. Einführung in die Ästhetik, Tübingen.

Fischer, Ernst Peter (2017), Hinter dem Horizont. Eine Geschich-te der Weltbilder, Berlin.

Flaubert, Gustave (1979), Salammbô. Roman. Aus dem Französi-schen von Friedrich von Oppeln-Bronikowski, Zürich.

Forum on European Culture, unter: https://cultureforum.eu/call-ideas-eurolab/

Fortwirtschaft in Deutschland, Fortwirtschaft im Klimawandel, unter: https://www.forstwirtschaft-in-deutschland.de/forst-wirtschaft/forstwirtschaft-in-deutschland/klimawandel/

Franzen, Jonathan (2018), Why birds matter, in: National Geogra-phic, January 2018, S. 30ff.

Freud, Sigmund (1974), Das Unbehagen in der Kultur, Studien-ausgabe Band IX, (zuerst 1930), Frankfurt am Main.

Fuchs, Christian, Müller, Daniel (2019), AfD trennt sich nach Terrorvorwurf von Mitarbeiter, in: DIE ZEIT v. 17. Januar 2019, unter: https://www.zeit.de/politik/deutschland/2019-01/afd-politiker-manuel-ochsenreiter-brandanschlag-ukraine-terror-vorwurf

Gegenwind Vogelsberg, unter: http://www.gegenwind-vogelsberg.de/2018-07-hessen-reinhardswald-grimms-maerchenwald-wird-opfer-der-energiewende/

Germanwatch (2016, Hrsg.), Der Klimaschutzplan 2050 der deutschen Zivilgesellschaft, Berlin, unter: https://germanwatch.org/de/12079,

Goehler, Adrienne (2010, Hrsg.), examples to follow/zur nachahmung empfohlen, Ostfildern (Katalog).

Goethe, Johann Wolfgang (1977), Novelle, in: Sämtliche Werke in 18 Bänden, Zürich, Band 9, S. 431ff.

Görgen, Benjamin und Wendt, Björn, Nachhaltigkeit als Fortschritt denken. Grundrisse einer soziologisch fundierten Nachhaltigkeitsforschung, in: SuN Soziologie und Nachhaltigkeit. Beiträge zur sozial-ökologischen Transformationsforschung, Ausgabe 01/2015, unter: https://www.uni-muenster.de/Ejournals/index.php/sun/article/viewFile/1443/1352

Gosh, Amitav (2017), Die große Verblendung. Der Klimawandel als das Undenkbare. Aus dem Englischen von Yvonne Badal, München.

Grosche, Stefan (1993), Lebenskunst und Heilkunde bei C. G. Carus (1789-1869). Anthropologische Medizin in Goethescher Weltanschauung. Mit 16 unveröffentlichten Briefen von Carus an Goethe, Diss. Göttingen.

Grunwald, Armin (2016), Nachhaltigkeit verstehen. Arbeiten an der Bedeutung nachhaltiger Entwicklung, München.

Guérot, Ulrike (2016), Warum Europa eine Republik werden muss! Eine politische Utopie, Bonn.

Guerot, Ulrike, Menasse, Robert (2013), Es leben die Europäische Republik! (Manifest), unter http://www.faz.net/aktuell/wirtschaft/eurokrise/zukunft-europas-es-lebe-die-europaeischerepublik-12126084.html und „Manifest für die Begründung einer Europäischen Republik", unter https://diepresse.com/home/presseamsonntag/1379843/Manifest-fuer-die-Begru-endung-einer-Europaeischen-Republik;

Gumbrecht, Hans-Ulrich (2012), Nach 1945. Latenz als Ursprung der Gegenwart, Berlin.

Guski, Andreas (2018), Dostojewskij. Eine Biographie, München.

Haage, Bernhard Dietrich (1996), Alchemie im Mittelalter. Ideen und Bilder – von Zosimos bis Paracelsus, Zürich, Düsseldorf.

Habermas, Jürgen (2011), Zur Verfassung Europas: Ein Essay, Berlin.

Hallmann, Caspar A., Sorg, Martin, Jongejans, Eelke et al. (2017), More than 75 percent decline over 27 years in total flying insect biomass in protected areas, in: PLOS ONE, Oktober 2017, unter: http://journals.plos.org/plosone/article?id=10.1371/journal.pone.0185809

Hardin, Garrett (1968), The Tragedy of the Commons, in: Science, 13. Dezember 1968, unter: http://www.garretthardinsociety.org/articles/art_tragedy_of_the_commons.html

Heidenreich, Sybille (2018), Das ökologische Auge. Landschaftsmalerei im Spiegel nachhaltiger Entwicklung, Wien, Köln, Weimar.

Heine, Heinrich (1976), Deutschland. Ein Wintermärchen, in: Heinrich Heine. Sämtliche Schriften in zwölf Bänden. Herausgegeben von Klaus Briegleb, Band 7.

Heinrich, Gudrun, Kaiser, Klaus-Dieter, Wiersbinski, Norbert (2015), Naturschutz und Rechtsradikalismus. Gegenwärtige Entwicklungen, Probleme, Abgrenzungen und Steuerungsmöglichkeiten, in: BfN-Skripten 394, unter: https://www.bfn.de/fileadmin/BfN/service/Dokumente/skripten/skript394.pdf

Herrmann, Bernd (2016), Umweltgeschichte. Eine Einführung in Grundbegriffe, 2. Auflage, Berlin, Heidelberg.

Himmelreich, Jörg (2017), Deutsch – Russische Wahlverwandt-
schaften: Die „Neue Rechte", in: Bundeszentrale für politische Bildung (bpb), Dossier Rechtsextremismus, unter:
http://www.bpb.de/politik/extremismus/rechtsextremis-
mus/256080/deutsch-russische-wahlverwandtschaften-die-
neue-rechte

Höfert, Dorothee (2018), Rückblick mit Kunst – Landschafts-
malerei in Baden. Anmerkungen zu einigen Werken in der
Kunsthalle Mannheim, in: Heidenreich, Sybille, Heidenreich,
Uwe, Kronemayer, Volker (Hrsg.), Natur – Kultur – Wildnis.
Naturschutz, Entwicklung der Kulturlandschaft und die Zu-
kunft der Wildnis in Baden, Freiburg i. Br., S. 149ff.

Holthusen, Peter (o. J.), The Oxford Dodo. What of the history of this
remarkable acquisition – a flightless bird that once grazed free-
ly on the islands of the Indian Ocean, in: OXMagazine Country,
unter: http://www.oxmag.co.uk/The-Oxford-Dodo.asp

Hugo, Victor (2014), Eröffnungsrede beim Pariser Friedenskongress 1849, in: IFOR (International Fellowship of Reconcilia-
tion) Schweiz, unter: https://ifor-mir.ch/eroffnungsrede-von-
victor-hugo-beim-pariser-friedenskongress-1849/

Humboldt, Alexander von (1845), Kosmos. Entwurf einer physischen Weltbeschreibung, Band I, Stuttgart.

Ingold, Felix Philipp (2014), Avantgardist der Reaktion, in: NZZ
v. 25.8.2015, unter: https://www.nzz.ch/feuilleton/buecher/
avantgardist-der-reaktion-1.18369436

Ireton, Sean (2010), Walden in the Bohemian Forest: Adalbert
Stifter's Transcendental Ecocentrism in *Der Hochwald*, in:
Modern Austrian Literature. A Journal Devoted tot he Stu-
dy of Austrian Literature and Culture, Vol. 43, No.3, S. 1ff.

Jacobs, Jürgen (1982), „Löwen sollen Lämmer werden". Zu Goethes *Novelle*, in: Gnüg, Hiltrud (Hrsg.), Literarische Utopie-
Entwürfe, Frankfurt a. M., S. 187ff.

Jonas, Hans (1979), Das Prinzip Verantwortung. Versuch einer
Ethik für die technologische Zivilisation, Frankfurt a. M.

Jünger, Ernst (1951/1980/2001), Der Waldgang, Stuttgart.

Just Transition Center (2017), Just Transition. A Report for the OECD, o. Ort (Brüssel), unter: https://www.oecd.org/environment/cc/g20-climate/collapsecontents/Just-Transition-Centre-report-just-transition.pdf

Kampfbund für deutsche Kultur (1929), Die Geisteswende. Kulturverfall und seelische Wiedergeburt, Manifest, in: Themenportal Europäische Geschichte, 2014, unter: www.europa.clio-online.de/quelle/id/artikel-3687.

Kehoe, Laura, Reis, Tiago, Virah-Sawmy, Malika et al., Make EU trade with Brazil sustainable, in: Science 26. April 2019: Vol. 364, Issue 6438, S. 341ff., unter: https://science.sciencemag.org/content/364/6438/341.1

Kemper, Hella, Waldbaden: Spring!, in: DIE ZEIT v. 8. 5. 2018, unter: https://www.zeit.de/zeit-wissen/2018/03/waldbaden-natur-heilung-gesundheit-japan/komplettansicht

Köllner, Christiane (2018), Sind E-Fuels die Lösung? In: Springer Professional v. 24.04. 2018, unter: https://www.springerprofessional.de/betriebsstoffe/emissionen/sind-e-fuels-die-loesung-/15573372

Kondylis, Panajotis (1986), Konservativismus. Geschichtlicher Gehalt und Untergang, Stuttgart.

Krämer, Felix, Hollein, Max (2013, Hrsg.), Hans Thoma: „Lieblingsmaler des deutschen Volkes", Köln.

Kuhlmann-Hodick, Petra, Spitzer, Gerd, Staatliche Kunstsammlungen Dresden, Maaz, Bernhard, Staatliche Museen zu Berlin (2009, Hrsg.), Carl Gustav Carus. Natur und Idee, Katalog. Berlin, München.

Kulturbüro Kehl, unter: http://kultur.kehl.de/html/grenzrosen.html

Lanchester, John (2019), Die Mauer. Roman. Aus dem Englischen von Dorothee Merkel, Stuttgart.

Leggewie, Claus (2017), Europa zuerst! Eine Unabhängigkeitserklärung, Berlin.

Lenzen, Manfred, Sun, Ya-Yen u.a. (2018), The carbon footprint of global tourism, in: Nature Climate Change v. 8. 6. 2018, S. 522–528

Löhle, Nora (2019), Sind die USA reif für einen Green New Deal? In: Heinrich Böll Stiftung, unter: https://www.boell.de/de/2019/02/18/sind-die-usa-reif-fuer-einen-green-new-deal

Lukács (1974), Die Zerstörung der Vernunft, Band 2: Irrationalismus und Imperialismus, Darmstadt und Neuwied.

Lukács, Georg (2018), Russische Literatur – Russische Revolution, ausgewählte Schriften III, Reinbek.

Ders. (1952), Der russische Realismus in der Weltliteratur, Berlin (DDR).

Lunde, Maja (2017), Die Geschichte der Bienen. Roman. Aus dem Norwegischen von Ursel Allenstein, München.

Macron, Emmanuel, Habermas, Jürgen, Gabriel, Sigmar (2017), Europa neu denken. Eine Diskussion zwischen Jürgen Habermas, Sigmar Gabriel und Emmanuel Macron am 16. März 2017 in der Hertie School of Governance, moderiert von Henrik Enderlein, in: Blätter für deutsche und internationale Politik, 4/2017, S. 41–4, unter: https://www.blaetter.de/archiv/jahrgaenge/2017/april/europa-neu-denken

Mähl, Hans-Joachim Die Idee des goldenen Zeitalters im Werk des Novalis, 2. Auflage, Tübingen 1994.

Mandeville, Bernard de (1705), Der murrende Bienenstock oder Wie Schurken redlich wurden (Bienenfabel), 1705 anonym als Flugblatt erschienen, unter: https://de.scribd.com/doc/31076239/Mandeville-Bienenfabel-1705

Mann, Thomas (2002), Der Zauberberg. Roman, Frankfurt a. M.

Mannheim, Karl (1984), Konservatismus. Ein Beitrag zur Soziologie des Wissens, hrsg. von David Kettler, Volker Meja und Nico Stehr, Frankfurt a. M.

Ders. (1985/2015), Ideologie und Utopie. Mit einer Einleitung von Jürgen Kaube, Frankfurt a. M.

Mauch, Christof (2019), Slow Hope. Rethinking Ecologies of Crisis an Fear, in: Transformations in Environment and Society 2019/1, München, unter: http://www.environmentandso-ciety.org/perspectives/2019/1/slow-hope-rethinking-ecologies-crisis-and-fear

Menasse, Robert (2012), Der europäische Landbote.: Die Wut der Bürger und der Friede Europas, Wien, Berlin.

Menasse, Robert (2017), Die Hauptstadt. Roman, Berlin.

Meyers Großes Konversationslexikon (1905), 6. Auflage 1905–1909, Bd. 19.

Montesquieu (1965), Vom Geist der Gesetze. Eingeleitet, ausgewählt und übersetzt von Kurt Weigand, Stuttgart.

Müllenmeister, Kurt, J. (1985), Roelant Savery, Kortrijk 1576–1639 Utrecht, in: Roelant Savery in seiner Zeit (1576–1639), Katalog Wallraf-Richartz-Museum Köln/Centraal Museum Utrecht, Köln, S. 31ff.

Müller, Adam Heinrich (1809), Die Elemente der Staatskunst, Bd. 1, Berlin.

Museum of Natural History, The Oxford Dodo, Oxford, unter http://www.oum.ox.ac.uk/learning/htmls/dodo.htm

NABU (o.J.), Windenergie. Negative Auswirkungen auf Natur und Umwelt weitestgehend vermeiden, unter: https://www.nabu.de/umwelt-und-ressourcen/energie/erneuerbare-energien-energiewende/windenergie/index.html

NABU (2005), Auswirkungen von Windkraftanlagen. Studie des Michael-Otto-Instituts im NABU, unter: https://www.nabu.de/tiere-und-pflanzen/voegel/gefaehrdungen/windenergie/03410.html;

Natural History Museum London, Katie Pavid (2016), World's most complete dodo skeleton revealed with 3D technology, unter: http://www.nhm.ac.uk/discover/news/2016/april/worlds-most-complete-dodo-skeleton-revealed.html

Neidhardt, Uta/Krüger, Konstanze/Staatliche Kunstsammlung Dresden, Gemäldegalerie Alte Meister (2016, Hrsg.), Das Paradies auf Erden. Flämische Landschaften von Bruegel bis Rubens, Ausstellungskatalog Dresden.

NeFo (2018, Netzwerk-Forum zur Biodiversitätsforschung in Deutschland), Neue Berichte des Weltbiodiversitätsrates: Naturverlust gefährdet das menschliche Wohlergehen weltweit, unter http://biodiversity.de/schnittstellen/ipbes/news/neue-berichte-des-weltbiodiversitatsrates-biodiversitatsverlust-gefahrdet

Nietzsche (1872), Von der Geburt der Tragödie aus dem Geiste der Musik, Leipzig.

Novalis, Heinrich von Ofterdingen, in: Martini/Müller-Seidel/von Wiese (1972, Hrsg.) Band 3, Romane und Erzählungen, S. 217ff.

Offenbarung des Johannes, in: Einheitsübersetzung der Heiligen Schrift, vollständig durchgesehene und überarbeitete Ausgabe, 2016 Katholische Bibelanstalt, Stuttgart.

Öko-Institut et al. (2019), Folgenabschätzung zu den ökologischen, sozialen und wirtschaftlichen Folgewirkungen der Sektorziele für 2030 des Klimaschutzplans 2050 der Bundesregierung. Zusammenfassung unter: https://www.oeko.de/publikationen/p-details/folgenabschaetzung-zu-den-oekologischen-sozialen-und-wirtschaftlichen-folgewirkungen-der-sektorziele-1/; Endbericht, Berlin, unter: https://www.oeko.de/fileadmin/oekodoc/Folgenabschaetzung-Klimaschutzplan-2050-Endbericht.pdf

Overhoff, Jürgen (2018), William Penn. Früchte der Einsamkeit. Reflexionen und Maximen über die Kunst der Lebensführung. Hrsg. und eingeleitet von Jürgen Overhoff, aus dem Englischen von Joachim Kalka, Stuttgart.

Ovidius Naso, Publius (1983), Metamorphosen. In deutsche Hexameter übertragen und mit dem Text herausgegeben von Erich Rösch, München, Zürich.

Palau Pledge unter https://palaupledge.com/

Penn, William (1693/94), An Essay towards the Presentand Future Peace of Europe by the Establishment of an European Dyet, Parliament, or Estates, in: The Advocate of Peace (1894–920), Vol. 58, No. 11, Dezember 1896), S. 280–283.

Petercord, Ralf, Veit, Holger, Schröter, Hansjochen (2008), Forst-insekten im Klimawandel, in: Waldwissen.net, unter: https://www.waldwissen.net/wald/klima/wandel_co2/fva_klima_insekten/index_DE

Piechocki, Reinhard (2010), Landschaft – Heimat – Wildnis. Schutz der Natur – aber welcher und warum?, München.

Polanyi, Karl (1973), The Great Transformation: Politische und ökonomische Ursprünge von Gesellschaften und Wirtschaftssystemen Frankfurt a. M.

Prognos (2018), Klimapfade für Deutschland. Studie im Auftrag des BDI, Berlin, unter: https://www.prognos.com/publikationen/alle-publikationen/777/show/ea23a619d-1825ff7e985a8a2c03c8845/

Prognos/Fraunhofer/Öko-Institut (2019), Folgenabschätzung zu den ökologischen, sozialen und wirtschaftlichen Folgewirkungen der Sektorziele für 2030 des Klimaschutzplans 2050 der Bundesregierung, unter: https://www.oeko.de/fileadmin/oekodoc/Folgenabschaetzung-Klimaschutzplan-2050-Endbericht.pdf

Psychologie heute compact (2018), Natur&Psyche. Wie Draußensein uns stärkt, fordert und befreit, Weinheim.

Puschner, Uwe (2016), Die völkische Bewegung, in: Bundeszentrale für politische Bildung, unter: http://www.bpb.de/politik/extremismus/rechtsextremismus/230022/die-voelkische-bewegung

Pynchon, Thomas (1981/1989), Die Enden der Parabel. Roman, deutsch von Elfriede Jelinek und Thomas Piltz, Reinbek bei Hamburg.

Radkau, Joachim, Die Ära der Ökologie. Eine Weltgeschichte, München 2011.

Rat für Nachhaltige Entwicklung (2017), Wie sich Europa durch Nachhaltigkeit neu erfinden kann, unter: https://www.nachhaltigkeitsrat.de/aktuelles/wie-sich-europa-durch-nachhaltigkeit-neu-erfinden-kann/

Rehmann, Jörg, Homepage des Autors unter: https://joerg-reh-mann.de/blog/2018/09/19/end-of-landschaft/

Richter, Dieter (1984/1995), Schlaraffenland. Geschichte einer populären Utopie, Frankfurt a. M.

Ders., (2009), Der Süden. Geschichte einer Himmelsrichtung, Berlin.

Rifkin, Jeremy (2004), Der europäische Traum. Vision einer leisen Supermacht, aus dem Englischen von Hartmut Schickert, Frankfurt, New York.

Riehl, Wilhelm Heinrich (1855), Die Naturgeschichte des Volkes als Grundlage einer deutschen Social-Politik, Band 1, Land und Leute, 2. Aufl. Stuttgart u. Augsburg.

Rodewald, Raimund (2014), Arkadien – eine verlorene Utopie? In: raum-nachrichten.de. Wissenschaftsbeobachtung. Dialog. Diskussion, unter: https://www.raumnachrichten.de/diskussionen/1863-raimund-rodewald-arkadien-eine-ver-lorene-utopie

Rosa, Hartmut (2007), Heimat im Zeitalter der Globalisierung, in: Giel, Klaus / Obermeier, Otto-Peter / Reusch, Siegfried (Hrsg.): Heimat, der blaue reiter – Journal für Philosophie. Ausgabe 23, unter: https://www.kas.de/c/document_library/get_file?uuid=3e7eef38-ba5e-68c7-1572-2040918545bf&groupId=252038

Ders. (2016), Resonanz. Eine Soziologie der Weltbeziehung, Berlin.

Rossetti, Roberto, Folchi, Anna (2004), Cristoforo de Predis (o Preda), in: Storia di Milano, unter: http://www.storiadimila-no.it/arte/de_predis.htm

Sachs, Hans (1530), Das Schlaraffenland, verschiedene Fassungen unter: http://www.wispor.de/w-g-sach.htm

Sachs, Jeffrey D. (2018), Wie in einem Horrorfilm ignoriert die Menschheit alle Warnsignale, in: Die Welt v. 3. 8. 2018, unter: https://www.welt.de/wirtschaft/bilanz/article180504734/Umweltschutz-Wir-sind-jetzt-alle-Klimafluechtlinge.html

Said, Edward W. (2017), Orientalismus. Aus dem Englischen von Hans Günter Holl, Frankfurt am M.

Savigny, Friedrich Carl von (1814), Vom Beruf unsrer Zeit für Gesetzgebung und Rechtswissenschaft. Heidelberg.

Schäfer, Lothar (1993), Das Bacon-Projekt. Von der Erkenntnis, Schonung und Nutzung der Natur, Frankfurt a. M.

Schaible, Jonas (2018), Interview mit Robert Habeck, „So ist ein Heimatministerium lächerlicher Bullshit", 25. 3. 2018, in: t-online news, unter: https://www.t-online.de/nachrichten/deutschland/innenpolitik/id_83449560/gruenen-chef-robert-habeck-ueber-heimat-utopische-kraft.html

Schaller, Stella, Carius, Alexander (2019), Convenient Truths – Mapping climate agendas of right-wing populist parties in Europe (Study), Berlin: adelphi, unter: https://www.adelphi.de/de/publikation/convenient-truths

Schama, Simon (1996), Der Traum von der Wildnis. Natur als Imagination, München.

Schelling, Friedrich Wilhelm Joseph von (1859), Philosophie der Kunst, in: Sämtliche Werke. Abt. 1, Bd. 5, Stuttgart.

Schlink, Bernhard (2000), Heimat als Utopie, Frankfurt a. M.

Schmidt, Heinrich, Schischkoff, Georgi (1974), Philosophisches Wörterbuch, Artikel Naturrecht, 19. Auflage, Stuttgart.

Schmidt, Uwe Eduard (2001), Waldfrevel contra staatliche Interessen, in: Landeszentrale für politische Bildung (Hrsg.), Der Bürger im Staat, Heft 1, 2001, S. 17ff.

Schneidewind Uwe (2018), Die große Transformation. Einführung in die Kunst des gesellschaftlichen Wandels, Frankfurt a. M.

Schönwiese, Christian (2019), Klimawandel kompakt. Ein globales Problem wissenschaftlich erklärt, Stuttgart.

Scientists fo Future (2019), Stellungnahme von Wissenschaftlerinnen und Wissenschaftlern zu den Protesten für mehr Klimaschutz – Scientists4Future, unter: https://www.scientists4future.org/stellungnahme/

Seidl, Rupert, Thom, Dominik, Kautz, Markus et al. (2017), Forest disturbances under climate change, in: Nature v. 31. Mai 2017, unter: https://www.nature.com/articles/nclimate3303

Sellner, Martin (2015), Die Zerstörung der Vernunft, in: Götz Kubitschek (Hrsg.), Sezession v. 30. Juni 2015, unter: https://sezession.de/50220/die-zerstoerung-der-vernunft

Ders. (2017), Das neurechte Wäldchen, in: Götz Kubitschek (Hrsg.), Sezession v. 3. Juni 2017, unter: https://sezession.de/57278/das-neurechte-waldchen

Senckenberg Gesellschaft für Naturforschung (2019 a), Pressemeldung vom 19.02.2019 – Ein Dodo fürs Museum, unter: http://www.senckenberg.de/root/index.php?page_id=5206&PHPSESSID=l3fe3isgp3fhvk9f1capi07hn5&year=0&kid=1&id=5003

Senckenberg Gesellschaft für Naturforschung (2019 b), Pressemeldung vom 27.03.2019 – Europas Agrarlandschaften gehen die insektenfressenden Vögel aus, unter: http://www.senckenberg.de/root/index.php?page_id=5206&kid=2&id=5031.

Sieferle, Rolf Peter (1985), Heimatschutz und das Ende der romantischen Utopie, in: Arch+, Ausgabe 81, S. 38ff., unter: https://www.archplus.net/download/artikel/1501/; Heftausgabe unter: https://www.archplus.net/home/archiv/ausgabe/46,81,1,0.html

Slow Food (2016, Hrsg.), Slow Food Deutschland. Für gute, saubere und faire Lebensmittel, unter: https://www.slowfood.de/w/files/publikationen/sfd_imagebrosch_2014_web_kg.pdf

Smith, Adam (1974), Der Wohlstand der Nationen, München.

Snyder, Timothy (2018), Der Weg in die Unfreiheit. Russland, Europa, Amerika, München.

Soika, Aya (2005), Ein Südseeinsulaner in Berlin, in: Die Brücke in der Südsee – Exotik der Farbe, Hrsg. Ralph Melcher, Saarlandmuseum, Saarbrücken, S. 71–3.

Dies.(2016), Der Traum vom Paradies. Max und Lotte Pechsteins Reise in die Südsee, Hrsg. Kunstsammlungen Zwickau Max-Pechstein-Museum, Bielefeld.

Spiegel online (2019), Einflussnahme aus Moskau. Russen setzten auf AfD-Abgeordneten Frohnmaier, unter: https://www.spiegel.de/politik/ausland/markus-frohnmaier-russen-setzten-auf-afd-abgeordneten-a-1261422.html

Spiegel online (2019 a), Erfundene Zitate. Darum geht es in dem Fall Robert Menasse, unter: https://www.spiegel.de/kultur/literatur/robert-menasse-schriftsteller-hat-zitate-erfunden-der-ueberblick-a-1246396.html

Staatliche Kunstsammlung Dresden (1992, Hrsg.), Gemäldegalerie Dresden. Alte Meister, Leipzig.

Staatliche Schlösser und Gärten Baden-Württemberg (Hrsg, 2011), Wagner, Ralf Richard, Die Moschee im Schwetzinger Schlossgarten, Stuttgart.

Stifter, Adalbert, Der Hochwald (1958), in: Der Bergquell. Ausgewählte Erzählungen, München/Zürich.

Stiftung Warentest (2018), CO2-Kompensation. Diese Anbieter tun am meisten für den Klimaschutz, 13. 2. 2018, unter: https://www.test.de/CO2-Kompensation-Diese-Anbieter-tun-am-meisten-fuer-den-Klimaschutz-5282502-0/

Stollorz, Volker (2011), Elinor Ostrom und die Wiederentdeckung der Allmende, in: Bundeszentrale für politische Bildung, unter: http://www.bpb.de/apuz/33204/elinor-ostrom-und-die-wiederentdeckung-der-allmende?p=all

Strauß, Markus (2018), Artgerecht. 13 Thesen für die Zukunft des Homo sapiens, Stuttgart.

Stubbe, Hannes (1989), Hatten die Germanen graue Augen? Rassenpsychologisches bei Carl Gustav Carus (1789–869), in: Psychologie und Geschichte, 1989, 1. Jahrgang, Heft 3, S. 44 ff.

Szylin, Anna Maria (1993), Henry Thode (1857–1920). Leben und Werk, Frankfurt a. M.

Tacitus (1972), Germania. Lateinisch/Deutsch, übersetzt, erläutert und mit einem Nachwort versehen von Manfred Fuhrmann, Stuttgart.

The European Republic, Homepage, unter: https://european-republic.eu/de/

Thode, Henry (1905), Böcklin und Thoma. Acht Vorträge über neudeutsche Malerei. Gehalten für ein Gesamtpublikum an der Universität zu Heidelberg im Sommer 1905, Heidelberg.

Thode, Henry Robert, in: LEO-BW/Landesarchiv Baden-Württemberg, unter: https://www.leo-bw.de/web/guest/detail/-/Detail/details/PERSON/kgl_biographien/119116898/Thode+Henry+Robert

Thode, Henry (1909), Thoma: des Meisters Gemälde, Stuttgart und Leipzig.

Thoma, Hans (1909), Im Winter des Lebens. Aus acht Jahrzehnten gesammelte Erinnerungen, Jena.

Thünen-Institut, Institut für Waldökosyteme, unter: https://www.thuenen.de/de/wo/arbeitsbereiche/waldoekologie-und-biodiversitaet/waldoekologie/

Tillich, Paul (1933/1980), Die sozialistische Entscheidung, Berlin.

Tillmans, Wolfgang, Protect the European Union, unter: http://tillmans.co.uk/protect-the-eu

Trentmann, Frank (2017), Herrschaft der Dinge. Die Geschichte des Konsums vom 15. Jahrhundert bis heute, aus dem Englischen von Klaus-Dieter Schmidt und Stephan Gebauer-Lippert, München.

UFZ Helmholtz Zentrum für Umweltforschung/IPBES (2019), Das „Globale Assessment" des Weltbiodiversitätsrates IPBES. Die umfassendste Beschreibung des Zustands unserer Ökosysteme und ihrer Artenvielfalt seit 2005 – Chancen für die Zukunft. Auszüge aus dem "Summary for policymakers" (SPM), Leipzig.

Ulrich, Wolfgang (2017), Die Wiederkehr der Schönheit. Über einige unangenehme Begegnungen, in: Pop-Zeitschrift, 7.11.

2017, unter: http://www.pop-zeitschrift.de/2017/11/07/die-wiederkehr-der-schoenheit-ueber-einige-unangenehme-be-gegnungenvon-wolfgang-ullrich07-11-2017/

Umweltbundesamt (2019, Hrsg.), Jacob, Klaus, Wolff, Franziska, „Gesunde Umwelt, Gutes Leben für Alle" –Schlussfolgerungen aus dem 6. Umweltbericht der UNEP für die deutsche Umwelt-und Nachhaltigkeitspolitik, unter: https://www.umweltbundesamt.de/sites/default/files/medien/376/dokumente/geo6_inputpapier_d.pdf

Universität Greifswald (2018), Zu den Diskussionen über die Ablegung des Namens Ernst Moritz Arndt, unter: https://www.uni-greifswald.de/universitaet/geschichte/ernst-moritz-arndt/ sowie Ernst Moritz Arndt, unter: https://www.uni-greifswald.de/universitaet/geschichte/ernst-moritz-arndt/zu-ernst-moritz-arndt/

UNO (1986), Our Common Future, Chapter 1: A Threatened Future, unter: http://www.un-documents.net/ocf-01.htm .

UNO (2018), Globaler Pakt für eine sichere, geordnete und reguläre Migration, unter: http://www.un.org/depts/german/migration/A.CONF.231.3.pdf

UNO (2018), Ziele für nachhaltige Entwicklung. Bericht 2018, unter: http://www.un.org/depts/german/pdf/SDG%20Bericht%20aktuell.pdf

VDV Verband deutscher Verkehrsunternehmen (2018, Hrsg.), Studie „Deutschland mobil 2030", Köln, unter: https://www.vdv.de/vdv-broschuere-doppelseiten-deutschland-mobil-2030.pdfx;

Vergil (ca. 1927), Idyllen. Übersetzt von Johann Heinrich Voß. Bearbeitet und mit Anmerkungen versehen von Otto Güthling, Stuttgart.

Vernunftkraft, unter: https://www.vernunftkraft.de/

Volksbegehren Artenvielfalt (2019), unter https://volksbegehren-artenvielfalt.de/

Wagner, Ralf Richard (2018), Das Perspektiv oder das „Ende der Welt" im Schwetzinger Schlossgarten, in: Heidenreich, Heidenreich, Kronemayer (2018), Natur – Kultur – Wildnis. Naturschutz, die Entwicklung der Kulturlandschaft und die Zukunft der Wildnis in Baden, Freiburg, S. 135ff.

Wallraf-Richartz-Museum Köln/Centraal Museum Utrecht (1985, Hrsg.), Roelant Savery in seiner Zeit (1576–1639), Katalog, Köln.

WBGU (Wissenschaftlicher Beirat der Bundesregierung Globale Umweltveränderungen, 2011), Welt im Wandel: Gesellschaftsvertrag für eine Große Transformation, Hauptgutachten, unter: http://www.wbgu.de/hauptgutachten/hg-2011-transformation/ Zusammenfassung für Entscheidungsträger, unter: https://www.wbgu.de/fileadmin/user_upload/wbgu.de/templates/dateien/veroeffentlichungen/hauptgutachten/jg2011/wbgu_jg2011_ZfE.pdf

Ders. (2018), unter: https://www.wbgu.de/fileadmin/user_upload/wbgu.de/templates/dateien/veroeffentlichungen/politikpapiere/pp2018-pp9/wbgu_politikpapier_9.pdf

Wilke, Sabine, (2018), Mensch und Natur in der deutschen Literatur: Ein kuratierter Spaziergang durch eine Geschichte der Verwicklungen, in: Rachel Carson Center, Virtual Exhibitions 2018, No. 5, unter: http://www.environmentandsociety.org/exhibitions/mensch-und-natur-der-deutschen-literatur/landschaftsveraenderungen#slide5

Wilke, Sabine (2015 a): Environmental Humanities, in: Dürbeck, Gabriele, Stobbe, Urte (Hrsg.), Ecocriticism. Eine Einführung, S. 94ff., Köln, Weimar, Wien.

Dies. (2015 b): German Culture and the Modern Environmental Imagination. Narrating and Depicting Nature, Leiden, Boston.

Willet, Walter, Rockström, Johan, Loken, Brent et al. (2019), Food in the Anthropocene: the EAT–*Lancet* Commission on healthy diets from sustainable food systems, in: The Lancet, unter: https://www.thelancet.com/commissions/EAT

Windwahn, unter: https://www.windwahn.com/

Woźniakowski, Jacek (1987), Die Wildnis. Zur Deutungsgeschichte des Berges in der europäischen Neuzeit, Frankfurt a. M.

Wuppertal Institut (Hrsg.), Samadi, Sascha, Kobiela, Georg, Lechtenböhmer, Stefan, Wilts, Henning (2018), Strategien für eine naturverträgliche Energiewende. Analyse von Strategien zur Umsetzung von ambitioniertem Klimaschutz unter Gewährleistung eines hohen Naturschutzniveaus, Projektbericht des Wuppertal Instituts im Auftrag des NABU, Wuppertal.

Wuppertal Institut, Suffizienz, unter: https://wupperinst.org/themen/wohlstand/suffizienz/

Zapf, Hubert (2015): Kulturökologie und Literatur, in: Dürbeck, Gabriele, Stobbe, Urte (Hrsg.), Ecocriticism. Eine Einführung, S. 172ff., Köln, Weimar, Wien.

Zechner, Johannes (2017), Natur der Nation. Der „deutsche Wald" als Denkmuster und Weltanschauung, in: Bundeszentrale für politische Bildung. Aus Politik und Zeitgeschichte, Jahrgang 2017, unter: http://m.bpb.de/apuz/260674/natur-der-nation-der-deutsche-wald-als-denkmuster-und-weltanschauung?p=all

Bildnachweis

Stichworte

A

Agenda 2030 101, 215
Albig, Jörg-Uwe 146
Allmende 48, 140, 214
Anthropozän 185, 189, 197
Apokalypse 89, 188, 191, 194,
   200, 202
Arendt, Hannah 125, 127
Arkadien 14, 15, 16, 18, 21, 22,
   80, 108
Arndt, Ernst Moritz 142
Artensterben 171, 173, 176,
   182
Artenvielfalt 25, 164, 175, 178,
   191
Assmann, Aleida 103, 125
Aufklärung 59, 60, 74, 76, 79,
   81, 85, 92, 99, 141

B

Biene 36, 175, 176, 212
Biodiversität 25, 48, 64, 182,
   183, 197, 217
Bloch, Ernst 14, 28, 29, 127,
   128, 198, 202
Bruegel d.Ä., Jan 148
Bruegel d.Ä., Pieter 27, 29, 31
Brundtland-Bericht 210, 216
Byron, George Gordon 191

C

Carlowitz, Hans Carl von 140,
   210
Carson, Rachel 177
Carus, Carl Gustav 131, 132,
   134, 139
Climate Engineering 158
Crutzen, Paul J. 197

D

Demokratie 24, 39, 61, 69, 82,
   87, 96, 99, 103, 144, 145
   illiberale 61
de Predis, Cristoforo 187
Dodo 163, 169, 170, 171, 173
Dostojewskij, Fjodor Micha-
   jlowitsch 79, 83, 87, 88,
   90, 99

E

Ecocriticism 11
Eichendorff, Joseph von 141
Epikur 212
Ethik 25, 45, 85, 198, 216
Europa 33, 58, 79, 83, 85, 86,
   89, 92, 99, 100, 101, 103,
   104, 105

F

Fernreise 62, 63, 64, 66
Flaubert, Gustave 70, 71
Fleischkonsum 44, 46
Franzen, Jonathan 185
Freiheit 19, 24, 33, 41, 69, 79,
   82, 87, 123, 140, 143,
   144, 145
Freud, Sigmund 96
Fridays for Future 227
Frieden 18, 20, 21, 26, 82, 106,
   166, 215
Friedrich, Caspar David 114,
   132, 133, 134

G

Gelbwesten 46
Gemeingüter 48, 214, 217
Gerechtigkeit 19, 20, 26, 40,
   81, 84, 86, 104, 166, 210,
   216

Goehler, Adrienne 205, 208
Goethe, Johann Wolfgang von
21, 165, 167
Goldenes Zeitalter 14, 19, 22,
38, 78, 79, 82, 93, 211
Gosh, Amitav 195, 201, 229
Green New Deal 226, 227

H
Habermas, Jürgen 104
Hardin, Garrett 48
Heimat 108, 111, 114, 117, 124,
125, 127, 128, 129, 144,
158
Heine, Heinrich 32
Hesiod 19, 20
Hugo, Victor 86

J
Jonas, Hans 198, 199, 215
Jünger, Ernst 144, 146, 149
Just Transition 227

K
Klages, Ludwig 120
Klimawandel 25, 46, 101, 147,
149, 150, 151, 179, 182,
184, 191, 192, 197, 201,
223, 226
Konsumentensouveränität 39, 42
Konsumkultur 34, 35, 39, 185
Kulturökologie 11
Kunst 8, 12, 14, 22, 189, 205,
208, 209, 229
Kunst, deutsche 111
Kunst, Freiheit der 60

L
Lanchester, John 192
Landschaft 119, 123, 136, 142,
153, 155, 158

Landschaftsmalerei 11, 113,
132, 164
Lebenskunst 212, 225
Lebensqualität 106, 184, 214,
224
Lessing, Gotthold Ephraim 73
Literatur 91, 190, 192, 229
Lorrain, Claude 77, 80
Lukács, Georg 84, 96, 97
Lunde, Maja 175

M
Macron, Emmanuel 104
Mandeville, Bernard 36, 212
Mannheim, Karl 23, 24, 82,
115, 116, 203
Mann, Thomas 94, 96
Märchen 30, 31, 32, 142, 201
Menasse, Robert 100
Migration 61, 68, 123, 124,
125, 147, 158, 196
Montesquieu 69
Müller, Adam 116

N
Nachhaltige Entwicklung 11,
35, 101, 105, 205, 225
Nachhaltigkeit 44, 101, 106,
199, 206, 208, 209, 210,
228
Nachhaltigkeitsziele 25, 45,
215, 223
Nationalismus 93, 99, 114, 128
Natur 18, 20, 66, 85, 93, 117,
118, 132, 136, 150, 167,
168, 179, 181, 182, 184,
190, 197
Naturschutz 119, 122, 154, 179,
190
Neo-Eurasierbewegung 91
Novalis 93

O

Orient 58, 69, 72, 74
Orientalismus 58, 71, 72
Ovid 19, 80

P

Palau 54, 55, 62, 66, 67
Paradies 14, 30, 164, 166, 168
Pariser Klimaabkommen 45,
    123, 149, 215
Pechstein, Max 51, 54, 55, 56,
    57, 67
Pigage, Nicolas de 15, 74
Polanyi, Karl 220
Postkolonialismus 60
Poussin, Nicolas 21, 22
Prinzip Hoffnung 14, 127, 198
Pynchon, Thomas 173, 174

R

Riehl, Wilhelm Heinrich 143
Romantik 93, 96, 112, 114,
    132, 141
    politische 92, 99, 122

S

Sachs, Hans 29, 31
Said, Edward 58
Savery, Jan 169
Savery, Roelant 161, 162, 164, 168
Savigny, Carl von 115
Schelling, Friedrich Wilhelm 113
Schlaraffenland 14, 28, 30, 31,
    32, 34, 40, 45, 47, 49, 65
Sellner, Martin 97, 145
Sieferle, Rolf Peter 117, 118,
    119, 120
Slawophile 85, 88, 91
Slow Food 184, 185
Smith, Adam 36, 38

Stifter, Adalbert 135
Südsee 52, 53, 54, 56, 59, 62
Suffizienz 45, 156, 213, 214

T

Thode, Henry 110, 111, 113
Thoma, Hans 107, 108, 113
Thunberg, Greta 203, 228
Tierfrieden 162, 165, 166, 174
Tillich, Paul 122
Tillmans, Wolfgang 102
Transformation 11, 101, 103,
    199, 211, 212, 220, 223,
    225, 226

U

Utopie 11, 14, 16, 22, 23, 25,
    26, 33, 52, 84, 196

V

Vergil 18, 20, 167
Vögel 161, 175, 177, 178, 185
Volk 28, 57, 85, 90, 91, 93, 100,
    109, 115, 118, 120, 122,
    142, 143, 146
Völkisch 94, 110, 116, 117, 122

W

Wald 132, 133, 134, 136, 139,
    140, 141, 142, 143, 145,
    146, 150, 152, 158
Weltbiodiversitätsrat (IPBES)
    25, 182
Weltklimarat (IPCC) 25, 147, 182
Windkraft 149, 152
Wohlstand 19, 24, 26, 36, 39,
    48, 215, 226
Wunschlandschaften 12, 14,
    15, 23, 25, 34, 56, 66, 68,
    105, 211